职业院校汽车专业任务驱动教学法创新教材

# 汽车维修企业管理基础

## （第3版）

◎ 主　编　许　平　蔡智斌

◎ 副主编　韦军新　马立峰

◎ 主　审　黄光中

电子工业出版社

**Publishing House of Electronics Industry**

北京·BEIJING

## 内 容 简 介

随着汽车产业在国民经济中的地位和作用持续增强，汽车后市场现行的政策法规、行业发展走向都发生了重大变革，为适应大众创业，万众创新倡议，本书在上一版的基础上进行了再版重塑。全书分为10章，包含汽车维修行业概况、汽车维修企业成立、汽车维修企业管理制度、汽车维修企业人力资源管理、汽车维修企业管理过程、汽车维修企业的现场管理、汽车维修企业全面质量管理、汽车维修企业必备法律常识、计算机管理在汽车维修企业中的应用、现代汽车维修常见设备及功能。

本书保留了原有的管理基础知识，增加了汽车维修企业备案制度、汽车维修企业突发事件处理、汽车维修企业质量信誉考核等内容，以适应当下汽车行业发展的政策法规要求，突出过程管理中的安全、环保、规范要素，确保企业持续发展。

本书可供职业院校汽车运用与维修专业师生及汽车后市场经营管理者使用和参考。

图书在版编目（CIP）数据

汽车维修企业管理基础 / 许平，蔡智斌主编. —3 版. —北京：电子工业出版社，2024.1

ISBN 978-7-121-47072-1

Ⅰ. ①汽… Ⅱ. ①许… ②蔡… Ⅲ. ①汽车—修理厂—工业企业管理—职业教育—教材 Ⅳ. ①F407.471.6

中国国家版本馆 CIP 数据核字（2024）第 010107 号

责任编辑：张镨丹　　特约编辑：徐　震
印　　刷：涿州市京南印刷厂
装　　订：涿州市京南印刷厂
出版发行：电子工业出版社
　　　　　北京市海淀区万寿路 173 信箱　邮编　100036
开　　本：880×1 230　1/16　印张：16　字数：384 千字
版　　次：2010 年 6 月第 1 版
　　　　　2024 年 1 月第 3 版
印　　次：2025 年 2 月第 3 次印刷
定　　价：48.00 元

# 前　言

　　我国汽车产业历经七十余载的砥砺奋斗，已经建成全球规模最大、品类齐全、配套完整的现代化汽车产业体系，在国民经济中占据关键地位和作用，在稳增长、稳投资、稳就业和促消费等方面发挥了重要作用，为制造强国建设提供了强有力的支撑。近年来，有关政策法规、行业发展在不断完善。2019 年，《国务院关于修改部分行政法规的决定》提出，为了全面落实党的十九届三中全会审议通过的《中共中央关于深化党和国家机构改革的决定》、《深化党和国家机构改革方案》和十三届全国人大一次会议批准的《国务院机构改革方案》，以及推进"放管服"改革的部署，国务院决定对 49 部行政法规的部分条款予以修改。其中，汽车维修行业管理由原来的许可制度改为现行的备案制度，使得汽车维修企业的经营管理发生了相应改变。

　　在汽车产业快速发展的背景下，汽车维修行业已经上升到民生工程的高度，作为汽车运用与维修专业的学生，时代要求我们必须抓住机遇，寻求发展，以适应不断变化的形势。编者深感现在的汽车维修企业管理教材内容陈旧，传统汽车维修企业的组织结构及管理模式等内容，与当今汽车维修专业教育及企业管理不相适应，更难以满足新时代现代化汽车产业的发展需要。我们要坚持在管理制度、经营理念、技术运用、新材料及制造工艺等方面贯彻新发展理念，增强企业的主动性和预见性，从而主动调整企业发展战略，明确企业的发展方向，最大限度地帮助企业拓展市场，在同行业的竞争中占据有利地位；此外，在注重效益的同时，更要遵守国家的政策法规，承担相应的社会责任。

　　为了更好地满足教学需要，编者对《汽车维修企业管理基础》进行再版重塑，紧紧围绕国家的产业政策，对汽车维修企业管理相关要求进行系统梳理，使教材内容更加贴合行业发展现状。本书的特色之一是介绍汽车维修企业管理的基础知识，引导学生积极面对充满竞争的市场，讲述从开办汽车维修企业到经营管理的全过程。本书另一个特色是引用了一系列国内外知名企业家的成功案例，进而引入汽车维修企业的运营管理、组织管理和生产管理等内容。本书的教学理念重点在于深化学生对于汽车维修企业管理的理解和认识，学习管理知识和技能，为今后的实际工作提供理论指导和遵循。

根据汽车维修行业的发展现状，本次再版修订对原内容进行更新和完善，全书分为 10 章，对备案制度具体要求作了详细梳理，更加突出汽车维修企业在生产过程管理及现场管理等方面的基础知识。本书在修订过程中邀请了汽车维修企业的管理者参与编写，还得到了汽车维修行业协会的大力支持，由于篇幅所限，这里未一一列出，在此一并表示感谢。

　　本书由于阐述的内容较新，加之编者水平有限，书中难免有不足之处，敬请读者批评指正。

编　者

# 目 录

# 第1章

# 汽车维修行业概况

📖 **学习任务**

通过本章的学习，了解我国汽车维修行业的发展过程以及未来汽车维修行业发展的趋势和方向，掌握汽车维修行业的发展特点，了解有关汽车维修制度的变革情况。

💡 **知识要点**

1. 我国汽车维修行业的发展过程和特点。
2. 现代汽车维修行业发展的趋势和新的维修观念。
3. 汽车维修行业的自身特点。

## 1.1 汽车维修行业的概念

汽车维修行业是由汽车维护和修理厂点组成的，为汽车运输服务的、相对独立的行业。它通过对汽车的维护和修理来恢复和维持其技术状况，以延长汽车的使用寿命，是汽车及其相关领域中的重要组成部分。

汽车维护和汽车修理是两种性质不同的技术措施。汽车维修是汽车维护和修理的总称。

汽车维护是为了维持汽车良好的技术状况或工作能力而进行的作业。其目的是保持车容整洁，随时发现和消除故障隐患，防止车辆过早损坏，从而降低车辆的故障率和小修频率。汽车维护应贯彻预防为主、强制进行的原则。

汽车修理是为了恢复汽车良好技术状况或延长其工作能力和使用寿命而进行的作业。其目的在于及时排除故障，恢复车辆的技术性能，节约运行消耗，延长其使用寿命。汽车修理应贯彻定期检测、视情修理的原则。

虽然汽车维护和修理的任务不同、性质不同，但它们都是以保证汽车安全运行、降低使用成本、延长使用寿命、节约能源为目的的。从这一点来讲，它们是统一的技术保障整体，二者不可偏废，既不能用维护代替修理，也不能用修理代替维护。

当前，我国汽车维护按作业范围的深度，一般分为三级：即日常维护、一级维护和二级维护；按修理对象和作业范围将修理分为汽车大修、总成大修、汽车小修和零件修理。

# 1.2 汽车维修行业发展概况和趋势

### 1. 汽车维修行业发展过程及特点

汽车维修是保证汽车正常使用、延长汽车使用寿命，使其发挥最大效益的技术保障，是为汽车的使用者和社会发展服务的。因此，汽车维修必然伴随着汽车工业的发展、公路的发展和汽车保有量的增加而发展。

新中国成立之初，我国汽车运输业百废待兴，全国仅有100多家汽车维修企业。为尽快抢修破旧车辆，恢复公路运输，满足经济建设和人民生活的需要，政府部门帮助私营汽车维修企业克服困难，恢复生产。当时，中央成立全国废旧汽车整修委员会，在其统一领导下，通过拆、拼、接、改等工艺方法，共修复汽车5000多辆。通过这项工作，不仅恢复了公路运输，而且提高了汽车维修企业的活力，培训了一批人才，增添了汽车维修设备，从而奠定了新中国汽车维修行业的基础。随着国民经济建设的恢复和发展，汽车保有量逐渐增加，汽车维修行业的生产能力也有了较大幅度的提高，到了1957年，公路运输部门基本上形成了一个多层次的汽车维修网络，年大修能力达到2万多辆。但由于我国的汽修企业成立之初是单纯为了汽车运输业而成立的附属企业，因而其发展受到运输业自身发展的影响很大。汽车维修行业仍处于手工操作、作坊式生产的落后状态，不仅生产效率低，而且维修质量差，加之当时总体路况不好，大部分汽车在大修后只能以40～50km/h的速度行驶。

进入20世纪60年代，各汽车维修企业大力开展技术革新和技术改造，开展文明生产活动，建立健全各种规章制度、技术标准，加强质量管理，充实人员和设备。通过几年的努力，汽车维修行业的面貌有了较大的改善。除各专业运输部门具备了比较完善的汽车维修体系外，还相继建立了面向社会车辆服务的专业汽车维修企业。

20世纪70年代，原交通运输部根据汽车维修技术进步的需要和现实情况，提出了汽车生产中实现作业机械化、检验仪表化的发展方针，开展了一次大搞技术革新的群众运动，对汽车维修行业的发展作出了很大的贡献。到了1979年，我国的汽车年大修能力已达到10万余辆。

但是，在汽车维修行业发展过程中，除了部分交通运输部门独家经营的为社会车辆维修服务的企业外，大部分维修企业都依附在运输企业和车辆较多的单位中，主要为内部车辆提供维修服务。这种一家独办、垄断经营的方式造成了我国长期存在的"修车难"问题无法解决。单一卖方市场，缺乏竞争机制的格局，不仅使企业失去活力，阻碍汽车维修生产力的发展，而且使用户失去了选择的余地，导致车辆无法得到及时的维修，进而影响了运输生产的效率。

改革开放以后，我国的汽车维修行业进入了一个新的发展时期。随着市场机制的确立和引入，到目前为止，汽车维修行业已发展为国有、集体、个体、中外合资等多种经营形式并存的格局，初步形成了一个多渠道、多形式、多层次的汽车维修市场。

随着汽车在家庭的普及，导致了原本作为汽车工业的一个附属行业的汽车维修行业，其发展也逐渐受到社会各界人士的高度关注。其重要性也越来越明显。由于汽车维修行业可以容纳较多的就业人员，其发展可以增加较多就业岗位和机会，降低社会的就业压力。进入 21 世纪以来，我国汽车保有量快速增长。据统计，2022 年，全国民用汽车拥有量增长到 1.37 亿辆，城镇家庭每百户家用汽车拥有量从 1.4 辆跃升至 21 辆，我国已进入了汽车社会。随着汽车保有量的快速增加，市场对维修的需求将越来越大，我国汽车维修行业从业人员将达到 800 万人左右，为社会提供大量的就业机会。汽车修理业在快速发展的同时，带动了整个汽车后市场服务力量提升，拉动汽车配件、保险、职业教育等上下游产业经济的发展，并有力支撑了汽车工业的快速发展，成为了汽车后市场的驱动引擎。

通过以上对汽车维修行业发展进行分析，可以归纳出以下几个特点。

（1）原有的交通运输部门独家经营的专业汽车修理厂，主要是一些规模较大的国有汽车专业修理厂，在当时具有技术力量强、设备齐全、管理水平高的特点，是行业的骨干力量。

（2）各专业运输企业附属的汽车修理厂或修理车间，主要为本单位的车辆提供维修服务，剩余力量为社会车辆提供维修服务。

（3）原来为各企事业、机关团体等自用车提供维修服务的汽车维修厂，在改革开放后，逐步面向社会，大多实行独立核算，通过经营承包的方式迅速发展起来。

（4）改革开放以后城乡新建的汽车维修厂和中外合资的维修企业得到发展，但这些企业情况比较复杂，城乡中的汽车维修厂多以乡镇企业、第三产业、学校、街道及个体为主，人员结构上以聘请退休工人为主。这类企业大多技术力量较弱，厂房、设备简陋，稳定性较差。而中外合资企业的实力较为雄厚，且维修对象以某一进口车型为主，并引进了一些先进维修设备、维修技术和管理方法，对促进我国汽车维修行业的发展发挥了一定的作用。上述企业的出现使汽车维修行业发生了极大的变化，即由原来的封闭式的自我服务体制转型为开放式的社会经营型模式，从而形成了一个比较稳定的、活跃的维修市场，使汽车维修行业在国民经济活动中逐渐形成了一个相对独立的行业，成为国民经济发展的一个新的经济增长点。

（5）随着汽车维修市场需求的变化、汽车运输服务细化以及主流客户群的转变，出现了汽车维修救援、汽车俱乐部等新生事物，从而使汽车维修市场不断完善。

（6）各级汽车维修行业协会逐步建立，作用越来越大，行业的自我管理、自我约束、自我发展的自律意识不断提高，并逐步向国际化靠拢。

 **案例**

某大型国有运输企业的汽车修理厂始建于 1958 年，该厂占地 4 万平方米，职工数百人，曾经是该地区汽车维修的骨干厂家，主要为系统内部 500 多辆运输汽车定期按规定行驶里程进行维修、保养。

改革开放以后，原有的计划经济体制逐步被打破，该厂原服务对象单位的车辆都分属于个人所有。车辆归个人后，服务不再按原有模式定期进入该厂维修，而是自己选择修理厂，视情况维修。哪个厂维修得好，维修得快，修车方便，收费合理，就到哪里修。该厂成本高，职工多，设备陈旧，技术老化，再加上计划经济时代形成的按部就班的传统观念，使得来修理厂维修的车辆很少，从而导致该厂长期亏损，在如今汽车维修市场激烈竞争的情况下，该厂正处在破产的边缘。

**2. 汽车维修行业发展趋势**

随着汽车保有量的增加和汽车新技术的不断发展，中国的汽车维修行业也随之迎来了新的机遇。目前，伴随着汽车工业的发展，交通道路的增加与改善，汽车维修行业在维修观念、维修制度、维修力量、作业方式等方面都发生着巨大的变化。过去人们对汽车报废观念十分淡薄，而通过总成修理、换件修理、旧件修理等方式使车辆无限期使用。后来随着车辆供求比例的变化以及人们观念的改变，例如，对能源消耗的日益重视和从综合经济效益的角度考虑，以及对汽车尾气排放的治理和从降低大气污染度等方面出发，人们在车辆更新和车辆维修方面的观念也发生了变化。另一方面，配件供应的变化，维修配件精度要求的变化，也使得从前以旧件修复为主的维修方式，发展成为今天以换件修理为主的维修方式。在维修模式上也由过去的定期拆解式转变为现在的"定期检测、强制维护、视情修理"。汽车维修行业主体也由过去的以交通运输部门所属维修企业为主转变为现在多种所有制形式的维修企业并存、同步发展的格局，同时，维修网点也由过去相对集中在大中城市，逐渐转变为向中小城市、县、乡、村发展，形成了比较合理的汽车维修网络布局。未来汽车维修行业的发展有以下几点趋势。

（1）服务模式创新。将会出现更多线上线下结合与社区服务一体化的门店。

（2）服务项目增多。保养服务项目向多元化服务转型。

（3）专业合作加深。维修店、保养店与配件商、美车商的关系更加密切。

（4）品牌价值凸显。路边个体维修厂将逐步被品牌连锁服务门店所替代。

（5）维修手段的高科技化、新科技化。目前，电子技术的发展已经进入智能化阶段，传统的维修手段（眼看、耳闻、手摸的经验维修）已完全不能适应发展需要。数千个传感器控制的高新科技装备的智能化汽车，需要的是科学的维修手段、维修资料和智能的检测诊断仪器设备。

（6）维修人才的高科技化、新科技化。企业对维修人才需求的层次结构发生了变化。现代维修是高科技的维修，需要一大批有文化、懂原理、会计算机、懂英文、会诊断、有一定实际维修经验的被称为"汽车医生"的高级技能型人才和熟练拆装零部件、会检修的被称为"汽车护士"的中级技能型人才。同时，还要有一批掌握现代企业管理知识的管理型人才，不同层次的人才构成了现代维修企业的生产力。

（7）维修管理的高科技化、新科技化。高科技的维修工作必然要有高科技管理的支持。现代汽车维修管理必须要以知识型企业的管理制度来进行，其最突出的特点是树立全员现代维修的理念，建立现代汽车维修企业的品牌，创建一套科学、合理、有效的现代化管理系统。企业不仅要在技术、质量上处于行业的领先地位，更重要的是企业品牌、企业服务要好；只有这样，才能在全方位的市场竞争中立于不败之地。

汽车制造业为汽车运输业提供了生产工具——车辆。公路施工与养护为汽车运输业提供了车辆运行的运输路线——道路。汽车维修行业为汽车运输业使用的生产工具提供了技术安全保障和后勤支持保障。汽车在运行的过程中，由于磨损、变形、老化、腐蚀及疲劳等原因，技术状况不断变差，使用性能下降。汽车维修就是通过适时进行维护保养和修理，从而恢复和保持车辆的良好技术状况。

要想在日益激烈的汽车维修行业中立于不败之地，需要从以下几个方面加强企业的管理。

（1）采用新的维修技术和手段来提高维修效率和质量。

首先，现代汽车维修强调的是预防性维修。传统的汽车维修主要针对已经出现故障的零部件进行修理或更换，这种维修方式不仅周期长，成本高，而且容易出现二次故障。现代汽车维修则主张预防性检修，通过对整个汽车系统的全面检查和维护，预防故障的发生，提高汽车的可靠性并延长其使用寿命。因此，现代汽车维修技术的核心就是诊断技术和维修技术。

其次，现代汽车维修注重的是专业化和系统化。现代汽车技术的不断进步使得汽车系统越来越复杂，而传统的汽车维修难以应对这种复杂性。现代汽车维修需要具有高度的专业化和系统化，即需要掌握先进的维修技术和专业的维修设备，能够全面分析和诊断汽车系统的各个部分，并进行针对性的修理。同时，汽车维修人员也需要具备全面的专业知识和技能，包括电子技术、机械技术、材料科学等多个领域的知识。

再次，现代汽车维修还需要注重智能化。随着汽车电子化的深入推广，汽车系统中的诸多元件和零部件之间都通过电子信号进行连接，使得整个汽车系统变得更加智能。因此，现代汽车维修需要采用智能化维修技术和工具，能够高效地进行故障诊断和维修，减少人工操作，提高维修效率。

总之，现代汽车维修已经成为一个高度技术化和专业化的领域。汽车维修人员需要具备精湛的维修技术和广泛的专业知识，同时需要不断学习最新的汽车技术，才能更好地适应现代汽车维修的要求，为汽车的安全和高效运行提供更优质的服务。

（2）汽车维修行业朝着专业化、工业化的方向发展。

随着汽车维修市场逐步完善，其内部分工也越来越细化，并朝着专业化、工业化的方向发展。这体现在以下三个方面：一是汽车维修企业只承担单一车型或同类车型的汽车维修，或者建立汽车三位一体、四位一体及连锁经营站，为汽车制造企业做专业的售后维修服务；二是汽车维修企业只承担专项维修，如专门维修汽车电子控制装置，专门维修自动变速器，专门维修转向助力系统，专门维修防抱死制动系统，专门从事钣金修复工作，专门从事喷漆工作，专门从事动平衡检测工作以及专门从事汽车美容工作等。三是汽车维修已朝着工业化流水作业方向发展，如发动机翻新、自动变速器翻新等。随着专业化、工业化程度的提高，修理车辆在修理厂停留的时间减少，维修质量得到了提高。

（3）采用先进的管理手段，向管理要效益。

汽车维修企业管理应在车辆进厂维修过程、客户群管理、出厂记录、材料管理、财务管理、劳动人事管理等方面逐步实现计算机管理，并在生产现场管理中逐步采用电视监控技术，以实现提高企业管理水平的目标。同时，汽车维修企业还应不断改善服务质量，通过实行"四公开"（即公开维修项目、公开收费标准、公开修理过程、公开服务承诺）积极创建文明行业，逐步实现以客户需求为导向的企业创新。汽车维修企业的各个部门应落实明确而详细的岗位责任制度，做到任务清楚、明确，事事有人管、事事有记录，记录均可查、可追溯。

（4）重视专业人才的培养。

提高员工技术水平、加强技术培训。通过大量的对内培训、外送培训、外聘人员培训等多种形式技术培训，制订完善的培训计划，并进行培训考核、总结。提高企业员工的素质，补充人才，设立维修工程师等技术岗位。

（5）汽车维修救援是汽车维修行业发展的延伸。

汽车维修救援是为汽车提供紧急救援服务的一项业务，是对汽车维修行业服务功能的延伸。通过汽车维修救援系统的帮助，能够减少运输损失，提高运输效率，保障运输安全。今后一个时期，汽车维修救援将成为汽车维修行业发展的一个新的经济增长点，并且是一项利国利民的事业。建立汽车救援系统可从以下几个方面考虑。

① 全国应设一个救援总部，省会设分部，省辖市按一市一中心的原则设置汽车维修救援中心，以此为基础建立汽车维修救援点并按网点合理布局，使之逐步形成网络。

② 汽车维修救援中心是社会化的组织机构，是一个独立的经济实体，不以营利为目的。

③ 汽车维修救援中心的行业主管部门属于道路运政管理部门，汽车维修救援中心应接受各级道路运政管理部门的管理和监督。

④ 汽车维修救援中心实行会员制，并订立会员章程；吸纳被选定为救援点的汽车维修厂家为基础会员，吸纳车辆归属单位、车主或驾驶员为团体会员或个人会员。吸纳会员应坚持自愿原则。

⑤ 汽车维修救援点的设置应以邻近国道，省、县级干线公路的二类以上汽车维修厂家为主。被选定为汽车维修救援点的汽车维修厂家必须是中心会员。

⑥ 汽车维修救援中心对社会实行承诺服务，会员享受优惠服务。

⑦ 汽车维修救援中心按照物价部门的规定定期收取会员费。此会员费作为中心的主要经济来源，支持救援中心正常开展工作。

## 1.3 汽车维修行业的特点和作用

汽车维修是汽车维护和修理的总称，指对出现故障的汽车通过技术手段排查，找出故障原因，并采取一定措施使其排除故障并恢复达到一定的性能和安全标准。根据中华人民共和国交通运输部出台的《汽车维修术语》（GB/T 5624—2019），汽车维修主要指对汽车进行的维护和修理。汽车维修主要包括汽车维护、汽车修理、汽车维修检验、汽车维修信息和汽车维修配件。

### 1.3.1 汽车维修行业的特点

汽车维修行业的特点是由其服务对象和生产特点决定的。汽车维修行业是为在用车辆服务的。因此，它必然具备以技术服务和为广义车主服务的双重特性。就汽车维修生产技术而言，其工艺复杂，特别是汽车大修、总成大修作业，工艺更复杂。归纳起来，汽车维修行业的特点主要有以下几个方面。

**1. 汽车维修作业的对象是在用汽车**

汽车是一种结构复杂、技术密集的现代化运输工具，也是一种对可靠性、安全性要求较高的行走机械。为了适应社会发展的需要，车辆的品种日益增加，新技术、新工艺、新材料也不断被采用，从而使汽车的结构也越来越复杂。这就决定了汽车维修行业技术的复杂性。从汽车维修涉及的工种看，不仅需要发动机、底盘、电气、钣金、轮胎、喷漆等专业修理工种，而且需要车工、钳工、铆工、焊工等各种机械方面的通用工种。各工种的生产要求差异很大，使汽车维修企业的作业内容、作业深度千差万别。因此，汽车维修行业也是一个劳动密集型及以经验为主的行业。

**2. 汽车维修作业的社会分散性**

汽车维修行业是为在用车服务的。在用车的特点是流动分散，遍布城乡各地。因而，汽车维修行业必然也会分布在城乡的各个角落，因而具有很大的分散性。尤其是从事汽车维护小修和专项维修的企业，这种分散性表现得更为突出。同时，汽车维修的特点也决定了企业的规模不可能过大。目前，我国汽车维修行业是以中小型企业为主。

 **案例**

肖师傅在上汽通用五菱汽车厂附近开了一家汽车美容（维修）店。他发现，随着家庭轿车进入千家万户，越来越多的车主希望把自己的爱车打扮得更漂亮，或一次性或分期地"美容"汽车。于是，汽车"装饰美容"业应运而生。肖师傅抓住了这个商机，给车主新买的车提供个性化的"装饰美容"服务，车主可根据自己的喜好和经济状况给爱车进行"包装"……肖师傅的汽车"装饰美容"服务生意十分红火。

你也可以抓住各种市场商机，顺应市场需求，本着投资不大、薄利多销的宗旨，开设一家自己的汽车维修特色店。

**3. 汽车维修作业市场的调节性**

汽车维修行业是随着公路运输和汽车制造业的发展而发展的，加之企业点多面广和专业服务的特点，决定了该行业具有较强的市场调节属性。这就使一些不能随着市场变化而变化的汽车维修企业的稳定性很差。也就是说，根据市场的需求，汽车维修企业的开业、停业在动态变化中自行调节，最终使汽车维修市场的供求关系逐渐趋于平衡。

**4. 技术性强、从业人员工种多**

汽车属于现代化的高科技产品，因此对维修技术的要求也很高，维修工人要具备较强的业务素质，全面掌握所修车型的构造、原理，还要具备诊断和排除故障的能力，以满足不同用户的需求。

汽车维修是一个典型的多工种行业，也属于技术性强的特殊服务行业。《机动车维修从业人员资格条件》把维修从业人员分为"机动车维修企业负责人""电器维修人员""机修人员""涂漆人员""钣金人员"等数十个工种。

**5. 将二手车市场引进汽车维修企业**

国外二手车交易大部分在汽车维修企业进行，同新车一样有展厅。这种形式得到了客户的认可。因为汽车维修企业在进行二手车交易时，一是经过政府批准；二是具有国家承认的持证经纪人与评估师资质；三是依托企业中的综合性能检测线，对二手车进行科学的检测、评估与适当的翻新，这样翻新的二手车在交易后同新车一样具有保修期。据美国 NADA 发布 2019 年汽车授权经销商经营状况报告，美国百强经销商新车与二手车销量比为 1:2.5。因此，我国的汽车维修企业引进这项业务是符合市场需求的。

## 1.3.2 汽车维修行业的作用

汽车是一种高性能的行走机械，是一种现代化的运输工具。其特点是结构复杂、使用条件苛刻且变化大。因此，要求在运行中必须具有高度的可靠性、安全性和经济性。

汽车与其他任何机械一样，在使用过程中由于磨损、变形、老化和意外损坏等原因，技术状况和性能不断下降，致使车辆在运行中的可靠性和安全性降低；动力性、经济性变差，运行消耗增加；故障率上升，影响车辆的运行效率。研究表明，目前国产汽车的无故障里程一般为 3000km 左右，车辆运行至 2000～40000km 时对车辆安全等各个系统要进行全面检查、调整、紧固、润滑和修理。因此，汽车在投入使用到报废的整个寿命周期内，其动力性能、经济性能、安全性能和可靠性能等，与能否科学地、合理地进行维护与维修密切相关。

汽车维修的作用：

（1）满足汽车设计的需要。

（2）满足汽车运输的需要。

（3）汽车更新的需要。

（4）节省资源的需要。

（5）减少公害的需要。

因此，如何适宜地、合理地安排和组织汽车维修生产，积极开发和采用维修新技术、新工艺、新材料，提高维修质量，是汽车维修企业发展的重要技术措施。

## 1.4 现代汽车维修观念

随着汽车工业的发展，汽车的技术含量越来越高，结构越来越复杂，性能也越来越先进，特别是电子技术的运用，使汽车制造业更趋于向"高""精""尖"方向发展，这些方面的变革，促使维修观念发生了根本的变化。传统汽车维修以经验判断为主，是一种低技术含量、低层次管理和低水平服务的维修。现代汽车维修以科学手段为主，可以说是运用电子控制技术的维修，并且是一种高技术含量、高层次管理和高水平服务的维修。

**1. 全新的资讯观念**

现代汽车维修需要对数千种不同的车型、上百种不同的电子控制模块，以及上千种不同的传感器进行检测、诊断和维修。因此，一定要有维修资料作为技术支持。如果没有准确的技术资料、诊断数据、诊断流程、油电路图和装配图等，维修也就无从谈起，甚至会将汽车修坏。

**2. 全新的仪器设备观念**

现代汽车维修有了技术资料，但是，没有仪器和设备，同样也无法解决问题。科学的诊断维修必须要有检测仪器和设备，使汽车产生的故障和由此带来的瞬息变化的数据，通过故障码、数据流或波形显示出来，使汽车维修人员能准确、快捷地判断和查找到故障部位。现代汽车维修提出的"七分诊断，三分修理"的理念，充分体现了科学诊断的重要性。

**3. 全新的技术和人才观念**

现代汽车是高科技的集合，汽车维修必须要有高素质的人才，因此，现代汽车维修企业的竞争关键是人才的竞争。高素质的人才必须精通汽车的工作原理和电子技术，并且应懂外文、熟悉计算机运用，能熟练使用各种诊断设备，是具有机电一体化知识的人员。

现代汽车维修企业人才的概念应具有多层次的内涵，技术人员应分为两个层次：一种是对汽车进行检测诊断的汽车"医生"，另一种是能对汽车熟练装拆的汽车"护士"。一个汽车"医生"配备若干个汽车"护士"，汽车"医生"诊断开出"处方"，汽车"护士"根据"处方"对送修车辆进行处理；两种人才相互合作，有机结合，便构成了企业的技术人才群体。

**4. 全新的职业技能培训观念**

从事传统汽车维修的人员已不适应现代汽车维修发展的现实，他们需要更新观念、更新知识、更新技术，需要从头学起。现代汽车维修需要大量的技术人才，而目前各类学校、培训机构培养的学生根本无法满足市场需求，因而当前最好的途径就是职业技能培训。传统汽车维修人员的知识更新需要培训；汽车技术的不断发展，现代汽车维修人员对新知识、新技术等方面的融会贯通也需要培训。

在我国，传统的培训方式是师傅带徒弟，三年出师，对师傅带徒弟的资格没有任何规定，什么人都能带，不管技术水平和能力如何，只要有一定的工作年限，就可以当师傅，这种方式已不能适应时代的要求。现代汽车维修专业人才成长的特点是文化起点高，成长速度快，职业技能培训已成为人才成长的主要途径。

### 5. 全新的管理和服务观念

随着我国国民生活水平的提高，轿车已进入家庭，汽车维修的技术含量和车主的身份已发生了很大的变化，因而带来了管理和服务的广度和深度的重大变化，再加上激烈的市场竞争，企业更需要在管理和服务上下功夫，努力达到一流水平，这样才能在市场竞争中立于不败之地。对于汽车维修企业来讲，可以从以下几个方面入手来提高竞争能力。

（1）树立全过程、全天候和全方位的服务观念。

汽车维修行业既然属于服务行业，就应该遵循现代汽车维修企业的工作流程和全天候服务的观念，实行24小时服务。这样才能从时间上取信于客户，满足客户的需求，从而在激烈的市场竞争中占有一席之地。特别是对公务车的定点维修企业，更应遵循这种服务观念，否则自己原有的市场份额很容易被别人所占有。

另外，车辆从进厂维修到修好后出厂，再到修后跟踪、客户意见反馈等整个过程，企业都要有严格科学的管理制度，并建立动态的管理服务体系，给客户以安全感和信任感。

第三，对客户的进厂报修、接待、维修中等待（休息）过程中有关问题的咨询和解答，完工结算、出门送客以及出厂后的跟踪服务，企业员工都应积极认真对待，并且语言要文明，行为要规范，环境要舒适，程序要合理；要有企业文化和企业精神，并给客户以舒适感、节奏感和良好的印象。

（2）企业的资源管理和创新。

汽车服务企业的四流（人流、物流、资金流和信息流）将形成一个庞大的纵横交错的资源系统。如何进行科学合理的配置，进行有效的管理，从而达到成本最小化和效益最大化，是汽车维修企业管理中被忽视或长期未解决好的问题。

现代汽车维修是一个产品生产、制造和销售一体化的过程，参与产品生产全过程的有车主和车辆、管理者和汽车维修技工、设备生产厂和供应商、厂房、工具、技术、资料信息、资金和法规等。它们将如何在整个工作中得到科学配置和有效管理，以及如何实现这个复杂动态的管理，其最终的途径只有依靠计算机网络系统来辅助完成。

计算机网络和汽车维修企业资源管理系统的诞生，标志着汽车服务业的信息高速公路已建成，汽车维修已从经验管理走向科学管理。电子商务管理给汽车维修企业带来了零库存，网上技术研讨带来了全球性技术交流。打破封锁、资源共享、共同进步，已成为当今汽车维修行业的必然趋势。

　　四位一体（4S）是集整车销售、维修服务、配件销售、技术信息反馈于一体的，可实现资源合理配置、科学管理的一种全新的经营模式。从利润的满足程度来看，将造车、卖车、修车和服务的利润，全部由一个实体实现，对投资者、制造商、销售商及服务商都有巨大的吸引力。

　　随着人们工作和生活节奏的加快，汽车维修强制维护以及视情修理的推广，受到了客户的广泛好评，从而使免拆维护、快速修理的商机凸显。与此同时，客户更注重企业的品牌，使名牌快修连锁系统成为四流资源合理配置的另一种科学管理的创新。

 # 习题 1

### 一、填空题

　　1．汽车修理的目的在于及时_____，恢复车辆的_____，节约运行消耗，延长其使用寿命。车辆修理应贯彻_____、视情修理的原则。

　　2．汽车维修企业不断改善服务质量，通过实行"四公开"，即_____、_____、_____、公开服务承诺，积极创建文明行业，逐步实现以客户需求为导向的企业创新。

　　3．国外二手车交易大部分在_____企业进行。

　　4．我国汽车保修周期和作业内容，基本上是根据_____汽车的使用经验制定的。

　　5．四位一体（4S）是集整车销售、_____、_____和技术信息反馈于一体的，可实现资源合理配置、科学管理的一种全新的经营模式。

　　6．现代汽车维修提出：_____的诊断修理观念，充分体现了科学诊断的重要性。

### 二、简答题

　　1．我国汽车维修行业的发展趋势有哪几方面的特点？

　　2．现代汽车维修观念包含哪几个方面？

# 第2章

# 汽车维修企业成立

## 学习任务

通过本章的学习，了解汽车维修企业类别和成立的基本条件及基本程序，特别是国家标准《汽车维修业开业条件》（GB/T 16739—2014）的实施（2015年1月1日开始实施），汽车维修企业必须具备的人员、组织管理、设施、设备等要求。了解2021年8月11日《交通运输部关于修改〈机动车维修管理规定〉的决定》第四次修正的相关规定。

## 知识要点

1. 汽车维修企业的分类主要依据生产规模、拥有的主要生产设备和检测设备、技术人员及生产技术工人的数量等因素。

2. 汽车维修企业的开业条件是按照维修企业类别的不同，规定了相应的开业标准，以满足企业正常的工作秩序和确保维修质量。

3. 从事机动车维修经营的，应当向所在地的县级道路运输管理机构进行备案，提交《机动车维修经营备案表》。

（1）维修经营者的营业执照复印件；

（2）经营场地（含生产厂房和业务接待室）、停车场面积材料、土地使用权及产权证明等相关材料；

（3）技术人员汇总表，以及各相关人员的学历、技术职称或职业资格证明等相关材料；

（4）维修设备设施汇总表，维修检测设备及计量设备检定合格证明等相关材料；

（5）维修管理制度等相关材料；

（6）环境保护措施等相关材料。

## 2.1 汽车维修类别及其作业范围

企业登记管理，是工商行政管理机关根据国家授权，以国家有关法规、政策为依据对企业进行审核登记，从而实行登记和监督的一种行政管理制度。根据我国汽车维修行业现状，从汽车维修的类别和主要作业内容来看，各维修类别的作业内容和复杂程度有很大的区别，汽车维修企业作业所要求的技术条件也相差悬殊，因此，国家工商行政管理机关对汽车维修企业进行了分类，这就使得不同类别的汽车维修企业进行登记时也有所区别。

### 2.1.1 汽车维修企业分类的必要性

汽车维修行业是技术复杂的服务性行业，各汽车维修企业的规模、经营项目差异非常大。各汽车维修企业的技术水平、设备条件、厂房场地面积、人员的技术素质和其他生产设施等各不相同。为使汽车维修企业管理系统化、规范化、科学化，促进汽车维修企业提高维修质量，提高生产效率和经济效益，方便广大汽车用户，必须实行分类管理。

汽车维修行业管理部门根据以下条件制定了各类汽车维修企业的开业条件，以确定和划分汽车维修企业的类别并限定其经营的范围。

（1）生产规模；

（2）拥有的主要生产设备和检测设备；

（3）技术人员、生产技术工人的数量、工种的配备和技术素质；

（4）维修质量的质量保障体系及各种质量管理制度的完善程度；

（5）汽车维修企业的生产厂房、场地面积，生产、生活实施条件；

（6）汽车维修的技术标准、工艺文件、操作规程等完善程度；

（7）各种计量器具是否齐全，是否符合国家的有关规定；

（8）汽车维修企业在环保、消防等方面的条件是否符合国家的有关规定；

（9）汽车维修企业的经营管理水平；

（10）汽车维修企业占有的流动资金和汽车维修配件的储备能力等。

汽车维修行业管理部门根据上述条件在汽车维修作业中的影响和作用，制定各类汽车维修企业的开业条件，确定和划分汽车维修企业的类别并限定其经营范围。

### 2.1.2 汽车维修企业类别及其作业范围

汽车维修是汽车维护和修理的总称，按定义和类别可分为汽车维护和汽车修理两类。

**1. 汽车维护的类别及主要作业范围**

汽车维护的类别是指汽车维护按汽车运行间隔期限、维护作业内容或运行条件等划分的不同的类别或级别，其中，运行间隔期限是指汽车运行的里程间隔或时间。汽车维护的主要类别和主要作业内容如下：

（1）定期维护。定期维护指按技术文件规定的运行间隔期限实施的汽车维护，在整个汽车寿命期内按规定周期循环进行。按《汽车运输业车辆技术管理规定》中的汽车维修制度，汽车维护分为日常维护、一级维护和二级维护。各级维护的周期和主要作业内容如下。

日常维护：是日常性作业，每日由驾驶员出车前或收车后进行，其作业的中心内容是清洁、补给和安全检视等。

一级维护：由专业维修工在维修车间或维修厂内进行。间隔里程周期一般为 1000～2000km。其作业的中心内容除日常维护作业内容外，以检查、润滑、紧固为主，并检查有关制动、转向等安全系统的部件。

二级维护：由专业维修工在维修车间或维修厂内进行。间隔里程周期一般为 10000～15000km。其作业的中心内容除一级维护作业内容外，以检查、调整为主，并拆检轮胎，进行轮胎换位。

在《汽车运输业车辆技术管理规定》中，取消了原制度规定的以解体、检查等为中心内容的三级维护，要求在车辆维护前就应进行技术检测和技术评定，根据检测和评定结果确定附加作业项目，结合二级维护一并进行。

上述汽车定期维护的周期和作业内容只是一些基本原则。车型和运行条件不同，使用的燃料和配件质量的差异，导致各级维护作业的深度和周期有很大的差别。所以，可根据具体情况，按车辆使用手册上的要求确定其维护周期和作业内容。

（2）季节性维护及其主要作业内容。为使汽车适应季节变化而实行的维护称为季节性维护。一般季节性维护可结合定期维护一并进行。其主要作业内容是更换润滑油，调整油、电路，对冷却系统的检查和维护等。

（3）磨合维护及其主要作业内容。磨合维护是指新车或大修车磨合期内实施的维护。其主要作业内容除特别注意做好例行维护外，要经常检查、紧固各部件的外露螺栓、螺母，注意各总成应更换润滑油，并注意清洗，连接件要进行紧固，对各运动副间隙进行调整。

**2. 汽车修理的类别及主要作业范围**

汽车修理的类别是按修理对象、作业深度形式来划分的。按修理对象和作业深度划分为汽车大修、总成修理、汽车小修、零件修理和视情修理。

（1）汽车大修，是指用修理或更换汽车零部件和基础件的方法，恢复汽车的完好技术状况或安全（或接近安全），恢复汽车寿命的恢复性修理。汽车大修是对整车进行解体，对所有零部件进行检验、修理或更换。汽车大修的期限是随着汽车产品质量、使用条件和平时维护状况的不同而有很大差异的。车辆技术管理部门应对接近大修额定里程的车辆加强状态监控，并结合维护进行定期检测，做好技术鉴定工作，同时根据汽车大修的送修条件及时送修。

（2）总成修理，是指为了恢复汽车某一总成的完好技术状况、工作能力和寿命而进行的作业，也就是总成在经过一定使用期限后，其基础件和主要零部件破裂、磨损、老化等，需要拆散并进行彻底修理，以恢复其技术状况。主要总成包括发动机、车架、车身、变速器、后桥、前桥等。送修前要进行技术鉴定，达到送修条件的按规定送修。

（3）汽车小修，是指用修理和更换个别零件的方法，保证或恢复车辆工作的运行性修理。主要是为了消除车辆在运行过程中和维护作业中发生或发现的故障和隐患。

（4）零件修理，是指对因磨损、变形、损伤等不能继续使用的零件进行修复，以恢复其性能、延长其寿命。它是节约原材料、降低维修费用的一个重要措施。当然，零件修理必须考虑到是否有修复的价值和符合经济的原则。

（5）视情修理，是指按技术文件规定对汽车技术状况进行诊断或检测后，决定修理的内容和实施时间的修理，也是根据鉴定结果确定修理的级别和项目。

**3. 汽车维修企业分类**

从汽车维修的类别和主要作业内容可以看出，各维修类别的作业内容和复杂程度有很大的区别，维修作业所要求的技术条件也相差悬殊。汽车维修企业类别的划分就是按其完成维修作业的最高类别来确定的。按照国家标准《汽车维修业开业条件》（GB/T 16739—2014）规定，汽车维修企业按经营项目分为三个类别：

一类汽车维修企业（汽车大修）是从事汽车大修和总成修理生产的企业。此类企业也可从事汽车维护、汽车小修和汽车专项修理生产。

二类汽车维修企业（汽车维护）是从事汽车一级维护、二级维护和汽车小修作业的企业。

三类汽车维修企业是专门从事汽车专项修理（或维护）生产的企业和个体经营户。专项修理（或维修）的主要内容有：车身修理、涂装、坐垫及内饰、电器仪表、蓄电池、散热器、空调、润滑系统维护、车身清洁维护等。汽车维修企业可根据自身的条件，申请从事一项或数项专项修理作业。

随着汽车行业管理工作的深入，摩托车修理已在很多地方被纳入汽车维修行业管理范围，归入三类汽车维修企业。

这里要说明的是，在实际工作中，有的汽车维修企业专门从事某一车型的维修，如汽车制造厂设立的维修中心、特约维修站等，不属于三类汽车维修企业。因为对某一单一车型的维修也包括汽车的大修、总成修理和各级维护及小修，对于这种情况，应按其作业内容确定该企业的类别。

## 2.2 汽车维修企业备案制度

汽车维修企业开业条件是指为保证汽车维修的正常生产和维修质量，各类汽车维修企业所必须具备的设备、设施、人员素质等条件。它是根据各类汽车维修企业的经营范围确定的。《机动车维修管理规定》中规定：各类汽车维修企业和个体维修户必须具备与其经营范围、生产规模相适应的维修厂房和停车场地，且必须符合国家环境保护的要求。不准利用街道和公共场地停车和进行作业。

### 2.2.1 汽车维修企业开业条件

国家标准《汽车维修业开业条件》（GB/T 16739—2014）规定，整车汽车维修企业允许的最大作业深度为汽车大修。从维修作业内容来看，汽车大修是一种比较复杂的综合作业，涉及汽车清洗、拆装、机械加工、零部件修理、电器修理、油漆、钣金等多个工种。汽车大修需要诸多工种的技术工人，且每个工种都要求有特定的生产环境和专用、通用的检测设备。

因此，要能够完成汽车大修生产作业，就要求从事汽车大修的维修企业在生产场所、设备、设施、人员素质、流动资金以及安全、环保等方面必须具备相应的条件。国家标准《汽车维修业开业条件》（GB/T 16739—2014）中做了具体规定，相关内容如下。

**1. 一类汽车维修企业开业条件（略）**

**2. 二类汽车维修企业开业条件**

（1）设备条件。

① 清洁作业设备，主要包括汽车外部清洗设备、零件清洗设备。

② 补给、润滑、紧固作业设备，主要包括举升设备或地沟、机油加注器、齿轮油加注器、各种工作介质加注器、轮胎螺母拆装机或专用拆装工具、悬架弹簧螺栓螺母拆装机或专用拆装工具。

③ 试验、检测与诊断设备，主要包括发动机综合检测仪、气缸漏气量检测仪、曲轴箱窜气测量仪、工业纤维内窥镜、润滑油质量检测仪（润滑油分析仪）、废气分析仪（从事汽油车维修）、烟度计（从事柴油车维修）、电控汽油喷射系统检测设备（从事电控汽油喷射式轿车维修）、专用自动检测设备（允许外协）、四轮定位仪（从事轿车维修）或转向轮定位仪、转向盘转动量检测仪、车轮动平衡机、车速表试验台（允许外协）、电器试验台、前照灯检测设备。

④ 专用设备，主要包括磨气门机、气门座铣削及气门与气门座研磨设备或工具、制动鼓和制动盘修理设备、制动蹄摩擦片和制动块修理设备、轮胎轮辋拆装设备、喷烤漆房（从事轿车维修）或喷漆设备、充电机。

⑤ 通用设备，主要包括钻床、电焊设备、氧-乙炔气焊设备、钎焊设备、液压或机械压力机、空气压缩机、砂轮机、钳工工作台及设备。

⑥ 计量器具，主要包括外径千分尺、游标卡尺、内径百分表、内径千分表、平尺、平板、前束尺、气缸压力表、发动机检测专用真空表、万用表、塞尺、电解液密度计、转速表等，这些计量器具须经计量检定机构检定，并取得计量检定合格证。

（2）设施条件。生产厂房和停车场的结构、设施必须满足汽车维修和汽车小修作业的要求，以符合安全环境保护、卫生和消防等有关规定，地面应坚实、平整。停车场地界标志明显，不准占用道路和公共场所进行维修作业和停车；厂房和停车场的面积应与其生产纲领和生产工艺相适应，主要总成和零部件的维护和小修作业应在生产厂房内进行。主要设备应设置在生产厂房内。主生产厂房面积应不少于 $200m^2$，停车场面积应不少于 $150m^2$。

（3）人员条件。在二类汽车维修企业技术管理人员中，应至少有一名具有本专业知识并取得任职资格证书、为本企业正式聘用的助理工程师或技师以上的技术人员负责技术管理工作。

技术工人工种设置应与其从事的生产范围相适应，各工种技术工人数量应与其生产纲领、生产工艺相适应，直接生产工人应不少于 15 人。各工种技术工人必须经过专业培训，取得上岗证，持证上岗。各工种均由一名熟悉本工种技术的技术工人负责，其技术等级分别为：汽车发动机维修工、汽车底盘维修工、汽车维修电工、汽车维修钣金工、汽车维修漆工为中级；其他工种不低于初级。

二类汽车维修企业质量检验工作必须由专人负责。质量检验人员必须经过交通主管部门专业培训、考核并取得了"质量检验员证"后，持证上岗检验。应至少有两名质量检验员；应至少配备一名经正规培训取得了正式机动车驾驶证的试车员，其技术等级不低于中级汽车驾驶员。试车员可由质量检验员兼任。

二类汽车维修企业应有两名经过专业培训并取得"会计证"的财务人员，其中有一名为经过行业培训的财务结算人员。

（4）质量管理及其他条件。国家标准《汽车维修业开业条件》（GB/T 16739—2014）规定，二类汽车维修企业必须具备并执行汽车维修技术国家标准和行业标准以及汽车维修相关标准；必须具备所维护小修汽车的维修技术资料；应具有进厂检验单、过程检验单、竣工检验单、维修合同文本和出厂合格证等技术文件；应具有并执行保证汽车维修质量的工艺文件、质量管理制度、检验制度、技术档案管理制度、标准和计量管理制度、机具设备管理制度及维修制度等。

对于安全生产、环境保护等方面，国家标准规定，企业应有与其维修作业有关的安全管理制度和各工种、各机电设备的安全操作规程；对有毒、易燃、易爆物品，粉尘腐蚀剂，污染物，压力容器等均应有安全防护措施和设备；企业的环境保护条件必须符合国家的环境保护法律、行政法规和国家环境保护部门的规章、标准；应积极防止废气、废水、废渣、粉尘、垃圾等有害物质和噪声对环境的污染与危害，按生产工艺安装、配置的环保设施应齐全可靠，符合环境保护法律、法规规章、标准的规定。

中外合资（合作）的二类汽车维修企业除应具备合资（合作）维修企业特定的条件，还必须具备国家标准规定的各项条件。

特约维修中心（站）进行二类汽车维修企业生产范围内的维护和小修作业时，必须具备国家标准规定的各项条件。

企业承担车辆救援维修行业务，还应配备牵引车辆或救援维修工程车和通信工具等。

企业流动资金应不少于10万元。

**3. 三类汽车维修企业开业条件**

三类汽车维修企业是专门从事汽车专项修理（或维护）生产的企业和个体户。国家标准《汽车维修业开业条件》（GB/T 16379—2014）中规定了专项修理业户项目和设备、人员要求、流动资金条件等（见表 2.1），汽车专项修理业户可根据自身条件，从事其中一项或数项专项修理作业项目。

国家标准明确规定：业户配备的设备型号、规格和数量，生产厂房和停车场的面积，各工种技术工人的数量应与其生产纲领、生产工艺相适应；设备技术状况应完好，能满足加工、检测精度要求和使用要求；计量器具须经过计量检定机构检定，并取得计量检定合格证；生产厂房和停车场的结构、设施必须满足专项修理作业的要求，并符合安全、环保、卫生和消防等有关规定，不准占用道路和公共场所进行维修作业和停车；技术工人必须经过专业培训，取得工人技术等级证书，并经交通行业培训，取得上岗证，持证上岗。

在具体工作中，许多汽车专项修理业户从事国家标准中规定的数项作业项目。在对其作业面积进行考核时，应以国家标准中规定面积最大的一项为基础，其余每增加一项，按该项作业面积的30%～50%相应增加，流动资金的增加比例应视从事项目而定。

表2.1　三类汽车维修企业开业条件

| 序号 | 项目名称 | 作业间面积/m² | 设备 | 人员要求 | 流动资金/万元 |
|---|---|---|---|---|---|
| 1 | 车身 | 车间80 停车场40 | 吊装、举升设备，剪板设备，焊接设备，钻床或手电钻，除锈设备，砂轮机，空气压缩机，车身校正设备，$CO_2$ 气体保护焊机，折弯机，其他常用工具 | 钣金工，中级，1人 | 2 |
| 2 | 涂漆 | 车间100 停车场40 | 空气压缩机，喷烤漆房或喷漆设备，调漆设备，除锈设备，砂轮机，吸尘、通风设备，其他常用工具 | 漆工，中级，1人 | 5 |
| 3 | 篷布、坐垫及内装饰修理 | 作业间30 停车场30 | 缝纫机，锁边机，工作台或工作案，台钻或手电钻，熨斗，裁剪及其他专用工具 | 缝工，中级，1人 | 1 |
| 4 | 电器、仪表修理 | 作业间30 停车场30 | 电器试验台或电器性能调试仪，绕线机，烘箱，钳工工作台及设备，钎焊设备，仪表检修工作台，万用表，拉压器，台钻或手电钻，其他常用工具 | 电工，中级，1人 | 2 |
| 5 | 蓄电池修理 | 作业间30 | 充电机，熔铅设备，焊极板设备，钳工工作台及设备，电解液密度计，高频放电叉，电解液配置器具，废水处理和通风设备，万用表，台钻或手电钻，其他专用工具 | 蓄电池维修工，中级，1人 | 1 |
| 6 | 散热器、油箱修理 | 作业间30 停车场30 | 清洗及管道疏通设备，氧-乙炔焊设备，钎焊设备，水压试验设备，空气压缩机，喷灯，工作台或作业架，其他专用工具 | 散热器工，中级，1人 | 1 |
| 7 | 轮胎修补 | 作业间30 停车场30 | 空气压缩机，漏气试验设备，轮胎气压装，千斤顶，轮胎螺母拆装机或专用工具，轮胎轮辋拆装、除锈设备或专用工具，轮胎修补设备，其他专用工具 | 轮胎工，中级，1人 | 2 |
| 8 | 安装汽车门窗玻璃 | 作业间20 停车场30 | 工作台，玻璃切割工具，玻璃磨边工具，其他常用工具、量具 | 木工，中级，1人 | 2 |
| 9 | 空调器、暖风机修理 | 作业间30 停车场30 | 台钻或手电钻，氧-乙炔焊设备，烘干箱，空调作业台，暖风机作业台，压力调试仪，检漏计，水平仪，真空仪或真空泵，万用表，温度计，研磨平板，制冷剂回收、净化、回充装置，其他专用工具 | 空调维修工，中级，1人 | 2 |

| 序号 | 项目名称 | 作业间<br>面积/m² | 设备 | 人员要求 | 流动资金<br>/万元 |
|---|---|---|---|---|---|
| 10 | 喷油泵、喷油器、化油器修理 | 作业间30 | 喷油泵、喷油器清洗和试验设备，化油器清洗、试验设备，工作台，钎焊设备，其他专用工具、量具 | 发动机维修工，中级，1人 | 2 |
| 11 | 曲轴修磨 | 作业间60 | 曲轴磨床，曲轴校正设备，曲轴动平衡设备，平板，V形块，百分表，外径千分尺，无损探伤设备，其他专用工具、量具 | 镗磨工，中级，1人 | 2 |
| 12 | 气缸镗磨 | 作业间50 | 立式精镗床，立式珩磨机，压力机，吊装超重设备，气缸体水压试验设备，量缸表，外径千分尺，塞尺，其他专用工具 | 镗磨工，中级，1人 | 2 |
| 13 | 车身清洁维护 | 作业间100<br>停车场30 | 举升设备或地沟煤气车外部清洗设备，除尘、除垢设备，打蜡设备，抛光设备，其他常用、专用工具 | 车身清洁，3人 | 1 |

## 2.2.2　申办汽车二类维修经营备案须知

办理汽车二类维修经营备案时请提交以下材料：

1）《机动车维修经营备案表》（见表2.2）。

### 表2.2　机动车维修经营备案表

（□首次备案 □备案变更）

| | | | | | |
|---|---|---|---|---|---|
| 经营者名称 | | （与营业执照名称一致） | | | |
| 经营地址 | | ××省（区、市）××市（州）××县（市、区）××街（镇、乡）××号 | | | |
| 企业法定代表人<br>（个体不填写此项） | | | 统一社会信用代码 | | |
| 主要负责人<br>（个体填写经营者，企业填写法人任命的负责人） | | 姓名 | | 身份证号 | |
| | | 联系电话 | | 电子邮箱/传真 | |
| 企业性质 | | □国有　□集体　□私营　□外资（国别　　　） | | | |
| 经营类型 | | □综合修理　□机动车生产、进口企业授权维修　□其他（　　　）　　　　　□连锁经营 | | | |
| 经营范围 | 业务类型 | □汽车维修 | | □摩托车维修 | □其他机动车维修 |
| | 业户类别 | □一类　□二类　□三类 | | □一类　□二类 | □一类　□二类　□三类 |
| | 项目种类 | 一类 | □大中型客车维修　□大型货车维修　□小型车维修　□危险货物运输车辆维修　（可多选） | | |
| | | 二类 | □大中型客车维修　□大型货车维修　□小型车维修　（可多选） | | |
| | | 三类 | □综合小修　□发动机维修　□车身维修　□电气系统维修　□自动变速器维修<br>□轮胎动平衡及修补　□四轮定位检测调整　□汽车润滑与养护　□喷油泵和喷油器维修<br>□曲轴修磨　□气缸镗磨　□散热器维修　□空调维修　□汽车美容装潢<br>□汽车玻璃安装及修复　（可多选） | | |

续表

| | | |
|---|---|---|
| 其他备案材料 | 通用要求 | □ 1. 维修经营者的营业执照复印件 |
| | | □ 2. 经营场地、停车场面积、土地使用权及产权证明等相关材料 |
| | | □ 3. 技术人员汇总表，以及各相关人员的学历、技术职称或职业资格证明等相关材料 |
| | | □ 4. 维修设备设施汇总表，维修检测设备及计量设备检定合格证明等相关材料 |
| | | □ 5. 维修管理制度等相关材料 |
| | | □ 6. 环境保护措施等相关材料 |
| | 特殊要求 | □ 7. 与其作业内容相适应的专用维修车间和设备、设施等相关材料（危险货物运输车辆维修经营者填写） |
| | | □ 8. 突发事件应急预案（危险货物运输车辆维修经营者填写） |
| | | □ 9. 安全管理人员汇总表（危险货物运输车辆维修经营者填写） |
| | | □ 10. 安全操作规程材料（危险货物运输车辆维修经营者填写） |
| | | □ 11. 连锁经营协议书副本（连锁维修经营者填写） |
| | | □ 12. 连锁经营的作业标准和管理手册（连锁维修经营者填写） |
| | | □ 13. 连锁经营服务网点符合机动车维修经营相应条件承诺书（连锁维修经营者填写） |

本经营者声明：

1. 已知晓《道路运输条例》《机动车维修管理规定》《汽车维修业开业条件》《摩托车维修业开业条件》等国家机动车维修有关法律、法规及标准，知晓机动车维修开业条件要求和备案要求；

2. 所提供的备案材料信息内容真实、准确，不存在虚假记载、误导性陈述或者重大遗漏，所有文件的签名、印章真实有效。如有不实之处，愿承担相应的法律责任。

法定代表人或主要负责人（签字）：　　　　　　　　　　　　单位（盖章）：

　　　　　　　　　　　　　　　　　　　　　　　　　　　　　年　月　日

| | |
|---|---|
| □ 备案材料齐全；<br><br>□ 备案材料不齐全，请补充：____<br><br>承办人（签字）：　　　　　年　月　日 | 复核（签字）：<br><br>备案编号：<br><br>备案机关（盖章）：<br><br>　　　　　　　　　　年　月　日 |

填写说明：（1）请根据《机动车维修管理规定》有关要求填写此表；（2）其他备案材料：维修经营者备案应依法提交第1至6项材料，危险货物运输车辆维修经营者还需提交第7至10项材料，维修连锁经营服务者还需提交第11至13项材料；（3）承办人是指备案机关受理备案并对备案材料依法进行审查的工作人员，复核是指备案机关对备案材料进行复核并备案编号的工作人员；（4）办理备案变更的，仅需填写变更事项，并与原备案表一并存档。

2）营业执照复印件（略）。

3）经营场地、停车场面积、土地使用权及产权证明等相关材料：

（1）场地平面图（包含厂房、接待室、停车场，各工位位置等），不能手画。

（2）经营场地面积情况（见表2.3）。

表2.3　经营场地面积情况

| 序号 | 场地 | 实际面积（m²） | 要求 |
|---|---|---|---|
| 1 | 生产厂房 | | ≥200m² |
| | 其中：总成维修间 | | ≥20m² |
| 2 | 停车场 | | ≥150m² |
| 3 | 接待室（含客户休息室） | | ≥20m² |

（3）土地使用权及产权证明：

① 使用自有场所的，提交房屋权属证明或者合法土地使用证明并注明厂房权属；

② 使用非自有场所的，提交租赁、借用合同及出租人的厂房权属证明或者合法土地使用证明并注明厂房权属（场地租赁剩余期限不少于1年）；

③ 尚未取得权属证明的，提交房屋购买合同、土地使用权受让合同、房屋竣工验收、规划建设许可等其中一种证明文件；

④ 无法提交上述证明的，提交土地房屋管理部门或者乡镇人民政府、街道办事处、居（村）民委员会出具的合法使用证明并注明厂房的属性。

4）管理技术人员汇总表，以及各相关人员的学历、技术职称或职业资格证明等相关材料：

（1）管理、技术人员汇总表（见表2.4）。

表2.4　管理、技术人员汇总表

| 岗位 | 姓名 | 性别 | 年龄 | 文化程度 | 所学专业 | 专业技术职称 | 职称或从业资格 |
|---|---|---|---|---|---|---|---|
| 维修企业负责人 | | | | | | | |
| 维修技术负责人 | | | | | | | |
| 维修质量检验员 | | | | | | | |
| 机修人员 | | | | | | | |
| 电器维修人员 | | | | | | | |
| 钣金（车身修复）人员 | | | | | | | |
| 涂漆（车身涂装）人员 | | | | | | | |
| 维修价格结算员 | | | | | | | |
| 维修业务接待员 | | | | | | | |
| 燃料供给系统作业、检验人员（从事燃气汽车维修的企业） | | | | | | | |

**填写说明：** 岗位人数要求：二类汽车维修企业应设置维修企业负责人至少1名、维修技术负责人至少1名、维修质量检验员至少2名、机修人员至少1名、电器维修人员至少1名、钣金（车身维修）技术人员至少1名、涂漆（车身涂装）人员至少1名、维修行业务接待员至少1名、维修价格结算员至少1名。车辆技术评估（含检测）员非必备。二类企业维修企业负责人、维修技术负责人、维修行业务接待员、维修价格结算员允许一人二岗，可兼任一职。从事燃气汽车维修的企业，至少应配备1名熟悉燃料供给系统专业技术的专职作业、检验人员。

（2）岗位资质要求（见表2.5）。

① 维修企业负责人应当具有大专（含）以上文化程度。

② 维修技术负责人应当具有机动车维修或相关专业的大专（含）以上学历，或具有机动车维修或相关专业的中级（含）以上专业技术职称。

③ 维修质量检验员应当具有高中（含）以上学历，具有与本企业承修车型相适应的机动车驾驶证，并安全驾驶1年以上。

④ 从事机修、电器、钣金、涂漆、车辆技术评估（含检测）作业的技术人员应当具有初中（含）以上学历。

⑤ 燃料供给系统作业、检验人员经培训合格，持证上岗。

表2.5　岗位资质复印件清单

| 序号 | 岗位 | 资质复印件 | 要求 |
|---|---|---|---|
| 1 | 维修企业负责人 | 学历证明 | 大专（含）以上 |
| 2 | 维修技术负责人 | 学历证明或技术职级证书 | 机动车维修或相关专业的大专（含）以上学历，或具有机动车维修或相关专业的中级（含）以上专业技术职称 |
| 3 | 维修质量检验员 | 学历证明 | 高中（含）以上 |
| | | 机动车驾驶证 | 准驾车型与本企业承修车型相适应 |
| | | 机动车安全驾驶经历证明 | 最近1个记分周期内没有记满12分 |
| 4 | 机修人员 | 学历证明 | 初中（含）以上 |
| 5 | 电器维修人员 | 学历证明 | 初中（含）以上 |
| 6 | 钣金（车身修复）人员 | 学历证明 | 初中（含）以上 |
| 7 | 涂漆（车身涂装）人员 | 学历证明 | 初中（含）以上 |
| 8 | 燃料供给系统作业、检验人员 | 培训合格证明（从事燃气汽车维修的企业） | 培训主体不限定，可以是燃气设备生产厂商组织的培训、发的合格证。 |

5）维修设备设施汇总表，维修检测设备及计量设备检定合格证明等相关材料：

（1）维修设备设施汇总表。

（2）检测设备及计量设备检定合格的证明。

（3）汽车维修外协材料：①与外协设备所有者签订的外协协议；②外协设备生产合格证复印件（盖设备所有者公章）。

6）维修管理制度等相关材料：

（1）公示项目、管理制度情况（见表2.6）。

表2.6　公示项目、管理制度情况

| 序号 | 类别 | 项目 | 是否公示或执行（填"是"或"否"） |
|---|---|---|---|
| 1 | 公示项目 | 营业执照 | |
| 2 | | 配件价格、工时定额、价格标准 | |
| 3 | | 业务工作流程 | |
| 4 | | 业务受理程序、服务承诺 | |
| 5 | | 用户投诉受理程序 | |
| 6 | 管理制度 | 《质量管理制度》（含汽车维修质量承诺、进出厂登记、检验、竣工出厂合格证、费用结算清单、标准和计量、文件资料有效控制等内容） | |

| 序号 | 类别 | 项目 | 是否公示或执行<br>（填"是"或"否"） |
|---|---|---|---|
| 7 | 管理制度 | 《安全生产管理制度》<br>（含安全生产事故应急预案） | |
| 8 | | 《车辆维修档案管理制度》 | |
| 9 | | 《人员培训制度》 | |
| 10 | | 《设备管理制度》<br>（含设备安全操作规程） | |
| 11 | | 《配件管理制度》 | |

（2）维修管理制度文本（见表 2.7）（打印两份，一份提交业务主管行政部门、一份企业留存备查）。

### 表 2.7　维修管理制度文本

| 序号 | 制度名称 | 备注 |
|---|---|---|
| 1 | 《质量管理制度》 | 含汽车维修质量承诺、进出厂登记、检验、竣工出厂合格证、费用结算清单、标准和计量、文件资料有效控制等内容 |
| 2 | 《安全生产管理制度》 | 含安全生产事故应急预案 |
| 3 | 《车辆维修档案管理制度》 | |
| 4 | 《人员培训制度》 | |
| 5 | 《设备管理制度》 | 含设备安全操作规程 |
| 6 | 《配件管理制度》 | |

7）环境保护措施等相关材料。

提供环境保护措施材料（见表 2.8）或提供环保部门的环境影响审批文件或《建设项目环境影响登记表》。

### 表 2.8　环境保护措施材料

| 企业名称： | | | |
|---|---|---|---|
| 地址： | | | |
| 法人代表： | | 联系人： | |
| 电话： | | 手机： | |
| 主要污染物 | 采取的环保措施及排放去向 | | |
| 废油 | | | |
| 废液 | | | |
| 废气 | | | |
| 废水 | | | |
| 废蓄电池 | | | |
| 废轮胎 | | | |
| 含石棉废料 | | | |
| 有害垃圾 | | | |
| 其他 | | | |

| |
|---|
| 本经营者承诺：<br>　采取的环保措施符合法律法规、政策、标准等要求，经营过程中严格落实各项措施，污染物排放达到国家或地方相应标准要求。所填写各项内容真实、合法、完整、准确，如有不实之处，愿承担相应的法律责任。<br>　　　　　　　　　　　　　　　　单位（盖章）：　　　　　　　　　年　　月　　日 |

所有复印件须标明"此件与原件一致"，并加盖公章、签字，填写日期，并提供原件核查。

办理时限：当场办结。

## 2.3　汽车维修企业和经营户开业备案及变更程序

汽车维修企业和经营业户开业备案程序如下：

（1）从事机动车维修经营的，应当向所在地的县级道路运输管理机构进行备案，提交《机动车维修经营备案表》（见表2.2），并附送下列材料，保证材料真实完整：

① 维修经营者的营业执照复印件；

② 经营场地（含生产厂房和业务接待室）、停车场面积材料、土地使用权及产权证明等相关材料；

③ 技术人员汇总表，以及各相关人员的学历、技术职称或职业资格证明等相关材料；

④ 维修设备设施汇总表，维修检测设备及计量设备检定合格证明等相关材料；

⑤ 维修管理制度等相关材料；

⑥ 环境保护措施等相关材料。

（2）从事机动车维修连锁经营服务的，其机动车维修连锁经营企业总部应先完成备案。

机动车维修连锁经营服务网点可由机动车维修连锁经营企业总部向连锁经营服务网点所在地县级道路运输管理机构进行备案，提交《机动车维修经营备案表》，附送下列材料，并对材料真实性承担相应的法律责任：

① 连锁经营协议书副本；

② 连锁经营的作业标准和管理手册；

③ 连锁经营服务网点符合机动车维修经营相应条件的承诺书。

连锁经营服务网点的备案经营项目应当在机动车维修连锁经营企业总部备案经营项目范围内。

（3）道路运输管理机构收到备案材料后，对材料齐全且符合备案要求的应当予以备案，并编号归档；对材料不全或者不符合备案要求的，应当场或者自收到备案材料之日起5日内一次性书面通知备案人需要补充的全部内容。

（4）机动车维修经营者名称、法定代表人、经营范围、经营地址等备案事项发生变化的，应当向原办理备案的道路运输管理机构办理备案变更。

机动车维修经营者需要终止经营的，应当在终止经营前30日告知原备案机构。

（5）道路运输管理机构应当向社会公布已备案的机动车维修经营者名单并及时更新，便于社会查询和监督。

## 2.4 汽车维修企业或经营业户监督检查及法律责任

### 2.4.1 监督检查

道路运输管理机构负责对机动车维修经营活动的监督检查。

道路运输管理机构应当依法履行对维修经营者的监管职责，对维修经营者是否依法备案或者备案事项是否属实进行监督检查。

道路运输管理机构的工作人员应当严格按照职责权限和程序进行监督检查，不得滥用职权、徇私舞弊，不得乱收费、乱罚款。

道路运输管理机构应当积极运用信息化技术手段，科学、高效地开展机动车维修管理工作。

道路运输管理机构的执法人员在机动车维修经营场所实施监督检查时，应当有 2 名以上人员参加，并向当事人出示交通运输部监制的交通行政执法证件。

道路运输管理机构实施监督检查时，可以采取下列措施：

①询问当事人或者有关人员，并要求其提供有关资料；

②查询、复制与违法行为有关的维修台账、票据、凭证、文件及其他资料，核对与违法行为有关的技术资料；

③在违法行为发现场所进行摄影、摄像取证；

④检查与违法行为有关的维修设备及相关机具的有关情况。

检查的情况和处理结果应当记录，并按照规定归档。当事人有权查阅监督检查记录。

从事机动车维修经营活动的单位和个人，应当自觉接受道路运输管理机构及其工作人员的检查，如实反映情况，提供有关资料。

### 2.4.2 法律责任

从事机动车维修经营业务，未按规定进行备案的，由县级以上道路运输管理机构责令改正；拒不改正的，处 5000 元以上 2 万元以下的罚款。

从事机动车维修经营业务不符合国务院交通运输主管部门制定的机动车维修经营业务标准的，由县级以上道路运输管理机构责令改正；情节严重的，由县级以上道路运输管理机构责令停业整顿。

机动车维修经营者使用假冒伪劣配件维修机动车，承修已报废的机动车或者擅自改装机动车的，由县级以上道路运输管理机构责令改正；有违法所得的，没收违法所得，处违法所得 2 倍以上 10 倍以下的罚款；没有违法所得或者违法所得不足 1 万元的，处 2 万元以上 5 万元以下的罚款，没收假冒伪劣配件及报废车辆；情节严重的，由县级以上道路运输管理机构责令停业整顿；构成犯罪的，依法追究刑事责任。

机动车维修经营者签发虚假机动车维修竣工出厂合格证的，由县级以上道路运输管理机构责令改正；有违法所得的，没收违法所得，处以违法所得2倍以上10倍以下的罚款；没有违法所得或者违法所得不足3000元的，处以5000元以上2万元以下的罚款；情节严重的，由县级以上道路运输管理机构责令停业整顿；构成犯罪的，依法追究刑事责任。

有下列行为之一的，由县级以上道路运输管理机构责令其限期整改：

① 机动车维修经营者未按照规定执行机动车维修质量保证期制度的；

② 机动车维修经营者未按照有关技术规范进行维修作业的；

③ 伪造、转借、倒卖机动车维修竣工出厂合格证的；

④ 机动车维修经营者只收费不维修或者虚列维修作业项目的；

⑤ 机动车维修经营者未在经营场所醒目位置悬挂机动车维修标志牌的；

⑥ 机动车维修经营者未在经营场所公布收费项目、工时定额和工时单价的；

⑦ 机动车维修经营者超出公布的结算工时定额、结算工时单价向托修方收费的；

⑧ 机动车维修经营者未按规定建立机动车维修档案并实行档案电子化管理，或者未及时上传维修电子数据记录至国家有关汽车维修电子健康档案系统的。

道路运输管理机构的工作人员有下列情形之一的，由同级地方人民政府交通运输主管部门依法给予行政处分；构成犯罪的，依法追究刑事责任：

① 不按照规定实施备案和黑名单制度的；

② 参与或者变相参与机动车维修经营业务的；

③ 发现违法行为不及时查处的；

④ 索取、收受他人财物或谋取其他利益的；

⑤ 其他违法违纪行为。

### 2.4.3　汽车维修行业环境保护管理制度

根据《中华人民共和国环境保护法》《大气污染防治法》《汽车维修大气污染排放标准》，按《汽车维修业开业条件》（GB/T 16739—2014）关于环境保护条件的要求，制定本制度。

**1. 基本要求**

（1）汽车维修行业是环境保护的责任主体，企业要遵守环境保护的法律、法规及相关环保规定，坚持"全面规划，合理布局，综合利用，化害为利，依靠群众，大家动手，保护环境，造福人民"的环境方针，做好本企业环境保护工作。

（2）认真制定企业环保措施，坚持预防为主，防治结合的方法，从源头上减少污染，认真执行"谁污染，谁治理"的原则，将环境保护工作落实到位，创造良好的工作、生活环境。

**2. 环境保护职责**

（1）企业职责。

① 遵守《环境保护法》，组织开展对《环境保护法》的学习、宣传工作，认真贯彻环境保护的相关法律、法规的相关规定。

② 按《环境保护法》的要求，建立健全企业环境保护管理制度、措施，并有效地执行。

③ 将企业在汽车维修过程中产生的废物、废料、有害物质、有害垃圾界定清楚，进行集中分类收集并有效处理。

④ 汽车维修的作业环境以及按生产工艺处理的废油、废气、废水、废液和采光、吸尘、净化、消声等设施设备应符合《环境保护法》的相关规定。

⑤ 涂漆车间应设有专用的排废水的处理设施和专门处理后的排放设备。

⑥ 采用干打磨工艺的，应有粉尘收集装置和除尘设备，并有通气设备。

⑦ 汽车调试车间或调试工位应设置汽车尾气收集、净化装置。

（2）汽修负责人环保职责。

① 负责按《环境保护法》的规定，建立健全环境保护管理制度。

② 对本企业环境保护工作进行全面治理和控制。

③ 督促、检查本单位环境保护工作，及时消除环保隐患和污染事故。

④ 及时、如实报告环保和污染事故。

（3）分管环保负责人职责。

① 负责本企业的环保管理工作，组织企业内部各部门协调环保工作。

② 组织员工学习环境保护的法律、法规和相关规定。

③ 负责组织环境保护工作计划和措施的制订。

④ 组织开展环境保护工作的检查和治理。

⑤ 环境污染事故发生后，应迅速赶赴现场指挥处理，采取补救措施，及时上报，做好善后工作，主持事故调查，分清责任，提出处理意见。

（4）环保职能部门（或环境监督员）职责。

① 按照环境保护的法律、法规和相关要求负责本企业的环境保护的日常工作，是本企业环保工作的职能部门。

② 组织开展执行本企业的环境保护管理制度，对环境进行监测工作，及时反映、汇报、处理日常发生的污染问题。

③ 开展环境保护检查，开展环境保护设施设备的检查，不符合要求的，须及时有效地处理。

④ 组织开展环境保护的法律、法规和相关规定的学习宣传、培训工作。

⑤ 建立健全环保设施设备运行台账，做好检查、监测资料的归档和统计工作。

（5）管理人员和员工职责。

① 遵守《环境保护法》及相关法律、法规，严格遵守本企业的环境保护管理制度。

② 不制造污染，不破坏环境，不违反操作规程，对本岗位的环境保护负责。

③ 积极参加环保方面的学习和培训。

④ 及时汇报或处理环保隐患，发生环保事故时，要及时抢救，及时报告。

**3. 汽车维修污染的界定**

（1）废油：废机油、废变速器油、废齿轮油、废液压油。

（2）废液：废制动液、冷冻液、空调液。

（3）废水：洗车产生的或修理产生的废水。

（4）废蓄电池：废弃的铅蓄电池。

（5）废轮胎：无使用价值的轮胎。

（6）废气：油漆废气、烤漆废气、汽车尾气。

（7）有害垃圾：含废油、废液的包装容器、旧金属零件、旧塑料零件或器材、废机油桶或油壶、废油漆桶、机油滤芯、烤漆房更换的活性炭、过滤石棉、涂料废物、遮挡喷漆使用的报纸等。

（8）超过《工业企业厂界环境噪声排放标准》（GB 12348—2008）的 2 类标准的厂区噪声。

（9）柴油、汽油的跑冒泄漏。

**4. 污染物的管控**

（1）废油、废液的管控。

设立废机油、废齿轮油、废机械油、废液收集池与维修车间和办公场地隔离，收集池和隔离地不污染地面，不受雨水侵蚀，配备防火设施，与有资质的企业签订处置协议，交由有资质的企业处置。

（2）废蓄电池的管控。

统一堆放，防止破损，交由原厂回收或有资质的企业进行处理。

（3）废旧轮胎的管理。

废旧轮胎属于一般工业废物，按照一般工业废物交给有资质的企业处理，严禁按一般垃圾处理或者自行处理。

（4）有害垃圾的管控。

有害垃圾设立储存隔离区，进行专门的堆放，严禁露天雨水的侵蚀，造成二次污染，按规定与有资质的企业签订协议，交由有资质的企业处理。

（5）废水的管控。

按照《污水综合排放标准》（GB 8978—1996）中的三级标准，将汽车维修或汽车洗车产生的废水经沉淀池、隔油池沉淀后排至市政污水管道网，在洗车时尽量使用无磷洗涤剂，减少污染，在废水排放口处设置废水监测点位，由环境监督员对废水的 PH 值、化学需氧量、五日生化需氧量、悬浮物、石油类、挥发酚等指标，按规定时间进行监控，作出记录，出现超标的情况，须及时排查，并及时处理。

（6）废气的管控。

烤漆房的喷漆产生的废气和烤漆产生的废气必须经抽风机的过滤棉和活性炭的处理后，再经过 15 米高的排气管往外排出，在外排装置的外排管道上设置废气监控点位，对粉尘、苯、甲苯、二甲苯的排放浓度和排放速率进行主要监测，环境监督员作好监测记录，核对排放标准，超出排放标准的，须对设施设备进行检修或查找原因，在本企业无能力监测时，可以定期请广西壮族自治区分析测试研究中心等部门进行检测，出现异常及时排查并修理。

采用干打磨工艺的应有粉尘收集处理装置和除尘设备。

为减少废气（油漆废气）的排放，尽量使用低苯油漆，尽量使用新工艺，使用水性环保车漆，减少废气的排放。

汽车高度车间或高度工位应设置汽车尾气收集交货装置。

（7）厂区噪声的管控。

对于汽车维修时进行的零件更换、焊接、打磨、喷漆、试机、试车等产生的噪声，要在车间的四周围墙上安装隔音装置，同时安装噪声监测点位，对产生的噪声进行监控，按照《工业企业厂界环境噪声排放标准》（GB 12348—2008）二类区标准，昼间≤60 分贝，一旦超标要进行管控。

（8）柴油、汽油的管理。

柴油、汽油的泄漏不仅容易引发火灾或爆炸，还会污染环境、污染水、污染空气，因此，在汽车的维修过程中要杜绝柴油、汽油的跑冒泄漏，造成泄漏要采取措施，防止流入下水道而侵蚀土地。

**5. 污染事故的处理**

（1）针对可能发生的水污染、空气污染、有害垃圾污染等汽车维修污染事故，本企业应制订完善的《汽车维修污染事故专项应急预案》以应对污染事故。

（2）按专项应急预案的要求，应在应急预案中明确应急职责、应急程序，明确应急能力和资源。基本内容如下：

① 事故类型和危害程度分析。

② 应急处置基本原则。

③ 组织机构及职责。

④ 预防与预警。

⑤ 信息报告程序。

⑥ 应急处置。

⑦ 应急物资与装备保障。

**6. 新建项目的环保管理**

（1）新建项目严格执行环保设施"三同时"，即环保设施设备与主体工程同时设计、同时施工、同时投产。

（2）新建项目在设计、施工前开展逐级上报环保部门批复。

（3）新建项目须向环保部门申请验收，通过环评后方可运行生产。

**7．环保档案的管理**

（1）环保职能部门或环境监督员是环保档案的管理者，环保档案是环境评级的重要资料，因此要建立健全环境保护档案，逐步建立企业环境行为数据库和管理系统。

（2）及时、准确地向环保部门提供环境监测、统计、污染控制的各种信息和污染事故。

（3）及时、准确地向企业负责人提供环境保护情况，为企业的持续改进环保工作而提供依据。

（4）环保档案保管期为三年。

**8．奖励和惩罚**

（1）本企业员工在环保工作中成绩突出的将给予精神和物质奖励，与提升工资和资金挂钩。

（2）玩忽职守，严重违反《环境保护法》的，人为造成企业或社会环境严重污染事故的，将按国家的法律、法规及环保部门的规定进行处罚，情节严重的按公司的规章制度给予处分，直至追究刑事责任。

 # 习题2

**一、填空题**

1．汽车的运行间隔是指汽车运行的_____或_____。

2．二级维护的中心内容除一级维护作业内容外，以_____为主，并_____，进行_____。

3．汽车修理的类别按修理对象和作业深度划分为_____、_____和_____。

4．二类汽车维修企业主要是从事汽车_____、_____及汽车小修作业的企业。

5．汽车维修企业年度审验的主要内容是_____、_____、_____。

6．从事机动车维修经营业务，未按规定进行_____的，由_____以上道路运输管理机构责令改正；拒不改正的，处5000元以上2万元以下的罚款。

7．机动车维修经营者需要终止经营的，应当在终止经营前_____日告知原备案机构。

8．废机油、废齿轮油、废机械油等废液收集池和隔离地不能污染地面，不受雨水侵蚀，配备防火设施，与有_____的企业签订处置协议，交由有_____的企业处置。

二、判断题

1．汽车维修企业不论类别都是作为汽车售后服务中的一个环节，为车辆提供高质量的保障系统，并为客户提供优质的便利的服务环境。　　　　　　　　　　　　（　　）

2．筹建汽车维修企业和经营业户的筹建申请是由乡一级以上道路运政管理机构受理。　　　　　　　　　　　　　　　　　　　　　　　　　　　　　　　　　　（　　）

3．道路运输管理机构收到备案材料后，对材料齐全且符合备案要求的应当予以备案，并编号归档；对材料不全或者不符合备案要求的，应当场或者自收到备案材料之日起 5 日内一次性书面通知备案人需要补充的全部内容。　　　　　　　　　　　　　（　　）

4．经批准开业的，由审批机构核发《汽车维修行业技术合格证》及铜制《汽车维修企业经营标志牌》，申请人不再需要到工商行政管理部门和税务部门分别办理法人营业执照或工商执照和税务登记手续。　　　　　　　　　　　　　　　　　　　　　（　　）

5．中外合资、合作汽车维修企业立项、审批程序立项申请的手续，由中方代表办理，道路运政管理机构不直接接受外方人员的申请。　　　　　　　　　　　　　（　　）

6．道路运政管理机构不能按照国内的法律、法规、规章对中外合资、合作汽车维修企业实施行政管理。　　　　　　　　　　　　　　　　　　　　　　　　　　　（　　）

7．汽车维修企业或经营业户因故变更其经营范围的，由原批准开业的机构受理。　　　　　　　　　　　　　　　　　　　　　　　　　　　　　　　　　　　　（　　）

8．汽车维修企业和经营业户的年度审验的时间，由汽车维修企业和经营业户自己确定。　　　　　　　　　　　　　　　　　　　　　　　　　　　　　　　　　　（　　）

三、简答题

1．像特约维修站这样的汽车维修企业专门从事某一车型的维修，为什么不属于三类汽车维修企业？

2．道路运输管理机构实施监督检查时，可以采取哪些措施？

3．汽车维修行业环境保护管理的基本要求是什么？

4．办理汽车二类维修经营备案时申请人应提交哪些文件？

# 第3章

## 汽车维修企业管理制度

### 学习任务

加强汽车维修质量管理制度学习，落实安全生产责任制，加强安全管理，避免因安全事故而导致人员伤亡和财产损失。严格遵守保密制度，保障客户信息及维修工单等隐私。维修管理制度是汽车维修企业最核心的制度之一，必须保障维修服务的质量和可靠性。维修管理制度规定维修流程、维修标准及要求以及维修人员的职责和权限等方面。同时，在维修过程中，严格执行维修记录制度，包括故障现象、检测结果、维修方法及维修费用等。

### 知识要点

1. 汽车维修质量管理制度。
2. 安全生产责任制度。
3. 车辆维修档案管理制度。
4. 岗位安全生产操作规程。
5. 汽车配件管理制度。

## 3.1 汽车维修质量管理制度

为加强汽车维修行业管理，保证汽车维修质量，根据交通运输部制定的《机动车维修管理规定》和《汽车维护、检测、诊断技术规范》（GB/T 18344—2016），制定本制度。

（1）制定维修工艺和操作规程。

① 依据国家标准、行业标准、地方标准的要求，制定汽车维修企业技术标准；

② 建立健全汽车维修行业户内部质量保证体系，加强质量检验，掌握质量动态，进行质量分析，推行全面质量管理；

③ 开展质量评优与奖惩工作；

做好质量管理的工作，建立健全并严格遵守与企业维修类别相适应的技术管理、计量管理和质量检验等规章制度。

（2）承担机动车维修竣工质量检验的机动车维修企业使用符合有关标准并在检定有效期内的设备，按照有关标准进行检验，如实提供检测结果证明，并对检测结果承担法律责任。

（3）汽车维修行业户在维修没有国标、部标、地方标准的车辆时，应参照原汽车维修手册、使用说明和有关维修技术资料进行维修。

（4）车辆进厂、维修及竣工出厂，必须由专人负责质量检验，并认真填写检验单、一、二类维修行业户对进行汽车大修、总成大修、二级维护的车辆必须建立《汽车维修技术档案》。

（5）汽车维修竣工出厂实行出厂合格证制度（汽车小修和部门专项修理除外），维修质量不合格的车辆不准出厂。汽车维修行业户在车辆维修竣工出厂时，必须按竣工出厂技术条件进行检测并向托修单位提供由出厂检验员签发的汽车维修竣工出厂合格证。

（6）汽车维修行业户必须执行《机动车维修管理规定》车辆出厂质量保证期制度。

汽车和危险货物运输车辆整车修理或总成修理质量保证期为车辆行驶 20000 千米或者 100 日；二级维护质量保证期为车辆行驶 5000 千米或者 30 日；一级维护、小修及专项修理质量保证期为车辆行驶 2000 千米或者 10 日。在质量保证期内，车辆发生事故或损坏，承修业户和托修单位按下列规定划分责任：

① 因维修质量造成的车辆故障或损坏，维修行业户应负责及时返修，由于维修质量问题而造成的车辆异常损坏或车辆机件事故，由承修业户负责。

② 由于托修单位违反使用规定或驾驶员违反操作规程而造成的车辆故障或损坏，不属于维修质量问题，经济责任由托修单位自负。

（7）人员管理。

① 企业负责人、技术负责人及质量检验员、业务接待员、价格结算员以及从事机修、电器、钣金、涂漆、车辆技术评估（含检测）作业的技术人员条件应符合相关规定。机动车维修技术人员配备应满足有关要求。

② 维修从业人员应按照作业规范进行维修作业。

③ 经营者应根据维修服务活动和从业人员能力，制订和实施培训计划，做好培训记录。

（8）设施设备的质量管理。

① 厂区环境清洁，各类指标标志清楚，重要区域和特种设备设立警示标志。

② 维修作业区应合理布局，划分工位，有充足的自然采光或人工照明。

③ 维修、检测设备的规格和数量应与维修车型、维修规模和维修工艺相适应。

④ 经营者应依据设备使用书，制定设备操作工业规程。

⑤ 经营者应制订设备维护计划，并认真实施，特种设备应重点维护。

⑥ 检测设备、量具应按规定进行检定、校准。

⑦ 经营者应建立设备档案，做好设备购置、验收、使用、维修、检定和报废处理记录。

（9）配件质量管理。

① 经营者应向具有合法资质的配件经销商采购配件。

② 经营者应建立采购配件登记制度，组织采购配件验收，查验。

产品合格证等相关证明，登记配件名称、规格型号、购买日期及供应商信息。

③ 经营者建立配件质量保证和追溯体系。原厂配件和副厂配件按制造厂规定执行质量保证。经营者与客户协商约定的原厂配件和副厂配件的质量保证期不得低于上述规定。修复配件的质量保证期，按照经营者与客户的约定执行。

④ 经营者应制定配件检验分类制度，保留配件的更换、使用、报废处理的记录。

⑤ 客户自带配件，经营者应与客户做好约定，使用前查验配件合格证明，提出使用意见，由客户确认并签字，并妥善保管配件合格证明和签字记录，保存期限不得低于该配件质量保证期和维修质量保证期。

（10）安全质量管理。

① 经营者应建立安全生产组织机构和安全生产责任制度，明确各岗位人员安全职责。

② 经营者制订安全生产应急预案，内容包括应急机构组成、责任人及分工、应急预案启动程序、应急救援工作程序等。

③ 经营者应开展安全生产教育与督促检查，为员工提供国家规定的劳动安全卫生条件和必要的劳动防护用品。

④ 经营者应确保生产设施、设备安全防护装置完好，按照规定配置消防设施和器材，设置消防、安全标志。有毒、易燃、易爆物品，防护剂，压力容器的使用与存放应符合国家有关规定的要求。

⑤ 机动车维修作业场所相应位置应张贴维修岗位与设备安全操作规程及安全注意事项。

（11）环保质量管理。

① 经营者应对维修产生的废弃物进行分类收集，及时对有害物质进行隔离、控制，委托有合法资质的机构定期收回，并留存废弃物处置记录。

② 维修作业环境应按环境保护标准的有关规定配置用于处理废气、废水的通风、吸尘、消声、净化等设施。

（12）现场质量管理。

经营者应制定现场管理规范，作业场所实行定置管理，工具、物料摆放整齐，标识清楚，做到工作台、配件、工具整洁，工具、配件、废料油污不落地，废油、废液、固体废物分类存放。

（13）档案资料管理。

① 经营者应了解并收集与维修服务相关的技术文件，具备有效的车辆维修标准和承修车型的技术资料。必要时，应制定车辆维修所需的各种工艺、检验指导文件。

② 经营者应建立机动车维修档案，并妥善保存。

③ 车辆二级维护、总成修理、整车修理档案主要包括：维修项目、维修合同、具体维修人员及质量检验员、进厂检验记录、过程检验记录、竣工检验记录、出厂合格证副本、结算

清单等。保存期不应少于两年。

## 3.2 安全生产责任制度

**1. 汽修厂负责人安全生产职责**

（1）建立健全本单位安全生产责任制。

（2）组织制定本单位安全生产责任制度和操作规程。

（3）组织制订并实施本单位安全生产教育和培训计划。

（4）保证本单位安全生产投入的有效实施。

（5）督促、检查本单位的安全生产工作，及时消除生产安全事故隐患。

（6）组织制订并实施本单位的安全生产事故应急救援预案。

（7）及时、如实报告生产安全事故。

**2. 汽修厂分管安全生产副厂长（兼生产科长）安全生产职责**

（1）组织本单位员工学习安全生产法规、标准及有关文件。

（2）协助单位负责人召开安全生产例会，对例会决定的事项负责组织实施。

（3）主持编制、审查年度安全技术措施计划并组织实施。

（4）组织安全科和有关人员定期开展安全大检查，对重大生产安全事故隐患，组织有关人员研究解决，或者按规定权限向上级公司提出报告，在上报的同时应制定可靠的临时性安全措施。

（5）主持制定安全生产管理制度和安全操作规程，并组织实施。定期检查执行情况，负责推广安全生产先进经验。

（6）发生事故后，应迅速察看现场，及时准确地向上级报告，按分工主持事故调查，确定事故责任，提出对事故责任者的处理意见。

**3. 技术负责人安全生产职责**

（1）在厂长的领导下，对本单位安全技术工作全面负责。

（2）组织制定、修订和审定各项安全管理制度，安全操作规程，组织编制安全技术措施计划，方案及安全技术中长期规划。

（3）协助厂长组织安全生产技术研究工作，负责解决安全生产技术、管理等问题，推广和采用先进的安全生产技术和防护措施。

（4）组织制订审批安全技术教育计划，参加对管理人员的安全教育和考核。

（5）审批重大工艺处理、检修、施工的安全生产技术方案，审查开发的设施、设备及技术的安全技术问题。

（6）审批特殊情况危险动火作业，参加事故的技术分析。

**4. 安全科负责人安全生产职责**

（1）贯彻执行安全生产政策法规，加强本单位的安全工作的调查研究，当好领导的助手和参谋。

（2）负责制定各类安全生产管理制度、安全操作规程并检查落实。

（3）编制、审查安全技术措施计划，检查执行情况，督促和检查新工人"三级"安全教育情况和必要的安全技术教育，督促和检查个人防护用品的正确发放和合理使用。

（4）定期或不定期开展安全工作检查，开展专业性、季节与节假日的安全检查，对检查出的事故隐患及时整改，做好防尘、防毒、防暑降温等工作，督促与检查危险品的安全管理和使用，认真做好安全台账和档案工作。

（5）负责事故的调查、分析、上报以及对事故的处理等工作。

（6）编制本单位事故应急预案和组织演习，负责事故抢救、救援工作。

（7）组织员工安全生产培训和开展各类安全生产活动。

（8）负责各类安全装置、防护器具和消防器材的管理。

（9）参与本单位新建、改建、扩建和设备改造的审查研究工作。

（10）负责对安全作业票证的审核，检查具体落实情况。

**5. 财务人员安全职责**

（1）财务人员对本部门的安全工作负责，认真贯彻落实"安全第一、预防为主"的安全生产方针，遵守安全生产法律、法规。

（2）定期召开财务人员和参加汽修厂的安全例会。

（3）做好财务账簿，保险柜的管理工作，做好防火、防盗，积极协助其他部门做好安全生产工作。

（4）负责做好年度安全生产投入的预算，确保安全费用提取标准，专项用于安全生产，保证资金到位。加强对安全生产资金的监管，分析安全成本。

（5）向汽修厂负责人汇报安全资金投入使用情况，并提出建议。

（6）积极参加汽修厂组织的各类安全培训，宣传教育活动，参加应急救援工作。

**6. 维修人员安全职责**

（1）严格遵守安全生产方针和法律、法规，严格遵守安全生产标准和操作规程。

（2）遵守汽修厂安全生产规章制度，不违反劳动纪律，不违章作业，对本岗位和生产现场的安全生产负责。

（3）合理使用劳动防护用品、用具，正确使用灭火器。

（4）积极参加厂里组织的各类安全培训、教育活动。

（5）确保汽车维修质量，承担维修质量安全责任，严格按照汽车维修规范，按照作业单要求，达不到技术要求的机件，应予以更换，减少返修率。

（6）正确分析、判断和处理各种安全隐患，及时汇报或处理安全隐患，发生事故时要保护现场，及时抢救，做好记录。

（7）认真对设备、设施进行检查、保养，保持生产场地作业环境安全和文明生产，正确使用机具设备，严禁无证从事危险作业或其他工种的作业。

**7. 办公室等其他人员安全职责**

（1）遵守安全生产的法律、法规，遵守汽修厂的各项安全规章制度，对其业务范围内的安全生产工作负责，实行"一岗双责"的安全生产职责。

（2）积极参加汽修厂组织的各类安全生产培训、教育活动，接受安全生产任务，配合其他部门开展好安全生产工作。

（3）遵守消防安全、用电安全规定，不允许违规私自修理、拆装交流电器或设备，下班后关掉一切用电设备开关。

（4）认真填写"三不伤害卡"，及时报告安全隐患，确保自身安全和办公场地安全。

（5）为汽修厂的安全生产工作提出建议，关心安全生产。

**8. 汽修厂安全生产管理责任划分**

（1）安全生产第一责任人。公司总经理兼汽修厂负责人、厂安全生产领导小组组长。对汽修厂安全生产实行全面组织领导，承担管理责任和法律责任，履行安全生产的责任和义务。

（2）分管安全生产的主要负责人。汽修厂生产经营厂长兼生产科长、厂安全生产领导小组副组长。汽修厂安全生产的主要负责人，分管汽修厂安全生产，统筹协调和综合管理汽修厂的安全生产各项工作，承担安全生产管理责任。

（3）安全生产管理直接责任人。汽修厂安全科科长负责安全生产的直接管理，承担安全生产管理职能部门的管理责任。

## 3.2.1　安全例会制度、安全文件和档案管理制度

**1. 安全例会制度**

（1）为认真贯彻执行国家有关安全生产的法律、法规，落实安全生产规定，有效防范安全生产事故的发生，结合本单位实际，特制定本制度。

（2）公司汽修厂安全生产领导小组每月召开一次安全生产会议，由汽修厂负责人主持召开，各部门负责人参加。学习和传达上级有关安全生产的要求和指示精神、讨论安全生产的事项和规章制度；总结安全管理经验，根据实际情况布置、调整安全生产工作；对存在的事故隐患，提出整改措施及方案，并定人定期完成。

（3）厂安全科每月召开一次安全生产例会，认真贯彻落实厂安全生产领导小组安全生产会议的精神，总结本部门上月安全工作的情况，分析存在的问题，统一思想，办理各种安全生产突出问题。布置下月工作计划，特别是维修工人学习、安全大检查。

（4）厂每月召开一次全体维修工人、员工安全教育例会。对员工进行典型事故、安全法规、修理技术、安全技能等方面的教育培训。员工参加安全教育例会的到会情况，列入维修工人、员工职责考核内容。

（5）召开安全例会，同时，开展一次"修理工安全活动日"活动。

（6）各级安全例会执行例会签到制度，并做好会议记录。

**2. 安全文件和档案管理制度**

为了确保安全文件的管理，提高安全生产管理的水平，为使安全文件为安全工作提供更方便、更及时的服务，对文件存档、分类、整理、外借应有明确的规范和操作程序，因此特制定本制度。

（1）汽修厂安全文件是指上级安全管理部门和本厂在安全生产管理工作中所下发的文件、决议、通知、方案、通报、规定等一切文件。

（2）汽修厂安全文件的管理由安全科的文件和档案管理员专人负责，由专人收集和保存。

（3）安全文件按内容进行整理后，分为两类保管：一类是尚未完结的文件；另一类是已完结的文件。对第一类安全文件的保管方式为：在文件临时保存簿上做好登记，临时保存。对第二类安全文件的保管方式为：分别按所属部门及所属文件类别在文件保存登记簿上做好登记，归档保存。

（4）文件保存负责人必须做好文件的借阅登记，并注明归还日期。

（5）安全科负责人，每年要对文件保管人进行一次安全文件管理工作的检查，检查文件的保管情况，文件保管情况列为文件保管人的工作考核范围。

（6）汽修厂的安全档案是指汽修厂在安全生产管理过程中所发生的会议记录、整改意见、措施、总结、安全计划、安全检查记录；各种安全管理资料、台账、各种事故案件的处理记录资料、安全评比、员工安全档案，安全生产投入台账、文化建设资料，以及相关的图表、声像资料。

（7）本厂的安全档案由安全科派专人负责，由专人管理，未经部门负责人同意，非专管人员不得随意翻阅。

（8）安全档案必须按规定的分类、标准整理、编目，做到存放有序、排列整齐、编目准确、调阅方便，即总目录、分目录、文件类、编号等，案卷内任何文件都必须有封面、名称和编号。

（9）建立安全档案统计、台账，严格档案资料的接收、调试、借阅、销毁审批的登记手续，专管员变动时交接手续清楚。

（10）部门负责人和专管员定期检查全部档案，如实填写检查记录，发现问题及时报告和采取措施。

（11）档案、案卷原件一般不外借，立卷的文件、资料一般不外借，外借时须经部门负责人批准，借阅时间不能超过三个星期。

（12）利用档案必须遵守《中华人民共和国档案法》，未经本厂领导批准，不得擅自公布档案。

（13）档案专管员要做好档案的保管，注意防盗、防火、防蛀、防潮湿、防遗漏。

（14）各类文件资料、档案的保存期至少为五年。

## 3.2.2 事故统计报告制度、安全生产费用提取和使用管理制度

**1. 事故统计报告制度**

为了进一步规范事故的报告和统计工作，贯彻落实国务院《生产安全事故报告和调查处理条例》，特制定本制度。

（1）本单位生产安全事故的信息收集和统计工作，由公司安全科安排专人负责。

（2）安全科实行 24 小时安全值班制度、值班人员要严格遵守《汽修厂安全值班制度》的规定，及时听取员工报告和其他报告，做好记录并及时向上级汇报，公司值班电话：130××××××××。

（3）发生如下维修或道路交通事故情况：

① 死亡 3 人以上的事故；

② 造成重大污染的危险（剧毒、放射、爆发品等）车辆泄漏事故。

本厂安全值班人员或其他值班人员一旦接到报告要立即向本厂负责人报告。厂负责人电话：139××××××××，厂负责人应在接到报告 1 小时内报告辖区安监局，电话：138×××××××××；同时在 1 小时内报告市道路运输管理处，值班电话：28×××××（上班时间），24 小时值班电话 139×××××××××，传真：28×××××，并在 5 小时内按照《道路运输行业行车事故快报》的形式传报道路运输管理处，对事故调查和处理情况及时汇报。

（4）本厂发生车辆维修事故机械设备事故、爆炸事故、道路交通。

① 造成死亡 1～2 人的事故；虽未造成人员死亡，但受伤人数在 5 人以上或涉险人数较多的事故。

② 危险化学品泄漏事故。

厂值班人员或其他人员接到报告后，要立即向厂负责人报告，厂负责人应在 1 小时内报告辖区安监局。3 小时内报告市道路运输管理处，并在 12 小时内按照《道路运输行业行车事故快报》的形式传报道路运输管理处，对事故调查和处理情况及时汇报。

（5）事故报告后出现新情况的应当及时汇报。

自事故发生之日起 30 日内，事故造成的伤亡人数发生变化的应当及时补报，道路交通事故、火灾事故自发生之日起 7 日内，事故造成的伤亡人数发生变化的，应当及时补报。

（6）事故的统计规定。

按照《道路运输行业行车事故统计表》的形式于每月 5 日前将上一个月发生如下行车事故的统计资料汇总后报市道路运输管理处。

① 造成死亡 1 人以上的事故。

② 危险化学品行车事故。

（7）事故结案后的上报规定。

公司发生的死亡 1 人以上的事故的，应在事故结案后 5 日内将《交通事故认定书》（复印件）等事故责任认定材料报送市道路交通管理处。

（8）事故发生后，厂相关人员应当妥善保护现场及时抢救生命财产，及时向事发地公安等相关部门以及公司报告。

（9）厂负责人接到事故报告后，应当立即启动事故相关应急预案，或者采取相关措施，组织抢救，防止事故扩大，减少人员伤亡和财产损失。

（10）按照区、市、局文件精神，设立事故调查处理专项经费，用于生产事故专项开支。

**2. 安全生产费用提取和使用管理制度**

保证必要的安全奖金投入是完成安全生产的重要基础，为保证安全生产费用能足额提取和规范使用，贯彻落实国务院《生产安全事故报告和调查处理条例》，按照《企业安全生产费用提取和使用管理办法》，特制定本制度。

（1）按规定足额提取安全生产费用。

《企业安全生产费用提取和使用管理办法》第二十四条规定：交通运输企业以上年度实际营业收入1%提取安全生产费用。

（2）规范使用范围。

《企业安全生产费用提取和使用管理办法》第二十五条规定：交通运输企业安全生产费用应当按照以下范围使用：

① 完善、改造和维护安全防护设施设备支出（不含"三同时"要求初期投入的安全设施），包括道路、水路、铁路、城市轨道交通、管道运输设施设备和装卸工具安全状况检测及维护系统、运输设施设备和装卸工具附属安全设备等支出；

② 购置、安装和使用具有行驶记录功能的车辆卫星定位装置、视频监控装置、船舶通信导航定位和自动识别系统、电子海图等支出；

③ 铁路和城市轨道交通防灾监测预警设备及铁路周界入侵报警系统、铁路危险品运输安全监测设备支出；

④ 配备、维护、保养应急救援器材、设备支出和应急救援队伍建设、应急预案制修订与应急演练支出；

⑤ 开展重大危险源检测、评估、监控支出，安全风险分级管控和事故隐患排查整改支出，安全生产信息化、智能化建设、运维和网络安全支出；

⑥ 安全生产检查、评估评价（不含新建、改建、扩建项目安全评价）、咨询和标准化建设支出；

⑦ 配备和更新现场作业人员安全防护用品支出；

⑧ 安全生产宣传、教育、培训和从业人员发现并报告事故隐患的奖励支出；

⑨ 安全生产适用的新技术、新标准、新工艺、新装备的推广应用支出；

⑩ 安全设施及特种设备检测检验、检定校准、铁路和城市轨道交通基础设备安全检测支出；

⑪ 安全生产责任保险及承运人责任保险支出；

⑫ 与安全生产直接相关的其他支出。

**3. 费用的管理**

汽修厂应当加强安全生产费用的管理，为此按如下办法管理：

（1）财务部门和安全科要每年制订好年度安全费用提取计划和使用计划，纳入厂财务预算。

（2）财务部门要按规定足额提取安全生产费用，设立安全生产费用专项账户，开设专项科目，进行专项管理。

（3）安全生产费用开支必须按厂安全领导小组通过的使用计划报厂长批准，没有厂长的批准不得开支。安全生产费用交厂长审批前，安全科等相关申请部门需提交安全生产费用的使用报告，报告安全生产费用开支的理由、依据和必要性。

**4. 建立安全生产费用使用台账**

安全科要建立费用使用台账，以便于安全生产投入的统计、分析，加强使用资金和项目的监督和管理。财务部门要建立好财务账簿，每年进行审计结算，为今后安全生产费用的提取作参考和依据。

**5. 安全生产费用的管理职责和权限**

（1）安全生产费用的提取和使用，厂长是第一责任人，对提取和使用负责。

（2）安全科安全生产部门对安全生产费用的使用效果和作用负责。

（3）财务部对资金的管理负责。

**6. 安全生产费用评估**

汽修厂每年将对上一年的安全生产费用的提取和使用开展一次总结、检查、评估，确保本制度更加完善，并确保安全生产工作做得更好。

## 3.2.3  设施设备货物安全管理制度

为了保证本厂汽车维修建设、设备、货物的安全，确保设施、设备的安全运行，确保货物的妥善保管，特制定本制度。

**1. 建立设施、设备、货物的管理机构**

（1）厂部设立设施、设备的专职或兼职管理员，明确设施、设备的管理职责和权限，加强对设施、设备的安全管理和使用。

（2）设立货物的专职或兼职的管理员，加强对货物的保管。

**2. 设施、设备的日常管理工作**

（1）对于设施、设备的日常调入、调出管理员进行登记，建立设施、设备档案，维护保养记录，维修计划。

（2）加强工人的操作技术培训，保证合理使用设备，安全操作、精心维护、保持设备、设施安全运转。

### 3. 正确合理使用设施、设备

根据设施、设备的性能及工艺要求，要求员工正确合理使用，禁止违章操作和超负荷使用，防止非正常使用，杜绝事故发生，保持设施、设备的良好技术状况和精度。

### 4. 做好设施、设备的日常维护工作

（1）设施、设备使用应定人定机，公用设备、设施由专人负责保养。

（2）班前、班后要认真擦拭设备并注油润滑。

（3）对私自操作员工要严肃批评教育，由此发生的一切后果由私自操作者负责。

（4）发生故障时应及时停机，应立即通知管理员或领导，故障未完全排除，不得继续使用。

### 5. 认真执行设施、设备的维护保养和检查计划

要按照设施、设备的维护保养计划认真组织实施，定期检查、检定、保养和做好记录，并由管理员验收。

### 6. 对于重大设施、设备要加强巡查监督

如举升机之类的重大公用设备，厂部要指定专门班组保管维护，安全员、管理员要加强巡视，及时制止违章操作的行为。

### 7. 加强检查或抽查

厂部每季度要对设施、设备进行一次检查或抽查，对保养维护好的要予以表扬和奖励，发现丢失、损坏的要追究责任，发现问题须及时处理。

### 8. 及时更新改造工作

对于使用寿命到期的设施、设备要及时更新改造，提高安全性和稳定性。

### 9. 特种设备的安全管理规定

（1）《特种设备作业人员监督管理办法》规定，特种设备的作业人员和安全管理人员经特种设备安全监察部门考核合格后，方可从事相应特种设备的作业或管理工作。

（2）特种设备的使用地点、场所应设置安全警示标志，严格管理进出人员。

（3）编制特种设备年度检查计划，组织相关人员进行设备检查和安全保养。

（4）特种设备安装开工前，须按照规定向特种设备安全监察部门办理开工告知手续，以及验收检验等手续。

（5）一旦发生事故，应立即采取救援措施、保护现场，及时逐级向上报告。

### 10. 货物的安全管理规定

（1）安全科负责货物的安全管理工作，协助仓库人员安装防火、防盗等装置和设备，货物管理员负责仓储的安全管理工作。

（2）货物仓库要保证消防设施齐全、安全出口畅通，无乱接电线。

（3）根据货物物品性质配备足够的与物品性质相适应的安全器材，并设置消防通信与报警设备。

（4）货物仓库要做好安全预防工作，包括防火、防盗、防潮、防腐、防霉、防虫、防尘、防漏电。

（5）建立健全出入库登记制度和领取制度。

（6）入库前管理人员应检查物品是否有安全隐患，确认后方可入库。

### 3.2.4 安全生产培训和教育学习制度

为了加强和规范本厂的安全生产培训和教育学习工作，提高厂负责人、安全管理人员以及从业人员的安全素质，防范伤亡事故、减轻职业危害，特制定本制度。

**1. 安全生产培训和教育学习的职能部门**

本厂安全科是安全生产培训和教育学习的职能部门，负责制订学习培训计划，组织培训学习资料，负责在本厂或组织外培，对本厂负责人、安全管理人员以及从业人员提供安全生产培训和教育学习资源。

**2. 主要负责人的安全培训和教育学习要求**

（1）主要负责人指厂长、书记、副厂长等人员。

（2）安全培训和教育学习内容。

① 国家的安全生产方针、政策及有关法律、法规、规章标准。

② 安全生产管理基本知识，安全生产技术及专业知识。

③ 重大危险源管理、重大事故防范、应急管理和救援组织以及事故调查处理规定。

④ 职业危害及其预防措施。

⑤ 国内外先进安全生产管理经验。

⑥ 典型事故和救援案例分析。

（3）安全培训和教育学习时间规定。

① 初次安全培训时间不得少于 32 学时。

② 每年再培训时间不得少于 12 学时。

③ 每月参加厂组织的安全学习教育例会一次。

**3. 安全管理人员安全培训和教育学习要求**

（1）安全生产管理人员是指分管安全生产负责人（副厂长）、安全生产机构负责人及管理人员。

（2）安全培训和教育学习内容：

① 国家安全生产方针、政策及相关法律、法规、规章标准。

② 安全生产管理、技术、职业卫生等知识。

③ 伤亡事故统计、报告及职业危害、调查处理方法。

④ 应急管理、预案编制及处置要求。

⑤ 先进的安全管理经验和措施。

⑥ 典型事故和救援案例分析。

⑦ 需要培训的其他内容。

（3）时间规定：

① 初次安全培训时间不得少于 32 学时。

② 每年再培训时间不得少于 12 学时。

③ 每月参加厂里组织的安全培训学习教育例会一次。

**4. 机动车维修技术人员安全培训和教育学习要求**

（1）机动车维修技术人员包括机动车维修技术负责人员、质量检验人员以及机修、电器、钣金、涂漆、车辆技术评估作业的技术人员。

（2）安全培训和教育学习内容：

① 安全生产基本知识，安全生产法规、规章标准。

② 本单位、本岗位安全生产情况和安全生产规章制度、劳动纪律、操作规程、技术要求、安全职责。

③ 作业场所和岗位的危险因素，防范措施及事故应急措施。

（3）时间规定：

① 每年接受再培训的时间不得少于 20 学时。

② 每月参加厂或车间组织的安全培训和教育学习一次，接受经常性的安全生产培训和教育学习，确立全员培训的目标。

**5. 新从业人员的安全培训和教育学习要求**

（1）新从业人员是指新进厂人员或离岗 1 年以上重新上岗的人员。

（2）新从业人员上岗前必须参加"三级安全培训教育"。

① 厂级岗前安全培训和教育学习内容。

主要培训本厂的安全生产规章制度，安全操作规程以及本厂安全生产基本情况。

② 车间（工段、区、队）级岗前安全培训和教育学习。

主要培训工作环境及危险因素，可能遭受的职业伤害、工作的职责、操作技能及强制性标准。

③ 班组级岗前安全培训和教育学习。

主要是岗位安全操作规程，岗位之间工作配合的安全与职业卫生事项。

（3）时间规定和要求：

岗前培训和教育学习时间不得少于 24 学时，每一级学习后要考核验收，考核不及格的，不许上岗。

**6. 特种作业人员的安全培训和教育学习要求**

特种作业人员的安全培训和教育学习按国家的管理规定执行，但每月要参加厂组织的安全生产培训和教育学习活动，接受厂方安排的安全培训和教育学习。

### 3.2.5 安全生产监督检查制度

**1. 安全生产监督检查的目的**

（1）通过安全监督检查，深入了解掌握本厂的安全生产、安全管理、车辆及设施安全运行状态等信息。及时采取措施督促整改，保证安全生产进行。

（2）通过查找差距进一步提高本厂各级管理人员和广大员工的安全责任意识。进一步提高遵守法律、法规和完成安全目标的自觉性。

（3）通过摸清公司各部门、各类人员的安全生产管理的先进和落后状况、开展总结评比，举一反三，推动安全生产的开展。

**2. 安全生产监督检查的内容**

（1）贯彻落实《安全生产法》有关安全法律、法规及上级有关安全生产工作会议、布置和要求情况。如对法规常识是否知晓等。

（2）安全生产责任制度，年度安全生产工作目标，对安全生产规章制度和操作规程的执行和落实情况。

（3）安全生产机构及专（兼）职安全生产管理人员的配备情况。

（4）安全生产资质和安全生产条件的达标情况。

（5）安全隐患整改及重大危险源监控情况，以及加大安全投入力度，保障各项安全工作实施情况。

（6）本厂经营范围内员工的安全防护和职业卫生情况。

（7）安全生产培训教育，持证上岗情况。

（8）本厂项目的安全设施"三同时"落实情况。

（9）生产安全事故应急救援预案的制订和演练情况。

（10）生产安全事故上报，处理和责任追究情况。

**3. 安全监督检查的组织方式**

（1）本厂成立安全生产检查领导小组，由分管安全负责人任组长，安全科其他人员为成员。

（2）制订检查方案、检查计划、检查目标和检查标准，提高检查标准和检查成效。

（3）重点安全监督检查。主要是把检查的重点放在元旦、春节、清明节、劳动节、端午节、国庆节、安全生产日等主要节假日和重大活动期，以及事故多发的重要时段。

（4）定期安全监督检查。安全科开展每月定期的厂区和生产场地的安全大检查，对设备设施、防护器材每月至少须检查一次。

（5）经常性的安全监督检查。安全科、生产科、技术部门对各生产岗位进行的巡查，及时纠正违法违章行为。

（6）动态监控。本厂将利用监控平台，配备专人，由技术部负责，对生产现场实时进行维修动态监控、记录，处理动态信息，及时提醒，提示违规行为。

**4. 安全监督检查的情况处理**

（1）每次安全生产监督检查后，要立即进行总结。写出书面材料，进行情况分析，进行通报，并将书面材料和通报存入档案。

（2）安全生产责任的倒查，对存在的问题和事故进行例查，追究责任人，进一步落实安全整改措施，将安全工作做得更好。

**5. 加强安全监督检查工作的统计**

（1）编制安全检查表和台账，每次认真填写。

（2）做好统计分析工作。

## 3.2.6 安全生产奖惩制度

**1. 安全生产目标职责奖**

按照已制定的安全目标职责，通过考核表进行考核，按成绩发放或减扣安全目标职责奖金。

**2. 安全生产竞赛奖**

按照已制定的安全生产竞赛办法进行评定奖励。

**3. 安全生产管理的奖惩**

（1）奖励条件：

① 安全生产管理过程中有显著成绩的。

② 在生产过程中消除事故隐患，避免重大事故发生的。

③ 在安全生产管理中提出重要建议或有重要安全技术成果的。

④ 落实安全生产防护措施，避免出现较大损失的。

⑤ 以上条件成立的，本厂将给予相关成员一定的奖励。

（2）惩罚条件：

① 未制定和贯彻安全生产管理制度和措施，安全管理不到位，未尽职责的，造成事故的，按照《安全生产法》相关规定处理。

② 违章指挥的，造成事故和损失的，视事故大小进行处罚，一般按事故损失的20%扣罚工资。

**4. 生产现场的奖惩**

（1）奖励条件：

以下情况，本厂将给予一定的奖励：

① 在生产过程中消除事故隐患，避免重大事故发生或较大损失的（5000元以上）。

② 及时制止违章作业，避免事故发生的。

③ 在安全生产中改革创新，安全生产水平显著提高的。

④ 在安全生产中有较大贡献或提出重大合理化建议的。

（2）惩罚条件：

① 违反安全生产制度、操作规程而造成事故的。

② 发现隐患既不采取防范措施又不报告而导致发生事故的。

③ 不执行上级的整改要求而造成事故的。

④ 没有严格按照技术标准、工艺要求和作业范围进行作业，造成质量责任事故的。

⑤ 严重违反劳动纪律，造成损失或事故的。

⑥ 以上惩罚条件成立后，由本厂安全领导小组组织材料报厂长批准，按行政或法律，按经济损失的20%给予处罚。

**5. 对于违反安全管理规定，但没有造成人员伤亡和财产损失的下列行为，给予每次 50 元罚款**

（1）未按时参加安全生产例会或生产培训的。

（2）违反操作规程，不听劝阻的。

（3）发现安全隐患隐瞒不报的或未及时处理的。

（4）违章指挥的。

（5）严重违反劳动纪律，撤离职守的。

（6）私自操作特种作业的。

（7）不按技术标准、工艺规范进行作业或检验的，造成返工或质量问题的。

## 3.3　车辆维修档案管理制度

为了更好地提高汽车的修理质量，加强维修、保养管理，加强维修汽车的管理，特制定如下汽车档案管理制度。

**1. 车辆维修技术档案的建立**

建立一车一档的车辆维修技术档案，每次车辆送修用于每次车辆相关资料相关情况的记录。由承修厂填写，可由送车方查阅。

**2. 车辆维修技术档案相关内容**

（1）车辆技术经历。主要记录车辆规格、型号、车辆驾驶变更、车辆改装、停驶等情况。

（2）车辆技术情况。主要记录车辆情况和主要性能，各主要零部件更换情况，车辆检测情况。

（3）车辆运行记录。主要记录车辆每月的行驶里程，运行材料消耗情况、车辆检测情况、油耗、机油、轮胎情况。

（4）车辆维护与修理档案。主要应包括维修合同（托修单），维修项目、进厂检验单、维修人员及维修结算清单等，对于车辆进行二级维护、总成修理、整车修理的，维修档案还应当包括：质量检验单、二级维护竣工检验记录单、竣工出厂合格证（副本）等。

（5）车辆换件记录，见表3.1。

表3.1　车辆换件记录

| 序号 | 日期 | 车牌号 | 行驶公里 | 数维修项目 | 更换配件 | 维修用时 | 维修费 | 维修工确认 | 驾驶员确认 |
|---|---|---|---|---|---|---|---|---|---|
| 1 | | | | | | | | | |
| 2 | | | | | | | | | |
| 3 | | | | | | | | | |
| 4 | | | | | | | | | |
| 5 | | | | | | | | | |
| 6 | | | | | | | | | |
| 7 | | | | | | | | | |
| 8 | | | | | | | | | |

（6）车辆使用注意事项。机动车托修方有权查阅车辆维修档案。车辆维修档案，实行档案电子化管理，按维修电子健康档案的规定要求如实填报，及时上传承修车辆的维修电子数据。

## 3.4　岗位安全生产操作规程

**1. 汽修修理工安全操作规程**

（1）工作前应检查所使用工具是否完好无损。施工时工具必须摆放整齐，不得随地乱放，工作后应将工具清点检查并擦干净，按要求放入工具车或工具箱内。

（2）拆装零部件时，必须使用合适工具或专用工具，不得大力蛮干，不得用硬物直接敲击零件。所有零件拆卸后要按顺序摆放整齐，不得随地堆放。

（3）废油应倒入指定废油桶收集，不得随地倒流或倒入排水沟内，防止废油污染。

（4）修理作业时应注意保护汽车漆面光泽、装饰、座位及地毯，并保持修理车辆的整洁。车间内不准吸烟。

（5）用千斤顶进行底盘作业时，必须选择平坦、坚实场地并用三角木将前后轮塞稳，然后用安全凳按车型规定支撑点将车辆支撑稳固。严禁单纯用千斤顶顶起车辆在车底作业。

（6）修配过程中应认真检查原件或更换件是否符合技术要求，并严格按修理技术规范精心进行施工和检查调试。

（7）修竣发动机起动检验前，应先检查各部件装配是否正确，是否按规定加足润滑油、冷却水，置变速器于空挡，轻点起动机试运转。车底有人时，严禁发动车辆。

（8）发动机过热时，不得打开水箱盖，谨防沸水烫伤。

（9）地面指挥车辆行驶、移位时，不得站在车辆正前方与后方，并注意周围障碍物。

**2. 电工（空调）安全操作规程**

（1）工作前应备齐工具并检查是否完好无损，技术状态是否良好。

（2）在车上进行电工作业应注意保护汽车漆面光泽、装饰、座位及地毯，并保持修理车辆的整洁。

（3）在装有微机（计算机）控制系统的汽车上进行电工作业时，如无必要不要触动电子控制部分的各个接头，以防意外损坏电子元件。如要连接或断开微机控制系统与任何一个单元之间的电气配件进行作业时，务必将点火开关关闭，并拔掉蓄电池负极插头，不然会造成控制器元件的损坏。

（4）蓄电池充电作业时，要保持室内通风良好。充电时把电器盖打开，电解液温度不得超过45℃。

（5）新蓄电池充电时必须遵守两次充足的技术规程。在充电过程中要取出蓄电池，应先将电源关闭，以免损坏充电机及蓄电池。

（6）进行空调系统作业时，应在通风良好处。排除氟时应缓慢，防止冷冻机油一起冲出，同时，不能与明火及炙热金属接触。

（7）添加处理氟操作时要戴护目镜，谨防氟溅入眼内（如不慎溅入，立即用冷水或20%稀硼酸冲洗）或溅到皮肤，将皮肤冻伤。

（8）搬运氟钢瓶时严防撞击、避免日光暴晒，同时应将其储放在通风干燥的库房中。

**3. 钣金工安全操作规程**

（1）工作前要将工作场地清理干净，以免其他杂物妨碍工作，并认真检查所用的工具、机具技术状况是否良好，连接是否牢固。

（2）进行校正作业或使用车身校正台时应正确夹持、固定、牵制，并使用适合的顶杆、拉具，注意站立位置，谨防物件弹跳伤人。

（3）使用车床、电焊机时，必须事先检查焊机接地情况，确定无异常情况后方可按启动程序开动使用。

（4）电焊条要干燥、防潮，工作时应根据工作大小选择适当的电流及焊条。电焊作业时，操作者要戴面罩及劳动保护用品。

（5）焊补油箱时，必须放净燃油，并彻底清洗，确认无残留油气，敞开油箱盖方能谨慎施焊。

（6）氧气瓶、乙炔气瓶要放到离火源较远的地方，不得在太阳下暴晒，不得撞击，所有氧焊工具不得黏上油污、油漆，并定期检查焊枪、气瓶、表头、气管是否漏气。

（7）搬运氧气瓶及乙炔瓶时必须使用专门搬运小车，切忌在地上拖拉。

（8）进行氧焊点火前，先关乙炔气阀，再关氧气阀。熄火时先关乙炔气阀，发生回火现象时，应迅速卡紧胶管，先关乙炔气阀，再关氧气阀。

**4. 气焊工安全操作规程**

（1）使用氧气瓶的安全要求。

① 氧气瓶的取送应指定专人负责，搬运要轻拿轻放，防止撞击，拉氧气瓶时，要瓶嘴朝

后并戴安全帽。

② 使用时要垂直放置，固定在支架上或手推车上，不要在日光下暴晒。

③ 安装氧气表的顺序如下：

a. 取下氧气瓶的保险帽，短时间打一下阀门。

b. 检查接头帽，螺帽是否良好，将氧气表固定在安装瓶上。

c. 松缓调压螺钉，打开气瓶阀门，如新装软管，需调整调压螺钉，吹洗接头，开气瓶阀，避开气表方向。

d. 装软管时，注意不要将氧气和乙炔气管接错，两软管颜色不一样，新软管使用前要吹洗排除管内滑石粉，装好后用肥皂水检查是否漏气。

e. 安装和开阀门时，各部件和使用工具不得有油污衬垫，不得用油浸润。

④ 氧气瓶与明火相距必须超过 5 米，严禁靠近有蒸汽管道和有热源的地方。

**（2）焊接时的安全要求**

① 焊接人员必须熟悉掌握安全操作规程，懂得基本知识，非指定人员不得随意焊接。

② 工作前和工作中要经常检查压力表压力软管。

③ 根据实际需要选择焊接枪、喷嘴。调整氧气和乙炔压力。喷嘴要装紧，防止乙炔漏气，因喷出速度低而造成回火气压低时，不要用氧气代替乙炔勉强使用。

④ 点燃焊枪要先打开氧气开关，后打开乙炔开关，停止时先关乙炔，后关氧气。

⑤ 使用点燃的焊枪时，务必谨慎，不得将火焰指向人、氧气瓶软管。焊枪点燃时不得离开。即使暂停工作，也要关闭焊枪，挂在固定位置。

⑥ 长时间工作时，要关闭氧气瓶，松换氧气表调整螺钉，放掉软管中的气体。

⑦ 长时间工作时，勿使焊枪喷嘴过热而引起放炮，为此须将焊枪放入工作地点专设的水槽中冷却。

⑧ 焊接盛过易燃物的容器，必须用热碱水仔细清洗，打开盖，才能焊接。焊接时最好远离，工作时候再正式焊接，承受压力或未加清洗的容器禁焊。

⑨ 室内或车内焊接要注意空气畅通，工作中感觉有强烈乙炔气味或其他异常现象时，应立即停止工作，并排除故障。

⑩ 当阀门冻结时，只许用水或氧气加热，不得用明火烧烤。

⑪ 大型零件焊接时，移动软管不得硬拉，不得触热东西。

⑫ 高处焊接时，要注意周围情况不可有易燃易爆物，并注意不要掉下工具，以免伤人。

⑬ 本规定由车间主任负责落实。

**5. 漆工安全操作规程**

（1）空压机属于容器部分，必须严格执行空压机的安全操作规程。

（2）调漆和喷漆作业等均应戴好口罩、手套等劳保防护用具，调兑漆时应严禁烟火；喷漆场地应空气流通，以防中毒。

（3）洗、磨、铲、刮、喷漆中的管道用具，要理顺做到取用自如，站脚要平稳、防滑。爬高作业，要严防摔伤，注重安全生产。

（4）漆工库房，不准放过多的漆料、配料和堆放杂物；要增设消防设施，严禁烟火；禁止工人在此休息，以防中毒事件发生。

（5）严禁喷漆、调漆、对漆、刷漆等作业与电焊、气焊等动火作业混在同一地点进行作业。

（6）在没有安全保护措施的情况下，严禁漆工在开口小的罐子、槽等封闭不流通的地方进行除锈、刷漆、喷漆的作业，以防中毒窒息，造成事故。

（7）有权拒绝接受不合乎技术要求的受压容器、易燃易爆、毒性浓度超过国家规定的蓄存器具、罐、槽、筒及带电运转中的设备进行除锈、喷漆、刷漆的防腐、保护作业。

（8）收工后，清洁场地，切断电源，清理收整归类用具并检查是否完好。严禁将易燃用品乱泼洒丢弃，以防造成火灾。

### 6. 砂轮机安全操作规程

（1）开机前应用手转动砂轮，检查砂轮是否有裂纹，防护罩及各部分是否正常。

（2）过大、过长工件不得在砂轮上磨，所磨工件必须拿稳，不得单手持工件进行磨削。

（3）进行磨削必须戴防护眼镜，不准戴手套，不准用棉纱、布包住工件进行磨削。

（4）磨削时操作者应该站在砂轮一侧，不得正对砂轮操作。同一砂轮不准两个人同时进行磨削。

（5）更换新砂轮时应切断总电源，轴端螺母垫片不得压得过紧，以免压裂砂轮。

（6）磨削完毕后应关闭电源，应经常清除防尘罩内积粉，并定期检修更换主轴润滑油脂。

### 7. 钻床安全操作规程

（1）开机前检查各手柄及锁紧机构是否正常，用手转动主轴并挂挡，空车试验，检查润滑情况。

（2）拆装钻头时必须使用合适的工具，不得随意用锤、铁块敲打。

（3）工件必须装夹牢固，严禁不装夹只用手固定工件进行钻削薄小件，不便夹装的也用钳子夹持，下方垫板方可作业。

（4）操作前应按规定戴防护眼镜，严禁戴手套操作，不得用手制动仍在旋转的主轴。

（5）在钻削中用适合的工具或提钻头方法经常清除钻屑，严禁直接用手除屑。钻削时应加注适当的润滑液、冷却液，运转过程中不得用毛巾、棉纱擦拭钻头主轴。

（6）钻削过程中发现夹头松动、工作不稳和其他异常情况应立即停机并检查处理。

（7）工作完毕及时清洁工作台和虎钳，擦拭及润滑钻床，并将手柄工具正确旋转归位，切断总电源。

### 8. 举升机安全操作规程

（1）使用前应清除举升机附近妨碍作业的器具及杂物，并检查操作手柄是否正常。

（2）操作机构灵敏有效，液压系统不允许有爬行现象。

（3）支车时，四个支角应在同一平面上，调整支角胶垫高度使其接触车辆底盘支撑部位。

（4）支车时，车辆不可支得过高，支起后四个托架要锁紧。

（5）待被举升车辆驶入后，应调整移动举升机支撑块，使其对正该车型规定的举升点。

（6）举升时人员应离开车辆，举升到需要高度时，必须插入保险锁销，并确保安全可靠才开始车底作业。

（7）除低保及小修项目外，其他烦琐笨重作业，不得在举升器上操作修理。

（8）举升器不得频繁起落。

（9）支车时举升要稳，降落要慢。

（10）有人作业时，严禁升降举升机。

（11）发现操作机构不灵，电机不同步，托架不平或液压部分漏油，应及时报修，不得"带病"操作。

（12）作业完毕应清除杂物，打扫举升机周围以保持场地整洁。

（13）定期（半年）排除举升机油缸积水，并检查油量，油量不足应及时加注相同牌号的压力油。同时，应检查润滑系统、举升机传动齿轮及链条。

**9. 汽车外部清洗设备安全操作规程**

汽车外部清洗设备按设备的结构型式，可分为固定式和可移动式。在固定式结构中分为直通式与尽头式，按固定式的清洗方法分为喷射冲洗式和滚刷刷洗式。在移动式结构中又分为龙门移动式和高压水泵清洗机式。清洗设备是比较安全的作业设备，其安全注意事项有两方面：一是被清洗车的安全问题；二是环保问题。

（1）被洗车的安全。

① 在汽车外部清洗时，如被清洗的车是被移动的，应注意牵引的可靠性和被洗车的稳定定位。如被清洗的车是主动移动的，应注意行驶的车速和方向。

② 无论用何种清洗方式清洗时，车门、车窗，包括行李箱、发动机盖应关闭并锁止牢靠。

（2）环保安全。

① 无论是采用清水清洗还是采用化学溶剂清洗，都存在清洗后的废水处理问题。通过清洗必然从车上洗下油泥和污物，因此应严格防止废水不经处理而直接排入地面、车间、下水道。应设置废水处理设施，让污泥沉淀、油水分离、水质中性。让经过处理的水尽可能循环利用。

② 若清洗后还要用绒面革、软布等擦干车身或打蜡处理的，应注意这类材料的存放处理。

**10. 汽车维修质量检验安全操作规程**

（1）开工前，检验人员必须穿戴好工用服帽，清洁工作场地，检查照明、电气设备是否完好有效；检查使用仪器、量具、工具是否合乎技术规范标准要求。

（2）车辆上、下检验台，都得听从指挥，上检验台的车辆，视其检查要求，做好安全保护、垫好三角木等，确保检验中的车、人安全。

（3）车辆需进行升高检验和进行底盘支撑检验时，必须做到落地时前后均得用三角木垫稳，举升点必须选在平衡处，检验人员头、手、身均得避开，以防打滑倒塌或前后冲出而造成重大人身恶性事故。没有严防打滑倒塌前后冲出的保险措施，不准进行此项作业检验。

（4）在车上检验发动机，必须垫三角木，拉紧驻车制动器做安全保险，排挡放于空挡，检验人员应站稳抓牢，用器具放稳，而且检验员头、手等均应避开风扇叶片断飞的方向。驾驶员听从发动机熄火的指挥；严防震动时摔伤、器具击飞、断叶伤人的重大恶性事故发生。

（5）冬季加热各种润滑油料，必须有人看管，并有防火措施，严防油液溢出引起火灾，加注补充各种润油料均应避免溢、洒、漏，如有应及时清除。

（6）使用各种工具、量具及其他检验设备，均应遵守有关技术规程和安全技术操作规程，特别是对轮胎加气时，一定要有严防子圈爆出的措施。

（7）在检验车辆中，特别是在发动检验和升举检验时，非工作人员严禁进入，前后不许站人，就是驾驶员也必须听从指挥，检验员在车上应站稳抓牢或坐稳抓牢；在车下的头、手、等身体部位均应避开前进倒退的运转方向，以防重大恶性事故的发生。

（8）收工后，应清洁场地，工作场地保持清洁干燥，不允许有油泥、油污存在；清整工具、用器、设备，保持完好有效，切断电源，确保安全。

## 3.5  汽车配件管理制度

汽车配件的管理直接关系到汽车的维修时间、质量和价格，为了更好地加强汽车配件的管理，特制定本制度。

**1. 汽车配件的采购管理**

（1）汽车配件的采购本企业一定要设置专门的人员或部门，采购保质、保量的而且实行质量三包的配件（包修、包退、包换）。实行货比三家，优质优价采购。

（2）购进的配件必须有产品合格证及商标，必须有厂商、厂址、产品名称、规格型号、出厂日期等标志。

（3）购进的配件必须加强质量的监督和检验，防止假冒伪劣的配件进入企业。

（4）贯彻落实《反垄断法》和《消费者权益保护法》的有关规定，按照市场主体权利平等、机会平等的原则促进汽车配件的多渠道采购。

**2. 按汽车配件编号规则管理**

（1）按汽车配件的类型进行管理，其中有零件、标准件、合件、组合件、总成件、易碎商品、防潮商品、纯正商品（进口件）、横向商品（汽车用品：轮胎、电池、轴承、油料等）车身覆盖件。

（2）按国产汽车配件的品种规格及其编号规则对配件进行管理。

（3）按进口（包括引进）汽车配件的品种规格及其编号规则对进口配件进行管理。

### 3. 汽车配件的仓库管理

（1）仓库管理是汽车配件管理的主要环节，要保质、保量、及时、安全、低耗配合汽车维修任务的完成。

（2）认真验收入库汽车配件的包装和品名、规格、型号、单价、产地、数量及质量，看是否符合规定要求，发现问题，及时与有关方面联系，以便进行处理。

（3）对汽车配件按条理管理的各项要求进行管理，做好保管、保养、登记、出库、发运工作，严格各项手续制度，做到收有据、发有凭，及时准确登账、做账，手续完备，把好收、管、发三关。

（4）汽车配件出库做到先进先出，品名、规格、型号、单价、产地、数量无误，包装完好，地点（即到站、收货单位、发货单位）清晰，及时核对发货后的库存量，做到有动必对，卡物相符。

（5）加强业务学习，不断提高物资保管业务水平，了解汽车的基本结构以及汽车材料基础知识；能正确使用常用的计算工具、量具和测试仪器；熟练分管配件的质量标准，能识别质量的明显变化；懂得主要易损易耗配件的使用技能、安装部位及使用寿命。

（6）不断提高配件储存规划的科学程度，合理地保管。熟悉分管库房储存定额；正确运用配件合理分区、分类管理办法；熟悉堆码、编号技术；库容使用上做到：货位安排合理、利用率高、安全牢靠、进出畅通、方便收发，便于清数对账和检查。

（7）根据分管配件的保管要求，不断提高保管、保养技术水平。针对配件的特性和库房的温度、湿度的变化，采取相应的密封、通风、降温、防潮、防腐、防霉变、防锈、防冻、防高温、防鼠咬虫蛀、防台风、防水涝办法，创造文明卫生的保管环境，确保配件不受损失。

（8）定期和经常盘点检查库存物资，做到数量准确，质量完好。熟练正确地填表、记账、对账盘点，保证账、卡、物三相符；对于超保质期，特别是长期积压的呆滞配件，按照保质期管理办法，及时向有关部门和人员提出，督促其尽快处理。

（9）负责保管好产品和包装物，以及生产用的各种工具，做到妥善使用、妥善保管，尽量延长其使用寿命，节约费用开支，降低成本。

（10）加强经济核算，改善经营管理。经常分析库房的利用率、各项定额和出入库动态；研究分析造成配件损耗和发生盈余的原因，采取积极有效的办法，把损耗率降到最低限度。

（11）时刻保持高度警惕，做好防火、防盗、防破坏的工作，防止各项伤害和人身事故的发生，确保人身、汽车配件及各种设备的安全。

（12）树立热心为用户服务的思想，实事求是地处理好收、管、发中遇到的问题，为用户提供及时、准确、保质保量的优质服务。

### 4. 进一步建立配件质量的追踪体系

（1）建立使用配件台账、对配件质量进行追踪，对汽车配件质量和消费者的合法权益可追偿、可追责。

（2）利用互联网技术，发展电子商务，创新配件的采购供应新模式。

（3）进一步提高配件质量的信誉保证，及时反映配件质量问题，使配件使用者满意。

 # 习题 3

### 一、填空题

1. 交通运输企业以上年度实际营业收入＿＿＿＿提取安全生产费用。

2. 公司发生的死亡 1 人以上的事故的，应事故结案后＿＿＿＿日内将《交通事故认定书》（复印件）等事故责任认定材料报送市道路交通管理处。

3. 发生危险化学品泄漏事故，厂值班人员或其他人员接到报告后，要立即向厂负责人报告，厂负责人应在＿＿＿＿小时内报告辖区安监局。＿＿＿＿小时内报告市道路运输管理处，并在＿＿＿＿小时内按照《道路运输行业行车事故快报》的形式传报道路运输管理处，事故调查和处理情况及时并报。

4. 汽车和危险货物运输车辆整车修理或总成修理质量保证期为车辆行驶＿＿＿＿千米或者＿＿＿＿日。

5. 汽车维修行业户在维修没有国标、部标、地方标准的车辆时，应参照＿＿＿＿汽车维修手册、使用说明和有关维修技术资料进行维修。

6. 新从业人员上岗前必须参加"＿＿＿＿安全培训教育"。

### 二、判断题

1. 汽车配件出库做到先进先出。（　　　）

2. 在检验车辆中，特别是发动检验和升举检验，非工作人员严禁进入，前后不许站人，就是驾驶员也必须听从指挥，检验员在车上应站稳抓牢或坐稳抓牢；在车下的头、手、等身体部位均应避开前进倒退的运转方向，以防重大恶性事故的发生。（　　　）

3. 通过清洗必然从车上洗下油泥和污物，因此应严格防止废水不经处理直接排入地面、车间、下水道。（　　　）

4. 钻床操作前应按规定戴防护眼镜，严禁戴手套操作，不得用手制动仍在旋转的主轴。（　　　）

5. 氧气瓶与明火相距必须超过 5 米，严禁靠近有蒸汽管道和有热源的地方。（　　　）

6. 二级维护质量保证期为车辆行驶 5000 千米或者 30 日。（　　　）

7. 一级维护、小修及专项修理质量保证期为车辆行驶 2000 千米或者 10 日。（　　　）

8. 利用档案必须遵守《中华人民共和国档案法》，未经本厂领导批准，不得擅自公布档案。（　　　）

三、简答题

1. 安全培训和教育学习内容有哪些？

2. 说说汽车维修质量检验安全操作规程。

3. 车辆维修技术档案有哪些相关内容？

## 第 4 章

# ·汽车维修企业人力资源管理·

📖 学习任务

通过本章的学习，了解人力资源管理的概念和重要意义，汽车维修企业的组织机构设置及其必要性和重要性，掌握汽车维修企业需要的组织结构类型，各部门职责内容，使学生对汽车维修企业的部门职责、人力资源管理制度有初步了解，为日后顺利上岗或进一步成为企业的中坚力量做相应的准备和努力。

💡 知识要点

1. 人力资源管理的意义。
2. 汽车维修企业组织结构及部门工作职责。
3. 岗位设置与工作分析的目的和意义。
4. 汽车维修企业的员工培训与双赢发展。

## 4.1　人力资源管理概论

尽管厂房、设备、资金都是企业所需的资源，但是人和人力资源却尤为重要。人设计、制造产品或服务，控制质量，销售产品，管理财务；人力资源为企业提供创造力，为企业建立全面的战略计划和目标。如果没有这些领域的人才，企业的目标就无法实现。因此，人力资源是所有资源中最重要、最特殊和最富有挑战性的资源，也是唯一有创造力的资源，它能为组织带来持续的竞争力。但是有了人才并不一定就能保证企业成功，如果不懂得知人善用，不进行有效的组织管理，越是优秀的人才可能越会成为组织发展的破坏因素。因此，现代企业需要人力资源管理部门。

### 4.1.1　人力资源的基本概念

资源是一个经济学术语，它泛指社会财富的源泉，是指能给人们带来新的使用价值的客观存在物。一般来说，资源分为两类：一是物质资源；二是人力资源。我们通常所说的管理中的"人、财、物"，"人"即人力资源，"财"和"物"均属于物质资源。

什么是人力资源，学术界尚存在不同的认识和看法。有的专家认为，人力资源是人类可用于生产产品或提供各种服务的能力、技能和知识。也有专家认为，人力资源是企业人力结构的生产力和顾客商誉的价值。还有专家认为，人力资源是企业内部成员及外部人即总经理、雇员及顾客等可提供潜在服务以及有利于企业预期经营活动的总和。更有人认为，人力资源是指组织所拥有的能够被利用和作出价值贡献的员工所拥有教育、能力、技能、经验、体力等的总称。

国内的有关专家总结，所谓人力资源是指存在于人体的智力资源，是指人类进行生产或提供服务，推动整个经济和社会发展的劳动者的各种能力的总称。相应的，企业人力资源是指人口资源中能够推动整个企业发展的劳动者的能力的总称。它包括数量和质量两个方面。而人才资源则是指构成人才并使其能够从事创造性活动的高质量人力资源。

那么，什么是人力资源管理？所谓的人力资源管理，是指运用科学方法，协调人与事的关系，处理人与人的矛盾，充分发挥人的潜能，使人尽其才，事得其人，人事相宜，既考虑到人性的需要，又兼顾组织高效率运转，以实现组织目标的过程。简而言之，就是企业运用现代管理方法，对人力资源的获取（选人）、开发（育人）、保持（留人）和利用（用人）等方面所进行的计划、组织、指挥、控制和协调等一系列活动，最终达到实现企业发展目标的一种管理行为。人力资源管理的内容主要包括人力资源规划、岗位设置与工作分析、人员招聘、人员发展、员工培训、日常管理、绩效管理、薪酬福利管理、劳资关系等。

## 4.1.2　人力资源管理的职能

从人力资源管理的内容，可以总结出人力资源管理的 5 项基本职能。

**1. 获取**

获取是人力资源管理的首要职能，是指通过人力资源规划确定企业人力资源需求，通过选择合适的招聘渠道和人员选拔方法，保证企业能够及时获得其所需要的人才。在人力资源管理的具体工作中包括人力资源规划、招聘和选拔 3 个环节。

**2. 整合**

整合是指使被录用的员工了解企业的宗旨与价值观，接受和遵从该企业的指导，使之形成为他们自己的价值观，从而建立和加强他们对组织的认同和责任感，并通过对员工个人的职业生涯规划，使其与组织的目标保持一致，使组织和员工的需要都能得到满足。

**3. 保持和激励**

保持和激励是为员工提供所需奖酬，增加其满意感，最大限度地调动其积极性，包括人员调整、激励、绩效评价、雇员福利及服务、保健服务及事故预防等人力资源管理具体工作。

**4. 控制和调整**

控制和调整是评估员工素质，考核其绩效，对企业的人力资源进行再配置，做出相应的奖惩、升迁、辞退、解聘等决策，使企业人员及他们的职业需要和能力与工作及职业道德动态匹配。

### 5. 开发

开发是根据组织或岗位需要和要求，对员工实施培训，不断提高他们的知识和技术水平，并结合员工个人的行为特点和期望为他们提供充分的发展机会，指导他们明确未来的发展方向和道路，激发他们的潜能。

企业的人力资源管理就是对人力资源的获取、整合、保持、调整与开发的过程。现代企业应充分发挥人力资源管理这 5 项职能的作用，高度重视"人"的工作，不仅表现在对员工的管理与控制上，更重要的表现为如何找到人与事的最佳结合点，增强员工对企业的满意度和忠诚度。

## 4.1.3　人力资源管理的意义

实践证明，重视和加强企业人力资源管理，对促进生产经营的发展、提高企业劳动生产率和保证企业获得最大的经济效益有着重要的现实意义。

### 1. 有利于促进生产经营的顺利进行

劳动力是企业劳动生产力的重要组成部分，只有通过合理组织劳动力，不断协调劳动力之间、劳动力与劳动资料和劳动对象之间的关系，才能充分利用现有的生产资料和劳动资源，使它们在生产经营过程中最大限度地发挥其作用，并在空间上和时间上使劳动力、劳动资料和劳动对象形成最优配置，从而保证生产经营活动有条不紊地进行。

### 2. 有利于调动企业员工的积极性

企业中的员工是有思想、有感情、有尊严的，这就决定了企业人力资源管理必须设法为劳动者创造适合他们需要的劳动环境，使他们安于工作、乐于工作、忠于工作，并能积极主动地发挥个人劳动潜力，为企业创造出更多的效益。因此，企业必须善于处理好物质奖励、行为激励以及思想教育工作三个方面的关系，以保证员工旺盛的工作热情，充分发挥自己的专长，努力学习技术和钻研业务，不断改进工作，从而达到提高劳动生产率的目的。

### 3. 有利于现代企业制度的建立

科学的企业管理制度是现代企业制度的重要内容，而人力资源的管理又是企业管理中最为重要的组成部分。一个企业只有拥有第一流的人才，才会有第一流的计划、第一流的组织、第一流的领导，才能充分而有效地掌握和应用第一流的现代化技术，创造出第一流的产品。否则，如果一个企业不具备优秀的管理者和劳动者，该企业的先进设备和技术可能会付诸东流。提高企业现代化管理水平，最重要的是提高企业员工的素质。可见，注重加强对企业人力资源的开发和利用，做好员工培训教育工作，是实现企业管理由传统管理向科学管理和现代管理转变不可缺少的一个方面。随着现代企业制度的逐步建立，企业人力资源管理将越来越突出和重要。

**4. 有利于减少劳动耗费，提高经济效果**

经济效果是指生产过程中产出量与投入量的比值。它反映的是生产过程中劳动耗费转化为劳动成果的程度。减少劳动耗费的过程，就是提高经济效果的过程。所以，合理组织劳动力，科学配置人力资源，可以促使企业以最小的劳动消耗，取得最大的经济成果。

# 4.2 汽车维修企业组织结构

## 4.2.1 管理幅度与管理层次

### 1. 管理幅度

如果一个组织的最高领导者是一个"万能的"领导者，那么并不会存在划分部门的必要性，因为这个"万能的"领导者可以指挥和监督一切活动而无须借助于他人的帮助。但现实世界的管理者做不到这一点，因为人类受到身体的、生理的、心理的和社会的种种限制，每一个管理者所能直接指挥和监督的下属人数总是有限的，这个限度就称为管理幅度，或者称为管理宽度或管理跨度。所谓管理幅度（Span of Control），是指主管人员直接领导、指挥并监督其工作下属的数量。从形式上看，管理幅度仅仅表示了一名领导人直接领导的下级人员的人数，但由于这些下级人员都承担着某个部门或某个方面的业务，所以，管理幅度的大小，实际上意味着上级领导人直接控制和协调的业务活动量的多少。从一定意义上来讲，正是由于管理幅度的存在，当组织规模扩大到一定程度时，就自然产生了部门划分的需要，并由此产生了管理层次。

### 2. 管理层次

所谓管理层次，就是在职权等级链上从最高管理人员到最低工作人员所设置的管理职位的级数。当组织规模相当有限时，一个管理者可以直接管理每一位作业人员的活动，这时组织就只存在一个管理层次。而当规模的扩大导致管理工作量超出了一个人所能承担的范围时，为了保证组织的正常运转，管理者就必须委托他人来分担自己的一部分管理工作，致使管理层次增加到两个层次。随着组织规模的进一步扩大，受托者又不得不进而委托其他的人来分担自己的工作，依此类推，就形成了组织的等级制或层次性管理结构。

从一定意义上来讲，管理层次是一种不得已的产物，其存在本身带有一定的副作用。首先，层次多意味着费用也多。层次的增加势必要配备更多的管理者，管理者又需要一定的设施和设备的支持，而管理人员的增加又加大了协调和控制的工作量，这些都意味着费用的不断增加。其次，随着管理层次的增加，沟通的难度和复杂性也将加大。一道命令在经由层次自上而下传达时，不可避免地会产生曲解、遗漏或失真，由下往上的信息流动同样也困难，也存在扭曲和速度慢等问题。此外，众多的部门和层次也使得计划和控制活动更为复杂。一个在高层显得清晰完整的计划方案会因为逐层分解而变得模糊不清、不协调。随着层次和管理者人数的增多，控制活动会更加困难，但也更为重要。

可以用汽车维修企业内部几种不同的管理模式来举例。在不同规模的汽车维修企业里，常把流程组织模式分为三种情况：一级管理模式、二级管理模式、三级管理模式。一级管理模式即业务接待员直接将维修项目派给每个工人，这样的管理模式工作路线最短，工作效率高，但企业风险很大，适用于15人以下的小型维修厂；二级管理模式则是业务接待员将接收到的维修项目先派给班组，然后班组再经过协调，让班组内的某个工人进行修理；三级管理模式比二级管理模式分工更精细，没有交叉，它的工作路线长，效率较低，是业务接待员→车间→班组→工人的模式，这种模式适用于30人以上的维修厂，企业承受的风险很小。这三种不同的模式具有不同的管理层次，各有利弊，应视维修企业的规模而定。

**3. 管理幅度和管理层次之间的关系**

管理幅度与管理层次之间的关系十分密切。首先，它们具有反比例的数量关系。管理层次受到组织规模和管理幅度的影响，它与组织规模成正比，组织规模越大，成员越多，则层次越多；在组织规模一定的条件下，管理层次与管理幅度成反比，管理幅度越大，管理层次越少，反之，管理幅度越小，则管理层次就越多。其次，管理幅度与管理层次之间存在互相制约的关系，其中起主导作用的是管理幅度。

在承认管理幅度制约管理层次，并在二者的关系中居于主导地位的同时，也应看到管理层次对管理幅度亦存在一定的制约作用。之所以存在这种反向的制约关系，是因为管理层次与管理幅度相比，具有较高的稳定性。一个组织不可能也不应该频繁地改变管理层次，因而一旦根据管理幅度的要求设立了若干管理层次，只要在一定期间内，企业的管理幅度没有发生全局性的且比较大的变化，管理层次就不宜改变，这就要求管理幅度在一定程度上服从既定的管理层次。

## 4.2.2 影响管理幅度的因素

**1. 主管及下级的素质、能力**

主管人员的综合能力、理解能力、表达能力强，则可以迅速地把握问题的关键，对下属的请示提出恰当的指导建议。同样，如果下属人员具备符合要求的能力，受到过良好的系统的培训，则可以在很多问题上根据自己的主见去解决，从而减少向上司请示的时间。这样，管理的幅度便可适当增大。

**2. 工作内容和性质**

主管人员所处的管理层次、员工的工作复杂程度都会影响管理幅度的大小。工作中出现的问题是复杂的、较困难的或涉及方向性战略时，则管理幅度不宜过大。

**3. 组织沟通的类型及方法**

下属人员相互沟通较易或采用有效的控制技术，对下属考核的制度较健全，则管理幅度可增大。

**4. 主管对下级授权的合理与明确程度**

适当的授权可减少主管的监督时间和精力，增大管理宽度。权责划分明确，也可增大管理幅度。

**5. 计划与控制的明确性与难易程度**

事前有良好的计划，可增大管理幅度。

**6. 组织的稳定性，也影响到管理幅度**

此外，组织的规模和管理层次、组织环境的稳定程度、下级人员空间分布等因素也会影响管理幅度。

## 4.2.3 耸立形组织与扁平形组织

在组织设计中，综合考虑影响管理层次的各种因素，其结果是，人员数量大体上相同的企业，便可能产生两种典型的组织结构。一是耸立形组织结构，即管理层次较多，而管理幅度较小；二是扁平形组织结构，管理层次较少，而管理幅度较大，图 4.1 显示了这两种组织结构形式的特征不同，前者高而瘦，后者扁且平。

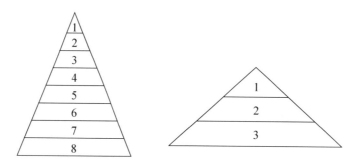

图 4.1　耸立形组织结构和扁平形组织结构

**1. 耸立形组织的优缺点**

耸立形组织相对于扁平形组织来说，具有如下优点：

（1）主管人员的管理幅度较小，能够有充足的时间和精力，对下属进行面对面的、深入具体的领导。

（2）由于主管人员的管理幅度较小，精力集中，因而一般不需要设副职或助手，从而有利于明确领导关系，建立严格的责任制，避免职务不清和多头指挥。

（3）主管人员和人数较少的下属所组成的集体规模较小，由此可产生许多好处，主要是：易于保持团结；每个成员有更多的机会参与决策，更好地了解集体的目标；在决策过程中，易于协调和取得一致，决策时间短。

（4）因层次多，各级主管职务相应较多，能为下属提供晋升机会，促使其积极努力工作，提高自身素质。

总之，耸立形组织在合理的界限内，能迅速、有效地解决问题，保证领导的有效性，这是它的突出优点。

不过，耸立形组织由于层次相对较多，也存在下列缺点：

（1）由于层次较多，需要配备较多的管理人员，加之层次间和部门间不可缺少的协调工作，造成管理费用大。

（2）信息的上传下达要经过多个层次，速度慢，并容易发生失真和误解的现象。

（3）使计划和控制工作较为复杂。在最高领导层本来是明确的、完整的计划，经过自上而下逐层分解细化，有可能失去原先的明确性和协调性。管理层次和主管人员的增加，以及计划工作的复杂化和信息沟通的困难，使得控制工作的难度也随之加大。

（4）最高领导层与基层人员及活动相隔多个层次，不容易了解基层的现状，需要及时处理层层上报的问题，如不注意，将会出现不明下情、办事拖沓等官僚主义现象。

（5）主管人员和下属所构成的较小的集体，可以利用的各种专门人才不一定齐全，遇有复杂任务将难以胜任。

以上缺点，当管理层次过多时，将会表现得十分突出，以致压倒前面的那些优点；即使在正常界限内，相对于扁平形组织来说，这些也是它的不足之处。

**2. 扁平形组织的优缺点**

扁平形组织由于管理层次相对较少，所以，同耸立形组织相比，扁平形组织具有以下优点：

（1）它的信息传递速度快、失真少。

（2）管理费用少。

（3）便于高层领导了解基层情况。

（4）主管人员与下属能够结成较大的集体，有利于解决较复杂的问题。

（5）主管人员领导较多的下属，工作负担重，因而更乐于让下级享有更充分的职权，各自独当一面，这不仅能激发下级的干劲，而且有利于他们在实践中磨炼，增强管理能力，从而为培养干部创造良好条件。

但是，同耸立形组织一样，扁平形组织也存在不可避免的缺点，主要有以下几方面：

（1）领导人员的管理幅度大，负荷重，精力分散，难以对下级进行深入、具体的领导。

（2）对领导人员的素质要求越高，而且管理幅度越大，要求就越严格、越全面。当缺乏这样的干部时，只得配备副职从旁协助。这样，正副职之间的职责不易划清，还可能产生种种不协调的现象。

（3）管理人员与下属结成较大的集体，固然有利于承担复杂任务，但同时，随着集体规模的扩大，协调和取得一致意见就会变得更加困难。

**3. 耸立形组织结构和扁平形组织结构的选用与现实意义**

从耸立形组织结构和扁平形组织结构的优缺点分析可以看出，二者各有千秋，都不是十全十美的，对它们的评价不能绝对化。关键是要根据企业的具体条件，选用适宜的组织结构，才能扬其长而避其短，取得良好效果。耸立形组织结构的适用条件是：企业人员素质（包括上级领导和下属的素质）不很高，管理工作较为复杂，许多问题的处理不易标准化或者管理基础差，实现日常管理工作科学化与规范化尚需长时间的努力，生产的机械化、自动化水平

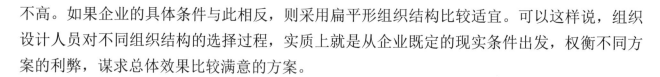

不高。如果企业的具体条件与此相反，则采用扁平形组织结构比较适宜。可以这样说，组织设计人员对不同组织结构的选择过程，实质上就是从企业既定的现实条件出发，权衡不同方案的利弊，谋求总体效果比较满意的方案。

### 4.2.4 汽车维修企业组织结构的职责

在汽车维修企业里，有许多重要的岗位，分别为：企业负责人、技术负责人、汽修业务员、价格核算员、总检验员、进厂检验员和机修主修人员、电子电器维修主修人员、车身修复主修人员、车身涂漆主修人员、采购员等，这些岗位搭建成了一个正常运行的汽车维修企业。每个不同的岗位都有不同的工作职责，下面我们就将几个重要部门的工作职责和岗位职责加以介绍，见表4.1和表4.2。

表4.1　几个重要部门的工作职责

| 序号 | 部门名称 | 工作职责 |
|---|---|---|
| 1 | 企业负责人（厂长） | （1）全面负责维修企业的行政管理工作，组织制定各项规章制度，并督促贯彻实施；<br>（2）负责定期组织召开厂生产会议，布置生产工作任务，研究解决生产中出现的问题；<br>（3）主持建立全厂的管理体系，开展内部审核，确保管理体系的持续有效运行；<br>（4）负责主持召开厂务会，研究决定厂内的事项，布置工作任务；<br>（5）全面负责和主管全厂的交通、生产、消防安全管理工作；<br>（6）负责制定修理厂的改革和发展规划，并根据市场情况，调整经营策略；<br>（7）负责督促管理人员贯彻执行工艺规程和操作规程，确保维修质量；<br>（8）负责全厂劳动力的组合和调配以及管理人员的工作安排；<br>（9）负责督促、检查安全生产和文明生产进度情况，落实经济责任制，制定合理的奖罚制度 |
| 2 | 技术负责人（副厂长） | （1）负责根据厂生产会议决定，及时下达各车间的生产计划，并督促按时完成；<br>（2）负责贯彻执行企业颁发的技术标准和工艺规程，研究生产中出现的问题，并制定攻关措施；<br>（3）负责生产的统一指挥和平衡调度，生产中的质量管理及新技术新工艺的应用，根据生产特点优化劳动组合，挖掘生产潜力；<br>（4）组织建立全厂的管理体系和开展内部审核工作，确保管理体系有效运行；<br>（5）负责员工的安全生产教育，督促执行各项安全操作规程，定期组织安全检查，及时消除事故隐患；<br>（6）负责贯彻执行各项定额管理和检查制度，督促机械设备的管理与维护，组织员工学习和培训；<br>（7）负责文明生产管理，定期检查各车间的文明生产和环境卫生情况 |
| 3 | 办公室 | （1）负责起草厂综合文字材料及做好文件、资料的收发、登记、整理和保管工作；<br>（2）负责厂内各种会议的通知、会场准备、会议记录；<br>（3）负责厂证明信、介绍信、印章的管理和使用以及外来单位来访人员的接待工作；<br>（4）负责检查各车间执行各项规章制度的情况，并以书面形式向厂长汇报；<br>（5）负责工会、调解、女工、计生及劳动力的管理等工作；<br>（6）负责厂宣传工作的组织开展和报纸杂志的征订及发放工作；<br>（7）负责厂办公用品、卫生用品、劳保用品的采购、领发、保管；<br>（8）负责检查各车间的劳动纪律和环境卫生 |

| 序号 | 部门名称 | 工作职责 |
|---|---|---|
| 4 | 生产部 | （1）负责全厂的生产安全管理工作，制定安全管理制度，做好特种设备、特种岗位人员的安全防护工作，定期进行安全检查，并做好记录；<br>（2）负责协调各车间生产以及顾客方的业务联系；<br>（3）负责编制加工产品、配件维修、修旧利废和各种设备保养的生产计划，并检查、督促计划的执行；<br>（4）负责编制每月的生产任务的产值、工时费、材料消耗报表，分析生产任务完成情况及材料的消耗情况，汇总并报告给厂领导；<br>（5）负责对各种维修、机械加工合同进行评审，并按合同的要求安排好生产工作；<br>（6）负责各种维修、机械加工业务，工时费和材料费的定价；<br>（7）做好生产方面的设备配置、工具配置和工具室的管理工作；<br>（8）负责对各车间、部门领用材料的定额管理，编制材料消耗定额指标或计划，按领用材料审批制度严格管理 |
| 5 | 技术质检部 | （1）负责督促车间执行保养工艺规程和操作规程，按质、按量做好保养工作和返修落实工作；<br>（2）负责解决和处理保养车辆、机具设备在保养、使用和维修过程中出现的技术问题；<br>（3）负责车辆维修、机械加工、设备维修过程中需要的模具、夹具以及技术革新、改造项目的设计、图纸绘制、审核工作；<br>（4）负责组织、开发、指导修旧利废等工作，并督促落实完成；<br>（5）及时发现质量的不合格及隐患，积极配合处理或采取纠正和预防措施；<br>（6）负责应用适当的统计技术对维修过程能力和维修质量情况进行记录、分析，定期向厂领导汇报，为确保维修过程能力及维修质量提供信息；<br>（7）负责车辆进出厂检验、机械产品、各种维修总成的入库检验；<br>（8）现场监督车辆的解体，指导作业人员严格执行工艺规程，制止违反工艺规程的操作行为，确保过程受控；<br>（9）负责对重要总成基础件配件报废的鉴定，对有质量问题的外购配件以及顾客提供产品做出处理；<br>（10）负责各种设备、量具、仪表的验收管理工作，编制设备保养计划，以及量具、仪表的定期检验计划，并督促落实完成 |
| 6 | 财务部 | （1）负责对厂里的各项资金使用情况进行监督、检查、控制；<br>（2）负责收支情况统计和成本核算工作，及时提供成本分析报告供厂领导参考；<br>（3）按时编制财务报表，完善财务的档案管理工作；<br>（4）负责做好各种分类账，审核和保管各种原始凭证；<br>（5）负责领购、开具发票和办证，采购和发放厂办公用品；<br>（6）负责全厂员工工资、加班费、津贴等造册、发放工作；<br>（7）负责填报各种财务报表，做好增值税申报表和台账，按时纳税 |
| 7 | 车间 | （1）认真贯彻执行技术标准、工艺规程和质量检验制度，确保保修质量，为运营车辆提供良好的技术保障；<br>（2）做好保修材料消耗的管理工作，严格执行领用制度；<br>（3）做好安全生产，严格执行安全操作规程，定期对易燃易爆电气设备、消防设备等进行全面检查，杜绝工伤、触电、火灾等事故的发生；<br>（4）做好班组建设工作，做好各项考核指标完成情况记录，建立完善的台账；<br>（5）做好定置工作和文明生产，确保工作环境的整洁；<br>（6）做好维修工人的优化组合，确保生产任务的完成；<br>（7）掌握员工的思想信息，做好员工的思想政治工作 |

| 序号 | 部门名称 | 工作职责 |
|------|----------|----------|
| 8 | 配件部 | （1）收集市场信息，反馈客户意见，努力开拓配件销售市场；<br>（2）做好库房的各项管理工作，做到防火、防盗、防丢失、防损坏，严格账、卡、物的管理，做好计算机的输入工作；<br>（3）保证车间配件及时、准确地供应；<br>（4）根据市场需求、公司需要，调整配件的合理库存量；<br>（5）提供配件订购清单；<br>（6）每月提供配件库存、订购、外购、内部领用等真实、有效的情况报表或报告；<br>（7）每季度进行一次盘库，提出配件的销售价格的建议 |

### 表4.2　各部门成员担任的岗位职责

| 序号 | 岗位名称 | 工作职责 |
|------|----------|----------|
| 1 | 汽修业务员 | （1）接待车主，受理车主的维修项目；<br>（2）与技术部联系、监测修理项目；<br>（3）确定维修项目的工期、价格；<br>（4）确定配件供应方式及价格；<br>（5）车辆的交接登记；<br>（6）受理车主的附加要求；<br>（7）填写综合单，及时发给车间及有关部门；<br>（8）最佳项目和配件、同客户的交车工作；<br>（9）负责车钥匙的保管和传递登记手续；<br>（10）出厂车的验收、与客户的交车工作；<br>（11）延迟车的客户联系工作，（小修提前1小时、大修提前1天）及时报告车主；<br>（12）建立客户档案，对客户进行跟踪服务；<br>（13）建立业务档案，填写业务接待的各种报表（包括业务接待统计表）；<br>（14）负责客户的结账、收银工作、按期上报营收统计表；<br>（15）开具完工车的放行条，以及按规定开具保用证；<br>（16）负责客户的咨询解答工作，开发新客户市场；<br>（17）做好客户委托的缴纳养路费、购买保险等工作 |
| 2 | 总检验员 | （1）总检验员肩负维修车辆质量把关的重责，应领导其他检验员完成质检任务；<br>（2）负责维修车辆拆检后追加修理项目的检验；<br>（3）负责对维修项目的质量检查，负责修理过程的随机抽检；<br>（4）负责汽车维修竣工出厂检验和签发二级维护合格证；<br>（5）负责维修车辆技术档案的填写、维修质量的统计；<br>（6）负责原材料、外购件和外协件的验收；<br>（7）负责对报废零部件的审核；<br>（8）负责解决车辆维修中发生的疑难问题；<br>（9）负责指导维修人员贯彻和执行有关的汽车维修标准，提高工人的技术素质；<br>（10）协助车间对计量器具、仪器仪表的检验和调校，以及设备的安全检查工作；<br>（11）负责处理维修质量投诉和事故车辆的维修质量分析 |

续表

| 序号 | 岗位名称 | 工作职责 |
|---|---|---|
| 3 | 检验员 | （1）负责对重要总成基础件及配件报废做出鉴定意见，对有质量问题的外购件及顾客提供的问题配件提出退货鉴定意见；<br>（2）负责现场监督车辆的解体，按工艺规程进行现场指导，制止解体时的违规现象；<br>（3）负责对车辆维修过程中的检验工作，制止违反修理工艺规程的操作现象，随时处理维修过程中的技术问题；<br>（4）负责生产过程及竣工出厂后的返修调度工作，按工种列出返修项目及要求，并规定完成时间；<br>（5）负责按车间检验验收制度对各道工序的完成情况进行严格检验，填写各道工序、工种的检验单，并在车辆修理验收记录上签字；<br>（6）负责发动机、底盘、机加工产品、配件质量的抽检工作 |
| 4 | 采购员 | （1）负责拟订维修材料采购计划，报领导审批后实施采购；<br>（2）负责了解维修工作安排和维修工程所需材料，及时采购，杜绝停工待料；<br>（3）掌握各种材料的质量标准、产地、价格，采购质优价廉的材料，降低维修成本；<br>（4）负责办理材料入库手续，并按规定向财务部门提供有效的购物凭证 |
| 5 | 仓管员 | （1）坚守岗位，按时开门，仓库严禁闲杂人员入内，自觉遵守厂部各项管理制度；<br>（2）仓管人员要认真研究业务知识，互相学习，扎扎实实把本职工作做好；<br>（3）材料及配件进库要验收，未验收而进库的发现破损及质量问题由仓库管理员负责；<br>（4）材料进库后要立卡、入账，并做到账、卡、实物三符合，月底要上交厂部当月进、存、销核算表，以便厂部统计生产进度；<br>（5）库管员和账管员要及时计划常用件和易损件的购买工作；<br>（6）修理工领料要有派工单，由库管员填写材料单，领料人签名，大总成件要有厂部审批手续；<br>（7）领新料必须交旧料，严格执行领新交旧制度；<br>（8）加强对旧料的管理，上交旧料贴上标签，出厂时交还车主；<br>（9）材料及配件的价格要合理，严格执行价格制度，不能随便加价，车主和厂部查到要追究仓管员责任；<br>（10）仓库计划员要做好采购计划工作，尽量做到储备合理，提高资金周转率 |
| 6 | 车间主任 | （1）积极完成厂部下达的各项任务，严格遵守厂部各项规章制度；<br>（2）抓好车间调度、派工工作，合理安排劳动力，协调班组关系，做到均衡生产；<br>（3）切实抓好车间质量管理，严格检验，发生质量事故要做出鉴定分析，及时报厂部处理；<br>（4）抓好车间文明生产，抓好劳动纪律和安全生产工作，严格操作规程；<br>（5）负责车间员工培训工作，不断提高员工的思想素质、业务素质和技术素质，定期对工人进行考核；<br>（6）抓好车辆维修工期管理，落实到点，积极组织好检测诊断、剖检、配件部等有关部门的关系；<br>（7）认真做好车间各项统计，按时上报各种报表，建立车间业务技术档案；<br>（8）抓好车间工具、设备、辅助消耗量的管理，厉行节约，杜绝浪费；<br>（9）有权对车间员工提出表扬、批评和权限范围内的奖励和处分（超过权限范围要上报厂部审批） |

| 序号 | 岗位名称 | 工作职责 |
|---|---|---|
| 7 | 机修主修人员 | （1）严格遵守机工安全操作条例，保证持证上岗；<br>（2）接到施工单后，首先进行项目确认、故障确认，如发现与施工单标注不同的项目，立即与前台业务联系，征得确认后，方可施工；<br>（3）严格按工艺、质量管理程序施工，加强自检、互检；<br>（4）爱护车间的一切设备，并按其技术要求使用，不得超范围使用，不得超负荷使用；<br>（5）妥善保管与使用公司配置给个人使用的工量器具；<br>（6）文明生产，杜绝野蛮操作，做到有水不落地，配件不落地；<br>（7）认真作业，准确判断，提高维修质量；<br>（8）工作时间不得随便串岗，工作场地、车间、停车场禁止吸烟；<br>（9）上班时间不得饮酒，严禁酒后开车、试车；<br>（10）施工作业时妥善保护待修车辆，施工作业前，首先套好把套、椅套、叶子板垫、脚垫；<br>（11）完工后，所有与施工相关的文件必须填写清楚，完整上交，完工后的车辆必须内外清洁干净，不允许有漏油、漏水现象，不允许有手印、脚印、污迹；<br>（12）不允许擅自动用客户车辆，不允许在车内休息、吸烟、听收音机，不允许动、拿车内任何物品；<br>（13）上班时要工装整洁，精神焕发，不得蓬头垢面、衣冠不整；<br>（14）团结互助、礼貌待客、以诚待客、虚心好学、不断进取 |
| 8 | 电子电器维修主修人员 | （1）严格遵守电工安全工作条例；<br>（2）严格遵守设备仪器仪表技术使用条例；<br>（3）严格执行用电设备保养保修条例；<br>（4）严格执行用电设备报批、使用、报废管理规定；<br>（5）下班后注意车间用电设备是否断电，并拉闸；<br>（6）充电设备如需连续使用，注意留人值守；<br>（7）在进行汽车电气设备维修时，须断电检查，如需带电作业注意防火；<br>（8）在汽车上作业时，应避免静电引起火花；<br>（9）电工须持证上岗（须经国家鉴定部门考核的），学徒工不得单独作业；<br>（10）在电控汽车上禁止做跳火试验，以免烧坏控制系统元件；<br>（11）认真按施工单指定项目进行作业，如需增项，应预先请示前台业务并与客户联系，获准后方可实施增项，并予以文字说明；<br>（12）认真执行工艺质量保证程序，优质完成各项任务 |

为了实现企业的科学管理，提高企业的经济效益和社会效益，根据企业的规模，本着精简和高效的原则，特设立以下各职能部门。各部门之间应分工负责，各司其职，互相促进，成为一个有机的整体。

不同规模、不同类别的汽车维修企业，应有不同的组织结构，下面我们分别以不同类别的汽车维修企业应具有的部门以及从属关系来加以分析。

 **案例**

深圳市某汽车连锁有限公司属于一类企业。公司从事汽车维修、美容及保险等业务，以中高档汽车大修、中修、小修及事故修复为主；公司为中国保监会保险代理商，可为顾客代办车辆年审，代买保险及事故理赔等服务。公司以热情接待、保证质量、完善售后三大项目为基本运作模式。公司内部全面实现计算机化联网管理，可为维修车辆建立档案，随时进行跟踪及售后服务，其组织结构图见图4.2。

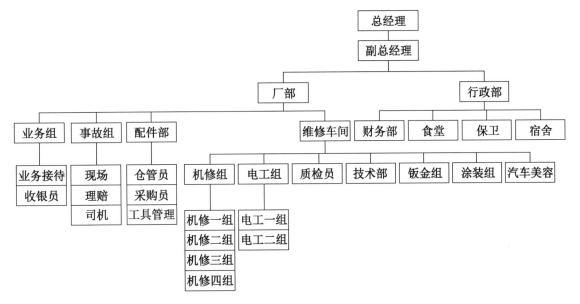

图4.2 某一类汽车维修企业组织结构图

# 4.3 岗位设置与工作分析

## 4.3.1 岗位设置

岗位是组织结构中的基本单位，它是实现组织整体目标所需承担的局部职责的最小集合，是维系业务流程的基本单位。

岗位设置是为了实现组织目标，激发员工的潜力，提高组织效率，为其他人力资源工作提供基础的岗位优化配置。作为一个组织结构中的基本单位，岗位是企业的细胞，它通过岗位职责和价值的体现，承担了企业业务战略的最终落实和实施。它从横向角度对业务进行描述，然后从纵向角度看各部门间和部门内部岗位间的功能划分，最后确定职责。

## 4.3.2 工作分析

 **案例**

某食品公司是一家生产方便面的外商独资企业，该企业开创初期实施了卓有成效的经营战略，其产品一炮打响，并迅速占领了我国市场。随着市场的扩大，企业规模也急剧扩张，生产线由初期的2条扩展到12条，人员也增至上千人，随之而来的是管理上暴露出种种问题。其中最为突出的是报酬问题。各部门人员都觉得自己的付出比别人多，而得到的并不比别人多，所以都认为报酬不公平。生产部门的人员强调：自己的劳动强度大。确实，在炎热的夏季，车间温度高达40℃，甚至有人晕倒，劳动强度可想而知。经营部门的人员强调：整天在外边跑业务，既辛苦又承受着很大的心理压力。还有的部门人员强调：自己责任重大，等等。大家各执一词。又快到发奖金的时候了，奖金究竟该怎么分配？唐总经理决定聘请外界专家协助解决。专家们经过一番调查研究，决定从工作分析开始……

**1．工作分析的基本含义**

工作分析就是通过观察和研究，确定关于某种特定职务的性质的一种程序。也就是说，工作分析就是把每个职务的内容加以分析，清楚地掌握该职务的固定性质和组织内职务之间的相互关系的特点，从而确定该职务的工作规范，并确定工作人员履行职务应具备的技术、知识、能力与责任。

工作分析的实质就是研究某项工作所包括的内容及工作人员必需的技术、知识、能力与责任，并区别工作与其他工作的差异。亦即对某一职位工作的内容及有关因素做全面的、系统的、有组织的描写或记载。

工作分析与其他人力资源管理职能的关系十分密切。

**2．工作分析的目的与意义**

在人力资源管理领域内，工作分析的主要目的有两个。（1）工作分析所得到的关于工作人员的技术、知识、能力等方面的要求资料可以作为人员选拔的依据，从而达到人与工作的最佳匹配；（2）工作分析中所得到的工作规范的资料可以作为工作绩效考核的依据，通过考核决定奖惩，并通过奖惩等激励手段调动工作人员的工作积极性，从而产生最佳的组织行为，最有效地实现组织的目标。

工作分析对人力资源管理有很重要的作用。具体地讲，工作分析有以下7个方面的作用：

（1）选拔和任用合格的人员；

（2）制订有效的人力资源需求预测和人事计划；

（3）设计积极的人员培训和开发方案；

（4）提供考核、晋升和作业标准；

（5）提高工作和生产效率；

（6）建立先进、合理的工作定额和报酬制度；

（7）加强职业咨询和职业指导。

# 4.4 人力资源规划

## 4.4.1 人力资源规划的概念

人力资源规划是对未来人员的需求和供给之间可能差异的分析，或是对人力需求与供给做出的估计。

人力资源规划分中长期规划和年度计划。一般来说，长期规划是10年以上，中期规划是

1～10 年，年度计划即当年计划。年度计划是中长期规划的贯彻和落实，中长期规划对企业人力规划具有方向指导作用。

### 4.4.2  人力资源规划的内容

人力资源规划一般包括岗位职务规划、人员补充规划、教育培训规划、人力分配规划等。

岗位职务规划主要解决定员定编问题。要依据近远期目标、劳动生产率、技术设备工艺要求等状况确立相应的组织机构、岗位职务标准，进行定员定编。

人员补充规划就是在中长期内使岗位职务空缺能从质量上和数量上得到合理的补充。人员补充规划要具体指出各级各类人员所需要的资历、培训、年龄等要求。

教育培训规划是依据公司发展的需要，通过各种教育培训途径，为公司培养当前和未来所需要的各级各类合格人员。

人力分配规划是依据各级组织机构、岗位职务的专业分工来配置所需的人员，包括工人工种分配、干部职务调配及工作调动等内容。

### 4.4.3  职工的分类

依据编制人力规划的要求，可以把职工划分为以下六类。

（1）管理人员。管理人员的需要量，可按与修理工人的比例和组织机构的定员来确定。

（2）修理技术人员。修理技术人员的需要量，一般按与修理工人的比例和技术人员的层次结构来确定。

（3）修理工。修理工的需要量，可根据工时确定，也可按设备定员确定，或者将两者结合起来按企业规模与定员确定。

（4）学徒工。学徒工的数量，主要根据公司生产发展情况、公司培训能力、培训时间长短来确定。

（5）服务人员。服务人员可以按公司的进厂台次或客户流量来确定。

（6）销售人员。销售人员可以按公司的汽车年销售量来确定。

### 4.4.4  职工的需求预测

职工的需求预测是根据发展的要求，对将来某个时期内所需职工的数量和质量进行预测，进而确定人员补充的计划方案，实施教育培训方案。

职工需求预测是编制人力规划的核心和前提条件。预测的基础是发展规划和年度预算。对职工需求预测要持动态的观点，考虑到预测期内劳动生产率的提高、工作方法的改进及机械化、自动化水平的提高等变化因素。

职工需求预测的基本方法有以下三种：

1．经验估计法——利用现有的情报和资料，根据有关人员的经验，结合本公司的特点，对公司职工需求加以预测。经验估计法可以采用"自下而上"和"自上而下"两种方式。"自下而上"是由直线部门的经理向自己的上级主管提出用人要求和建议，征得上级主管的同意；"自上而下"的预测方式就是由经理先拟定出总体的用人目标和建议，然后由各级部门自行确定用人计划。最好是将"自下而上"与"自上而下"两种方式结合起来运用，先提出职工需求的指导性建议，再由各部门按指导性建议的要求，会同人事部门、技术部门、职工培训部门确定具体用人需求；同时，由人事部门汇总确定全公司的用人需求，最后将形成的职工需求预测交由公司经理审批。

2．统计预测法。这种方法是运用数理统计形式，依据目前和预测期的经济指标及若干相关因素，作数学计算，得出职工需求量。这类方法中采用最普遍的是比例趋势分析法，回归分析法和经济计量模型法比较复杂，用得也不多。

（1）比例趋势分析法。这种方法通过研究历史统计资料中的各种比例关系，如管理人员与工人之间的比例关系，考虑未来情况的变动，估计预测期内的比例关系，从而预测未来各类职工的需要量。这种方法简单易行，关键就在于历史资料的准确性和对未来情况变动的估计。

（2）经济计量模型法。这种方法是先将职工需求量与影响需求量的主要因素之间的关系用数学模型的形式表示出来，依此模型及主要因素变量，来预测职工需求。这种方法比较复杂，一般只在管理基础比较好的大公司里才采用。

3．工作研究预测法。这种方法是通过工作研究（包括动作研究和时间研究），来计算完成某项工作或某件产品的工时定额和劳动定额，并考虑到预测期内的变动因素，确定职工需求。

## 4.4.5　职工的供给预测

对职工供给进行预测，需要分析目前的职工状况，如职工的部门分布、技术知识水平、工种、年龄构成等，了解职工的现状；分析目前职工流动的情况及其原因，预测将来职工流动的态势，以便采取相应的措施避免不必要的流动，或及时给予替补；掌握职工提拔和内部调动的情况，保证工作和职务的连续性；分析工作条件（如作息制度、轮班制度等）的改变和出勤率的变动对职工供给的影响；掌握职工的供给来源和渠道。职工可以来源于内部（如富余职工的安排，职工潜力的发挥等），也可以来源于外部。

对职工供给进行预测，还必须把握影响职工供给的主要因素，从而了解职工供给的基本状况。

（1）地区性因素，其中具体包括以下方面：

① 所在地和附近地区的人口密度；

② 其他公司对劳动力的需求状况；

③ 当地的就业水平、就业观念；

④ 当地的科技文化教育水平；

⑤ 所在地对人们的吸引力；

⑥ 公司本身对人们的吸引力；

⑦ 当地临时工人的供给状况；

⑧ 当地的住房、交通、生活条件。

（2）全国性因素，其中具体包括以下方面：

① 全国劳动人口的增长趋势；

② 全国对各类人员的需求程度。

# 4.5 培训与发展

事业的成败取决于人。工欲善其事，必先利其器。企业招聘到适合的优秀人才，并不等于拥有了优秀的员工，作为企业的管理者，应该清楚地认识到，企业竞争力取决于企业的创新能力，而创新能力源于企业员工素质的提高，提高员工素质必须加强人员培训。因此，开发员工的潜力，规划员工的发展，是每一位管理者应尽的责任。由于知识经济的冲击，组织和员工个人都需要在企业核心竞争力和个人工作技能与素质方面加以提高，只有这样才能适应信息社会发展的需要，才能在未来站稳脚跟。培训是人力资源投资的重要形式，是开发现有人力资源和提高员工素质的根本途径。

这里我们引用三星集团创始人的一句话来对人才培训做个概述：

自从三星创业以来，我一直花 80%的时间吸收和培养人才。我一直相信，企业的成败就在于员工素质的高低。

人才培训包括培训与开发两个阶段。培训是企业通过各种方式帮助员工获得相关知识、技能，转变观念和态度的过程。开发则是指企业为帮助员工适应未来工作需要而开发其潜能的各种活动。培训关注的是员工目前的工作能力与近期的工作表现；开发则着眼于为他们未来的工作需要做好准备。

## 4.5.1 人才培训的重要意义

**1. 提高员工知识与技能水平**

大量高新技术的应用需要员工掌握越来越多的技能，因此，员工需要经过培训与开发由原来的单一技能型转向多种技能型，这能有效地防止员工技能的老化与退步，培养员工工作的主动性和积极性。

**2. 改善企业绩效**

培训与开发可以改变员工的观念、态度，提高他们的技能水平，提高生产效率，从而带来整个企业绩效的提高。

**3. 节约企业成本**

因技能得不到进一步的提高，有经验、有能力的员工常常会流失，因而培训已成为企业留住人才的手段之一。员工能力的提高，可以降低由于员工流失所增加的人工成本和组织成本；同时，稳定的员工队伍能够提高顾客的保持率，为企业带来价值的增加。

**4. 提高员工满意度**

一方面，企业对员工的培训与开发，让员工感受到企业对自己的关心与重视；另一方面，员工技能的提高会带来自身业绩的提高。这两方面都能提高员工满意度。同时，培训可以给员工提供新知识、新观念，以此调和或改变其价值观，帮助员工改善工作态度，树立正确的职业观和价值观。

**5. 形成企业竞争优势**

培训与开发能够改变员工的知识、技能、态度、忠诚度，激发学习力与创造性等，这些都是人力资本的构成要素，而人力资本与组织资本共同构成企业核心能力的来源。因此，培训与开发能够打造企业核心竞争力，进而形成企业的竞争优势。

## 4.5.2 员工的学习过程

知名企业中存在着许多管理者与员工可采纳的学习过程：培训、提高、教育，这几个过程可以覆盖从正式的到非正式的、从特定的技能提高到广泛的教育项目等培训体系。

**1. 培训**

培训是通过练习，使受训者达到期望的状态或标准。在管理中，培训往往有另一个人（培训者）的介入，其目的在于：在一个特定的时段内使受训者的技能得到提高。

**2. 提高**

提高是建立在增长、成熟的理论基础之上的概念。提高意味着个人（有时是小组）在能力、知识和态度上的加强，其目的在于：使受训者达到特定的职业要求或工作目标。它通常是一个受控制的过程，按个人或小组规划，并牵涉许多学习方法的综合运用。

**3. 教育**

管理教育是正式传授商业知识的方法，它独立于工作环境之外，但必须与工作的要求相关联。管理教育的目的包括：更广泛的思维和认知能力的提高、管理者理性思考能力的加强、把短期行为转化为战略考虑、对分析新的情况并做出战略决策的能力的获得。

## 4.5.3 培训分类

**1. 新员工培训**

新员工培训，又被称为入职培训，是企业将聘用的员工从社会人转变成为企业人的过程，同时也是员工从组织外部融入到组织或团队内部，成为团队一员的过程。员工只有逐渐熟悉、适应组织环境和文化，明确自身角色定位，规划职业生涯发展，才能不断发挥自己的才能，推动企业的发展。对企业来讲，在此期间，新员工感受到的企业价值理念、管理方式将会直接影响新员工在以后工作中的态度、绩效和行为。成功的新员工培训可以起到传递企业价值观和核心理念、塑造员工行为的作用。它在新员工和企业以及企业内部其他员工之间架起了沟通和理解的桥梁，为新员工迅速适应企业环境并与其他团队成员展开良性互动打下了坚实的基础。

**2. 在职员工培训**

在职员工培训是指为提高在职员工的技术技能水平，由企业直接实施或委托其他培训机构对本企业员工实施的培训。

**3. 经理人培训**

经理人培训是指企业对中高层管理者进行的培训。经理人不仅是专项管理人才，而且是负责企业日常经营管理的复合型人才。经理人要具备三个方面的素质：专业知识、管理艺术、管理思想。

经理人培训的目标是，打造一支既符合企业发展需要又有创造力的管理者队伍。通过培训，企业将各项管理素质反复灌输给管理人员，不仅使他们成为运转良好的"机器"，而且使他们的知识和独立思考能力得到丰富和发展，唯有如此，企业才能迅速地跟上不断变化的市场需求。

# 习题 4

## 一、填空题

1. 管理幅度和管理层次之间具有＿＿＿＿＿＿＿关系，并存在互相＿＿＿＿＿＿的关系，其中起主导作用的是＿＿＿＿＿＿＿。

2. 一个管理者可以直接管理每一位作业人员的活动，这时组织就只存在＿＿＿＿＿＿管理层次。而当规模的扩大导致管理工作量超出了一个人所能承担的范围时，为了保证组织的正常运转，管理者就必须委托他人来分担自己的一部分管理工作，这使管理层次增加到＿＿＿＿＿＿＿＿层次。

3. 由于管理幅度的存在，当组织规模扩大到一定程度时，就自然产生了部门划分的需要，并由此产生了＿＿＿＿＿＿＿＿＿。

4. 所谓管理幅度（Span of Control），是指主管人员直接领导、指挥并监督其下属工作的＿＿＿＿＿＿＿＿。

5. 负责组织、开发、指导修旧利废工作，编制设备保养计划，以及量具、仪表的定期检验计划，并督促落实完成，是＿＿＿＿＿＿＿＿部门的工作职责。

6. 汽车维修企业组织结构的设立是本着＿＿＿＿＿＿＿和＿＿＿＿＿＿的原则。

7. 选用适宜的结构形式，才能扬其长而避其短，取得良好效果。耸立结构形式的适用条件是：企业人员素质（包括上级领导和下属的素质）＿＿＿＿＿＿，管理工作＿＿＿＿＿＿，许多问题的处理不易标准化或者管理基础差，实现日常管理工作科学化与规范化尚需长时间的努力，生产的机械化、自动化水平不高。如果企业的具体条件与此相反，则采用扁平结构形式比较适宜。

**二、思考题**

1．你心目中的汽车维修企业的组织结构有哪些部门和岗位，为什么？

2．企业对员工进行培训的意义和方法有哪些？

# 第 5 章

# 汽车维修企业管理过程

学习任务

通过本章的学习，了解管理学中的一些基本理论，掌握汽车维修企业的管理知识和管理过程，了解作为一个管理者应具备哪些素质，为今后的创业打下良好的基础。

知识要点

1. 现代汽车维修企业管理的职能。
2. 汽车维修企业管理控制的主要内容。
3. 汽车维修企业突发事件处理。
4. 汽车维修企业管理者及其角色。
5. 汽车维修企业管理者的能力。
6. 汽车维修企业的管理艺术。

## 5.1 现代维修企业管理职能

管理职能是指管理的职责和功能。企业管理的职能是按企业管理工作的基本过程和基本内容以及企业管理的任务和作用来进行分类的。无论是古典管理学家还是现代管理学家，对管理职能的研究都包括了计划、组织、控制这三大基本职能。随着企业管理实践的不断发展，决策、激励、创新三个方面的职能，在现代企业管理中受到高度重视，这对维修企业也不例外。

### 5.1.1 计划职能

**1. 计划职能概述**

所谓计划职能，即计划工作。计划工作包括了制订计划的一系列的相关活动。根据其工作的主要内容，计划职能可定义为：预测未来、确定目标、制订未来行动方案的管理过程。

计划职能是管理过程的首要环节，居于统帅地位和领先地位。计划职能在管理中的作用主要表现在两个方面：导航作用和协调作用。

**2．计划工作的主要内容**

计划工作所包括的内容是围绕着编制计划所进行的各项工作归类的，主要包括：调查研究企业外部环境和内部条件的状况及其影响因素；预测未来发展的动向；确定企业的长期目标和近期目标、总体目标和分目标；制定和选择实现目标的方案；编制出各项计划。以上工作一环扣一环，相互衔接，构成了计划工作的总过程。

### 5.1.2 组织职能

**1．组织职能概述**

组织职能即组织工作，是指建立企业的组织机构和管理体制，即根据企业生产经营活动的特点和要求，通过任务分类和人员分工，设置组织机构，配备相应的人员，明确规定各部门、各单位的职责范围、管理权限和协作沟通关系，建立一整套能够有效执行企业生产经营管理任务的组织机构体系和管理制度。

**2．建立和完善企业组织机构应遵循的基本原则**

（1）有效性原则。维修企业组织机构的设置必须从企业实际出发，服从生产经营需要，注重实效。机构的建立、调整、增设、撤销、合并以及部门之间的联系方式都要从企业实际需要出发，保证能有效地实现企业目标，能有效地开展各项工作。在设定组织结构时，应遵循的原则是：因事设岗、因岗设职。切忌因人而设岗。

（2）专业化、系统化原则。各部门、单位应尽可能按专业化原则设置，以便使工作精益求精和提高效率。

（3）统一指挥原则。建立统一命令、统一指挥的系统，形成等级链。

（4）权责对等原则。上级要向下级授权，各级领导要有职有权，职权和责任要对等相称。责任到人就要权力到人，不能有责无权。

**3．集权与分权相结合原则**

企业中的权力分派应该合理化，应正确处理集权与分权的关系。集权是统一目标经营的需要，分权则是灵活应变经营的需要。应实行统一领导、分级管理、统分结合的管理体制。汽车维修企业在这一方面尤其要重视，正确处理好厂级领导、科室领导、车间、班组的权力分配，做到权力到位，职责到位。

## 5.2 汽车维修企业的生产管理

### 5.2.1 汽车维修服务流程

服务的核心就是执行流程，汽车维修服务工作中的关键过程分成十个环节，环环相扣，首尾相接，大致包括：预约服务、进站接待、车辆诊断、项目确认、休息接待、维修工作、内部交车、交车结账、用户回访、投诉处理。汽车维修服务全流程如图5.1所示。

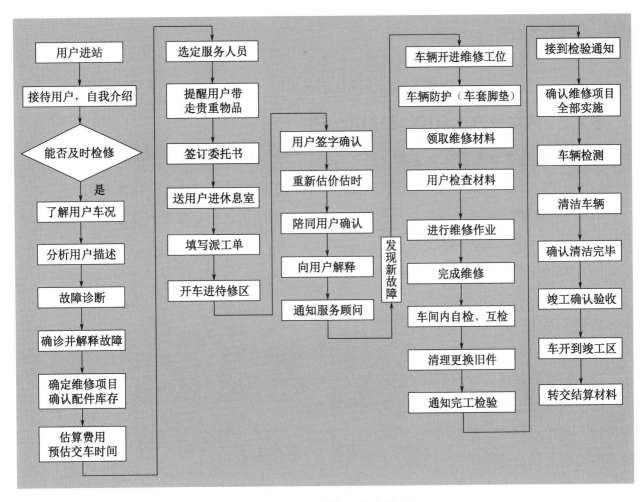

图 5.1  汽车维修服务全流程

汽车维修业务场景如下：

（1）当顾客打电话预约、陈述汽车故障或故障现象时创建维修委托单。

（2）为每个计划的维修活动或操作创建一个独立的维修项目，包括需要使用的汽车配件。软件系统中自动为维修项目和汽车配件报价，自动计算总的维修价格，可打印维修报价单给客户。

（3）检查所有必需的汽车配件都有库存量。

（4）给客户报价，经客户确认同意后，打印维修委托书并签名。

（5）汽车进厂后，如果是已经预约并已经开具委托单的，可进入车间安排检测、维修。否则从第一步开始。经检测再次确认维修项目，或增加或减少，与车主沟通确认。

（6）车间进行派工，按照系统设定，分配工时自动计算工资，打印派工单给维修工。维修工开始实施维修项目。

（7）需要配件的向配件仓库领用，仓库开领料单，并打印出来，领料人员签名后可取走。

（8）根据维修进度，车间进行一定的调度。

（9）车间维修完工后，进行维修检测。车间主管确认后，可填写维修结算单。

（10）财务人员进入结算单确认领用配件和维修项目后，系统自动计算实际维修金额。打印维修结算单给客户确认后，可进行财务结算并审核。审核时可生成维修服务跟踪记录，可打印汽车出厂放行条。

（11）可开具发票，并记录发票信息。

（12）车主凭汽车出厂放行条经门卫确认后可出门。

## 5.2.2 汽车维修前台接待职责和流程

**1. 前台接待员职责需注意事项**

（1）出迎及时，问好。新用户递交名片。（例：您好！请问有什么可以帮助您？）

（2）受理车辆需检查车身外观是否完好、内部功能是否使用正常以及是否有贵重物品等，都应与客户一一确认后，让其签字。

（3）始终保持微笑服务（包括领导/同事）。

（4）值班人员上班准时站在引导台（午休时间除外），并且做好引导台及前台卫生，以及上班的准备事项（计算机开机/单据整理等）。

（5）递水及时。时时关注客户，不要让其有被冷落的感觉。

（6）管理板使用。管理板显示情况须与在修车辆的真实情况相符。

（7）接待的车辆要跟踪全程直至目送客户离去。

（8）接车过程中，如有增减维修项目（或是需与客户沟通的）必须由接待员完成。若是技术性问题无法表述清晰的，可请客户到接待台，让师傅解释。

（9）估价单、车历卡在接待员描述清楚维修项目及维修费用后，由客户确认签名。

（10）对在修车辆，接待员要清楚其动态。上班的第一件事就是查看今天还有几台在修车辆，现在是什么状态，什么时间交车。

（11）完检后，接待员须再次检查确认（尤其是喷漆、大修及事故车）后，方可通知客户提车。

（12）接听所有来电都须做电话记录。

（13）结算时，发现有增加维修项目的，须告知客户，客户不同意增加时，应将故障及需做维修项目记录在DMS"完工检查"中的备注栏中，并且打印让客户签字确认。

（14）订件要落实。接待员须在订件前告知客户所订零件的价格、换件工时费用及到货日期，到货后及时通知客户来更换。

（15）下次保养千米数及时间在结算时告知客户，并将保养提示卡贴在左前门边上（标准胎压贴纸处）。

（16）送客时，须当着客户的面摘下三件套，并致谢、寒暄，目送客户离开（直到看不到后视镜为止）。

（17）问诊表、快修单填写完整规范。

（18）各类须填写的报表要及时、认真地填写。

（19）试车须经客户同意，并尽量让客户一同试车。

（20）尽量不要让客户进入车间，因特殊情况进入车间的客户，须挂参观牌。

（21）重视客户提出的每一个问题，并且尽量满足。例如：专人专修。

（22）若接待员次日休息，则须将当日未交车辆情况转交给其他接待员。

**2. 汽车维修前台接待流程**

汽车维修前台业务接待员，可以说是一家维修企业专业化形象的代言人，通过其工作有助于平均分配企业每天的工作量，增加维修单的销售工时数及零件数，为企业增加利润，同时减少返工量，提高劳动效率，进而提高客户的满意度和忠诚度，如图 5.2 所示。

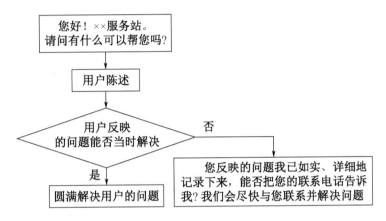

图 5.2　接听电话的工作流程

第一步：汽车维修前台接待流程之预约。

此步骤最重要的是：要让预约客户享受到预约的待遇，要与直接入厂维修客户严格区分开。这是决定此客户下次是否再次预约的关键因素。公司开业初期，此步骤比较难做。其主要原因是开始业务量较小，预约和直接入厂维修的客户从维修的时间来看区别不大。

安排客户预约的方法有以下几种：

A. 让客户知道预约服务的各种好处。

B. 在客户接待区和客户休息室放置告示牌，提醒客户预约。

C. 在对客户回访跟踪时，宣传预约业务，让更多的客户了解预约的好处。

D. 由接车员经常向未经预约直接入厂的客户宣传预约的好处，增加预约维修量。

第二步：汽车维修前台接待流程之接待。

客户将车辆停好后，由引导人员将其带入维修接待区域并根据公司要求介绍给某个接车员。此步骤其实就是一个接车员与客户沟通的过程，也就是一个问诊的过程。在此过程中，接车员应注意以下几个问题：

A. 问诊时长最少为 7 分钟，这样的好处是：

a. 可以更多、更准确地了解客户的需求。

b. 可以为公司挖掘潜在的利润。

c. 可以更多地了解客户性格，有利于后续的工作。

d．可以和客户建立一定的感情基础，有利于后续的工作。

B．技术方面的问题如果接车员自己解决不了，必须向车间的技术支持求助，不可擅自做主。

C．查验车辆要认真仔细，但应避免让客户感觉受到不必要的怀疑和不被信任。例如：查验车辆外观，可以说："×先生，您看这里有块剐蹭，什么时候您有时间，咱走个保险，我帮您把它修了。"或者"您看这块伤，您要是从这里上的保险，都不用您费什么事，我们直接就帮您把它修了，手续特别简单。"这样说既可以解决客户对于接车员查验车辆外观的抵触情绪，又可以间接地帮助公司创造利润。

D．查验车辆的同时，要当着客户的面铺三件套。即使客户客气地说"不用了"等话语，也要坚持这样做。

E．明确向客户建议，取走车内的贵重物品，并为客户提供装物品的袋子。如果有些物品，如导航仪等，客户不愿拿走，接车员可以将物品收到前台的储物柜中，并记录于查车单上。如果是大件物品，可以记录于查车单上，并向调度室说明此情况。

第三步：汽车维修前台接待流程之打印工单。

工单是指合同，要注意在客户签字之前，必须向客户说明几个问题。

A．工单中所做的服务项目。

B．工单中的服务项目工料合计约需要多少费用（估算值与实际值上下不能超过10%）

C．工单中的服务项目所需的大概时间。有些高端客户把时间看得可能比钱还重要。

D．是否保留更换下来的配件，放在后备箱还是什么地方。

E．是否洗车。这就是"五项确认"。另外还要注意：a．所维修的项目如果不是常见的维修项目，先要向配件咨询是否有货，如果没货多长时间到货。b．将客户车辆的车钥匙拴上钥匙卡，记明车牌号、工单号、接车员名字、车型、车辆颜色、车辆停放位置。c．如果客户有钥匙链，还要在工单明显处注明。

第四步：汽车维修前台接待流程之实时监控。

此步骤就是监督工作的进程，主要体现在以下两个方面：

A．完工时间。对于完工时间，在部门间的协作规定中，应该有这样的规定：维修技师根据工单的完工时间推算，如果不能按时完工，应及时提醒接车员。当天取车的至少提前半小时说明，隔天取车的最好提前一天说明。作为服务顾问也应该根据工单标明的完工时间，及时向车间控制室询问工作进度。如不能按时交车，必须主动提前向客户说明原委并道歉。

B．估价单。对于在车间检查出来的各种问题，服务顾问必须先自己搞清楚几个问题：a．隐性故障发生的原因，即为什么这个配件会有问题，以及此故障现在的实际损害程度。b．此隐性故障在现在或者将来可能会对客户本人或者客户车辆有什么样的损害。c．维修此故障需要的时间及费用。d. 如果估价单有很多隐性故障，就需要接车员本人来替客户甄别哪些故障是现在必须修理的，哪些是暂时不用修理的，等等。最好把各个故障到底是怎么回事以及损害的程度一一向客户说清楚，由客户定夺。

**3. 汽车维修行业务接待工作内容规定**

（1）业务厅接待前来公司送修或咨询业务的客户。

A．工作内容：

① 见到客户驾车驶进公司大门，立即起身，带上工作用具（笔与接修单）走到客户车辆驾驶区边门一侧向客户致意（微笑点头）：当客户走出车门或放下车窗后，应先主动向客户问好，表示欢迎（一般讲"欢迎光临"）；同时作简短自我介绍。

② 如客户车辆未停在本公司规定的接待车位，应礼貌引导客户把车停放到位。

③ 简短问明来意，如属简单咨询，可当场答复，然后礼貌地送客户出门并致意（一般讲"请走好""欢迎再来"）。如属需诊断、报价或进厂维修的应征得客户同意后进接待厅从空商洽；或让客户先到接待厅休息，维修企业工作人员检测诊断后，再与客户商洽。情况简单的或客户要求当场填写维修单或预约单的，应按客户要求办理手续。

④ 如属新客户，应主动向其简单介绍本公司维修服务的内容和程序。

⑤ 如属维修预约，应尽快问明情况与要求，填写"维修单预约单"，并呈交客户；同时礼貌告知客户：请记住预约时间。

B．工作要求：

接待人员要文明礼貌，仪表大方整洁、主动热情，要让客户有"宾至如归"的第一印象。客户在接待厅坐下等候时，应主动倒茶，并示意"请用茶"，以表示待客礼貌诚忱。

（2）业务答询与诊断。

A．工作内容：

① 在客户提出维修养护方面的诉求时，接待人员应细心专注聆听，然后以专业人员的态度、通俗的语言回答客户的问题。

② 在客户车辆需进行技术诊断才能作维修决定时，应先征得客户同意，然后维修企业人员开始技术诊断。

③ 接待人员对技术问题有疑问时，应立即通知技术部专职技术员迅速到接待车位予以协助，以尽快完成技术诊断。

④ 技术诊断完成后应立即打印或填写诊断书，应明确车辆故障或问题所在，然后把诊断情况和维修建议告诉客户；同时，把检测诊断单呈交客户，让客户进一步了解自己的车况。

B．工作要求：

在这一环节，维修企业接待人员要态度认真细致，善于倾听，善于专业引导；在检测诊断时，动作要熟练，诊断要明确，要显示本公司技术上的优越性、权威性。

（3）业务洽谈。

A．工作内容：

① 与客户商定或提出维修项目，确定维修内容、收费定价、交车时间，确定客户有无其他要求，将以上内容一一填入"进厂维修单"，请客户过目并决定是否进厂。

② 客户审阅"进厂维修单"后，同意进厂维修的，应礼貌地请其在客户签字栏签字确认；如不同意或预约进厂维修的，接待人员应主动告知并引导客户到收银处办理出厂手续（领"出厂通知单"），如有我方诊断或估价的，还应通知客户缴纳诊断费或估价费；办完手续后应礼貌送客户出厂，并致意"请走好，欢迎再来"。

B．工作要求：

与客户洽谈时，要诚恳、自信、为客户着想，不卑不亢、宽容、灵活，要坚持"顾客总是对的"的观念。对不在厂维修的客户，不能表示不满，要保持一贯的友好态度。

（4）业务洽谈中的维修估价。

A．工作内容：

与客户确定维修估价时，一般采用"系统估价"，即按排除故障所涉及的系统进行维修收费；对一时难以找准故障所涉及系统的，也可以采用"现象估价"，即按排除故障现象为目标进行维修收费，这种方式风险较大，维修企业人员定价时应考虑风险价值。针对维修内容技术含量不高，或市场有相应行价的，或客户指定维修的，可以用"项目定价"，即按实际维修工作量收费，这种方式有时并不能保证质量，应事先向客户作必要的说明。

维修估价洽谈中，应明确维修配件是由维修企业还是由客户方供应，用正厂件还是副厂件；并应向客户说明，凡客户自购配件，或坚持要求关键部位用副厂件的，维修企业应表示对技术质量不作担保，并在"进厂维修单"上说明。

B．工作要求：

在这一环节中，业务接待人员应以专业人员的姿态与客户洽谈，语气要沉稳平和，灵活选用不同方式的估价，要让客户对公司有信任感。应尽可能说明本公司价格的合理性。

（5）业务洽谈中的承诺维修质量与交车时间。

A．工作内容：

业务洽谈中，要向客户明确承诺质量保证，应向客户介绍公司承诺质量保证的具体规定。要在掌握公司现时生产情况下承诺交车时间，并留有一定的余地。特别要考虑汽车配件供应的情况。

B．工作要求：

要有信心，同时要严肃，特别要注意公司的实际生产能力，不可有失信于用户的心态与行为。

（6）办理交车手续。

A．工作内容：

客户在签订维修合同（即进厂维修单）后，接待人员应尽快与客户办理交车手续；接收客户随车证件（特别是二保、年审车）并审验其证件有效性、完整性、完好性，如有差异应当时与客户说明，并作相应处理，请客户签字确认差异；接收送修车时，应对所接车的外观、内饰表层、仪表座椅等进行一次视检，以确认有无异常，如有异常，应在"进厂维修单"上注明；对随车的工具和物品应清点登记，并请客户在"随车物品清单"上签字，同时把工具与物品装入为该车用户专门提供的存物箱内；接车时，对车钥匙（总开关钥匙）要登记、编号并放在统一规定的车钥匙柜内；对当时油表、里程表标示的数字登记入表。如即时送车于车间修理的，当车辆被交入车间时，车间接车人要办理接车签字手续。

B．工作要求：

视检、查点、登记要仔细，且要礼貌地请客户在进厂维修单上签名。

（7）礼貌送客户。

A．工作内容：

客户办完一切送修手续后，接待员应礼貌告知客户手续全部办完，礼貌暗示可以离去。如客户离去，接待员应起身致意送客，或送客户至业务厅门口，并致意："请走好，恕不远送"。

B．工作要求：热情主动、亲切友好、注意不可虎头蛇尾。

（8）为送修车办理进车间手续。

A．工作内容：

① 客户离去后，迅速整理"进厂维修单"（这时通过计算机，一些车辆统计报表也同时登记），如属单组作业的，直接由业务部填列承修作业组；如属多组作业的，应将"进厂维修单"交车间主管处理。

② 由业务接待员通知清洗车辆，然后将送修车送入车间，交车间主管或调度，并同时交随车的"进厂维修单"，并请接车人在"进厂维修单"指定栏签名并写明接车时间，时间要精确到分钟。

B．工作要求：

认真对待、不可忽视工作细节，更不可省略应办手续。洗车工作人员洗完车后，应立即将该车交业务员处理。

（9）追加维修项目处理。

A．工作内容：

业务部接到车间关于追加维修项目的信息后，应立即与客户进行电话联系，征求对方对增项维修的意见；同时，应告知客户由增项引起的工期延期。得到客户明确答复后，立即转达到车间。

如客户不同意追加维修项目，业务接待员即可口头通知车间并记录通知时间和车间受话人；如同意追加，即开具"进厂维修单"填写追加维修项目内容，立即交车间主管或调度，并记录交单时间。

B．工作要求：

咨询客户时，要礼貌；说明追加项目时，要从技术上作好解释工作；事关安全时，要特别强调利害关系，要冷静对待此时客户的抱怨，不可强求客户，应当尊重客户选择。

（10）查询工作进度。

A．工作内容：

业务部根据生产进展定时向车间询问维修任务完成情况，询问时间一般定在维修预计工期进行到70%～80%的时候。询问完工时间、维修有无异常。如有异常应立即采取应急措施，尽可能不拖延工期。

B．工作要求：

要及时询问，以免影响准时交车。

（11）通知客户接车。

A．工作内容：

① 作好相应交车准备：车间交出竣工验收车辆后，业务人员要对车辆做最后一次清理；清洗、清理车厢内部，查看外观是否正常，清点随车工具和物品，并放入车中。结算员应将该车全部单据汇总核算。

② 通知客户接车：一切准备工作之后，即提前一小时（工期在两天之内），或提前四小时（工期在两天以上包括两天）通知客户准时来接车，并致意："谢谢合作"；如不能按期交车，也要按上述时间或更早些时间通知客户，说明延误原因，争取客户谅解，并表示歉意。

B．工作要求：

通知前，交车准备要认真；向客户致意、道歉要真诚，不得遗漏。

（12）对取车客户的接待。

A．工作内容：

① 主动起身迎候取车的客户，简要介绍客户的车辆维修情况，指示或引领客户办理结算手续。

② 结算：客户来到结算台时，结算员应主动、礼貌地向客户打招呼，示意台前座位请客户落座，以示尊重；同时迅速拿出结算单呈交客户；当客户同意办理结算手续时，应迅速办理，当客户提出打折或其他要求时，结算员可引领客户找业务主管处理。

③ 结算完毕，应即刻开具该车的"出厂通知单"，连同该车的维修单、结算单、质量保证书、随车证件和车钥匙一并交到客户手中，然后由业务员引领客户到车场作随车工具与物

品的清点和外形视检，如无异议，则请客户在"进厂维修单"上签名。

④ 客户办完接车手续，接待员送客户出厂，并致意："××先生（小姐）请走好。""祝您一路平安！欢迎下次光临！"

B．工作要求：

在整个结算交车过程中，动作、用语要简练，不让客户觉得拖拉烦琐。清点、交车后客户接收签名不可遗漏。送客要至诚。

（13）客户档案的管理。

A．工作内容：

客户进厂后，业务接待人员当日要为其建立业务档案，一般情况，一车一档案袋。档案内容包括客户有关资料、客户车辆有关资料、维修项目、修理保养情况、结算情况、投诉情况等，一般以该车"进厂维修单"内容为主。

老客户的档案资料表填好后，仍存入原档案袋。

B．工作要求：

建立档案要细心，不可遗失档案规定的资料，不可随意乱放，应放置在规定的车辆档案柜内，由专人保管。

（14）客户的咨询解答与投诉处理。

A．工作内容：

客户电话或来业务厅咨询有关维修业务问题，业务接待人员必须先听后答，听要细心，不可随意打断客户；回答要明确、简明、耐心；答询中要善于正确引导客户对维修的认识，引导对公司实力和服务的认识与信任；并留意记下客户的工作地址、单位、联系电话，以利于今后联系。客户投诉无论电话或上门，业务接待员都要热情、礼貌接待；认真倾听客户意见，并做好登记、记录。

倾听完意见后，接待员应立即给予答复。如不能立即处理的，应先向客户致意：表示歉意并明确表示下次答复时间。

处理投诉时，不能凭主观臆断，不能与客户辩驳争吵，要冷静而合乎情理。投诉对话结束时，要致意："××先生（小姐），感谢您的信任，一定给您满意答复"。

B．工作要求：

受理投诉人员要有公司大局观，要有"客户第一"的观念，投诉处理要善终，不可轻慢客户。客户对我方答复是否满意要作记录。

（15）跟踪服务。

A．工作内容：

根据档案资料，业务人员定期向客户进行电话跟踪服务。跟踪服务的第一次时间一般选定在客户车辆出厂二天至一周之内。

跟踪服务内容有：询问客户车辆使用情况，对我公司服务的评价，告知对方有关驾驶与保养的知识，或有针对性地提出合理使用的建议，提醒下次保养时间，欢迎保持联系，介绍公司新近服务的新内容、新设备、新技术，告知公司免费优惠客户的服务活动。做好跟踪服务的记录和统计。通话结束前，要致意："非常感谢合作！"

B．工作要求：

跟踪电话时，要文明礼貌，尊重客户，在客户方便时与之通话，不可强求；跟踪电话要有一定准备，要有针对性，不能漫无主题，用语要简明扼要，语调应亲切自然。要善于在交谈中了解相关市场信息，发现潜在维修服务消费需求，并及时向业务主管汇报。

（16）预约维修服务。

A．工作内容：

受理客户提出的预约维修请求，或我公司根据生产情况向客户建议预约维修，经客户同意后，办理预约手续。

业务员要根据客户与我公司达成的意见，填写预约单，并请客户签名确认。

预约时间要写明确，需要准备价值较高的配件量，就请示客户预交定金（按规定不少于原价的二分之一）。

预约决定后，要填写"预约统计表"；要于当日内通知车间主管，以利于到时留出工位。预约时间临近时，应提前半天或一天，通知客户预约时间，以免客户遗忘。

B．工作要求：

通过使用客户管理卡和计算机中存储的客户档案，向客户提供无遗漏、高品质、时机适当的定期保养提醒等招徕活动服务。具体步骤如下：

a．通过客户管理卡和计算机中存储的客户档案，根据客户上次保养日期和行驶里程，计算出下次定期保养日期。

b．在客户下次入厂保养日期前7日，通过计算机中存储的客户档案，确认需要致电提醒的客户。

c．使用客户管理卡，通过发送手机短信、电子邮件等形式，在下次保养日期前7日对客户进行提醒。

d．在客户收到邮件和手机短信之后，在客户入厂日前5日，使用电话提醒客户下次入厂保养。

电话联络前，确认客户之前的维修保养的记录。电话联络客户，提醒客户下次该进行保养的日期及保养内容。询问客户最新的行驶里程并输入系统。记录客户其他特殊需求。如果客户有入厂保养的需求，对客户进行临时预约，确认客户入厂时间。确认入厂保养内容及其他客户需求。

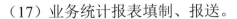

（17）业务统计报表填制、报送。

A．工作内容：

周、月维修车的数量、类型、维修类别、营业收入与欠收的登记、统计及月统计分析报告由业务部完成，并按时提供给财务部、分管经理、经理，以便经营管理层的分析决策。

B．工作要求：

按规定时间完成报表填报，日报表应在当日下班前完成，周报表应在周六下班前完成，月报表应在月末一天下班前完成，统计要准确、完整，不得估计、漏项。

（18）本制度使用以下十七种表格：

| | | |
|---|---|---|
| （1）进厂维修单 | （2）维修追加项目单 | （3）维修估价单 |
| （4）维修预约单 | （5）维修结算单 | （6）汽车检测诊断报告单 |
| （7）出厂通知单 | （8）售后服务卡 | （9）跟踪服务客户电话记录表 |
| （10）跟踪服务电话登记表 | （11）跟踪服务信函登记表 | （12）维修预约登记表 |
| （13）客户档案资料表 | （14）随车物品清单 | （15）业务统计表（周、月） |
| （16）行业相关市场情况报告表 | （17）公司业务状况分析报告表 | |

# 5.3 汽车维修企业突发事件处理

突发事件是指突然发生，造成或者可能造成严重社会危害，需要采取应急处置措施予以应对的自然灾害、事故灾难、公共卫生事件和社会安全事件，按严重程度分为一般突发事件、较大突发事件、重大突发事件和特别重大突发事件4个等级，社会安全事件不分级。

为贯彻落实"安全第一、预防为主、综合治理"的方针，积极应对安全生产事故，及时、高效、有序地开展事故应急工作，最大限度地减少人员伤亡和财产损失，保障人民群众生命安全，维护经济发展和社会稳定，依据《中华人民共和国安全生产法》《中华人民共和国消防法》《生产经营单位安全生产事故应急预案编制导则》《国家安全生产事故灾难应急预案》，制订本汽车修理服务企业内发生的突发事件的应对工作和事故的预防及处理预案。

## 5.3.1 安全生产综合应急预案

按照《生产安全事故报告和调查处理条例》规定的事故，事故级别分为以下4级：

特别重大事故，是指造成30人以上死亡，或者100人以上重伤（包括急性工业中毒，下同），或者1亿元以上直接经济损失的事故。

重大事故，是指造成10人以上30人以下死亡，或者50人以上100人以下重伤，或者5000万元以上1亿元以下直接经济损失的事故。

较大事故，是指造成3人以上10人以下死亡，或者10人以上50人以下重伤，或者1000万元以上5000万元以下直接经济损失的事故。

一般事故，是指造成 3 人以下死亡，或者 10 人以下重伤，或者 1000 万元以下直接经济损失的事故。

**1. 应急预案体系**

针对本单位可能发生的各类事故，危险源、装置、场所或设施而制订的专项应急预案和现场处置方案以及上级主管部门制订的应急预案。

**2. 应急工作原则**

（1）预防为主，自救为上的原则。

（2）以人为本，救人优先的原则。

（3）统一领导，分级负责，高效协调的原则。

（4）科学有序，科学处置的原则。

（5）防止和控制事故扩大的原则。

（6）保护环境优先的原则。

**3. 危险源与风险分析（见表 5.1）**

表 5.1　危险源与风险分析

| 序号 | 危险源 | 可能发生的情况 | 可能引发的诱因 | 后果 |
|---|---|---|---|---|
| （1） | 物体打撞 | 高空坠物引起的物体撞击，堆放材料，构件发生滑落，各类设备坍塌引起 | 安全防护失效违章作业 | 可能造成较大人员伤亡和财产损失 |
| （2） | 交通事故（车辆伤害） | 场内车辆，维修车辆的移动和试车 | 酒后开车，疲劳驾驶，机械失效，无管理措施 | 可能造成较大人员伤亡和财产损失 |
| （3） | 火灾 | 办公区、维修作业区停车场、建筑物发生火灾，汽车运行起火，停车场车辆起火 | 用电设施、线路老化，故障，人为操作因素，雷击，易燃易爆物品遇火，汽车运行试车故障和人为因素 | 可能造成较大人员伤亡和财产损失 |
| （4） | 危化品等泄漏爆炸 | 压力容器（液化气罐、乙炔气瓶、氧气瓶、油箱）泄漏引起的爆炸 | 管理问题，压力容器未按规定管理，存放不符合要求，设备老化，违章操作 | 可能会造成重大人员伤亡、财产损失和环境破坏，引发火灾 |
| （5） | 触电 | 电器、设施、设备线路漏电 | 违反操作规程，设备、线路老化 | 可能造成人员伤亡 |
| （6） | 灼烫 | 电、气焊割的高温，汽车的发动机排气管高温的接触 | 违反操作规程 | 可能造成人员伤亡 |
| （7） | 坍塌 | 公司使用建筑物和附加建筑的坍塌 | 质量问题，违章作业 | 可能造成较大人员伤亡 |
| （8） | 高空坠落 | 高空作业人员发生坠落，因设施失效或防护失效造成人员坠落 | 无防护，踏空绊倒，违章作业 | 可能造成人员伤亡 |
| （9） | 起重伤害 | 各类起重设备，举升机、吊装发动机作业时造成的伤害 | 违章作业，起重设备失效，保护装置失灵 | 可能造成人员伤亡 |

续表

| 序号 | 危险源 | 可能发生的情况 | 可能引发的诱因 | 后果 |
|------|--------|----------------|----------------|------|
| （10） | 机械伤害 | 各种机械设备可能造成的人体的挤、碰、压、碾、切、扭、卷、旋、钻、刨、砸等伤害 | 设备故障，警示提醒标识缺失，违章作业 | 可能造成人员伤亡和财产损失 |
| （11） | 中毒和窒息 | 受限空间内窒息，油漆、汽油有害气体引起中毒，一氧化碳中毒 | 喷烤漆房违章操作规程，作业场地空气不流通 | 可能造成人员伤亡和财产损失 |
| （12） | 容器爆炸 | 空压机贮气筒压力过高 | 减压阀、气压表失灵，设备老化 | 可能造成人员伤亡和财产损失 |
| （13） | 自然灾害 | 自然灾害引发的次生安全生产事故 | 台风、洪水、地震、暴雨、冻雨、山体滑坡 | 可能造成较大人员伤亡和财产损失 |

**4. 组织机构和职责**

（1）应急组织体系图（如图5.3所示）。

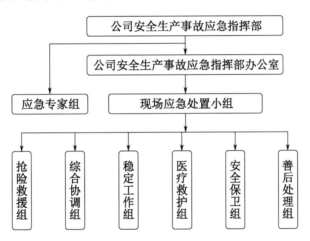

图5.3 应急组织体系图

（2）应急指挥机构和职责。

① 应急指挥部。

公司应急指挥部是公司安全生产事故应急救援的领导和指挥机构，总指挥（由公司总经理兼任），副总指挥一名（由公司分管安全生产的副总经理兼任），指挥部由公司其他领导和各部门领导组成。

② 指挥部职责。

a. 贯彻落实有关安全生产和安全生产事故的法律、法规和政策。

b. 审定、批准公司安全生产事故预案及相关措施。

c. 指挥、协调公司安全生产事故的预防预警、应急准备、应急响应、应急救援和善后处理工作。

d. 协调与上级和政府部门的关系，做好公共关系管理。

e．监督、管理安全生产事故应急体系的建设工作。

f．按政府和上级指令，调动公司应急队伍实施外部应急救援和开展工作。

（3）应急指挥部办公室。

应急指挥部办公室设在公司安全管理部门，办公室主任由安全科科长担任，办公室职责如下：

① 处理公司安全生产事故应急指挥部的日常管理工作。

② 协调、联络安全生产事故应急机构和部门。

③ 组织专家对公司安全生产事故预案的评审和备案工作。

④ 指导、协调、监督公司和各部门的预案的编制、评审或论证、发布、备案、培训、演练和修订工作。

⑤ 做好安全生产事故应急信息的收集、分析、评估资料整理、归档工作。

⑥ 检查各部门执行公司指挥部决定的情况。

（4）相关部门职责。

① 安全管理部（安全科）：负责公司应急指挥部办公室的日常工作，负责协调公司一级和二级安全生产事故的应急行动，负责抢险救援组工作。

② 销售部：负责综合协调组工作。

③ 配件部：负责稳定工作组工作。

④ 财务部：医疗救援工作。

⑤ 市场部：负责善后处理组工作。

⑥ 维修车间：负责安全保卫组工作。

（5）应急处置小组职责。

① 抢险救援组：负责事故现场的抢险救援工作。

② 综合协调组：负责与上级部门、政府联系、协调、调度各类应急资源。

③ 稳定工作组：负责安全生产事故期间和后续一个时期的人员稳定和各种稳定工作。

④ 医疗救护组：负责联系医疗机构或急救中心等救援工作。

⑤ 安全保卫组：负责建立事故或安全生产事故现场警戒区域，维护现场秩序，保障救援行动或疏导工作，物资的交通畅通，避免不必要的伤亡，杜绝次生事故和其他事情的发生。

⑥ 善后处理组：负责处理善后事宜等。

**5．预防与预警**

（1）危险源的监控预防。

① 加大对安全生产事故各种危险源的关注和监控，始终保持高度的警惕，收集安全生产事故的信息，认识其危害性。

② 加大对非人为因素的预防，做好自然灾害、灾难事故、公共卫生事件的防范教育和救援、应对的准备。

③ 加强安全法规的学习，加强安全生产事故应对法的学习，在思想上做好充分的准备。

④ 人为因素的预防，加强安全教育、政策法规教育。

⑤ 对于重大流行传染病知识的教育。

（2）预警行动。

① 预警信息来源。

各级政府及相关部门提供的预警信息，本公司收集的信息。

② 预警信息报送与发布。

指挥部办公室要及时、准确地向公司指挥部报告安全生产事故应急情况，并根据安全生产事故的危害性和紧急性有权发布、调整和解除预警信息。

（3）预警的分级。

按照安全生产事故特别重大事故、重大事故、较大事故、一般事故的四个级别分为四级预警。

（4）信息报告与处置。

① 信息报告、通知、上报与传递。

a．公司应急指挥部办公室设立 24 小时应急值班电话。

b．各部门收到的安全生产事故信息要在 1 小时内报告应急指挥部办公室。

c．应急指挥部办公室接到报告后，应按相关程序开展应急工作。

d．对自然灾害、公共卫生和社会安全方面的安全生产事故可能引起安全生产事故的信息应及时通报各部门，及时向下传达。

② 安全生产事故发生后报告程序（如图 5.4 所示）。

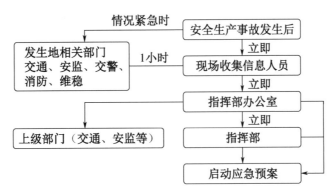

图 5.4　安全生产事故发生后报告程序

**6．应急响应**

（1）响应分级。

公司指挥部应急实行分级响应，根据可能发生的安全生产事故性质严重程度、可控制性和影响范围，应急响应分为四级，安全生产事故发生后，一级至三级的事故由公司指挥部负责处置，四级的事故由指挥部办公室和相关部门处置。

（2）应急响应的行动。

一级至三级响应启动后，公司总经理、分管安全的副总经理将带领相关人员赶赴现场。

四级响应启动后，指挥部办公室和安全管理部门赶赴现场开展工作，并及时汇报现场情况。

（3）应急响应工作程序和内容。

① 现场先期紧急处置：安全生产事故发生后，现场人员必须迅速作出反应，根据现场情况立即向公司或有关部门报告，紧急时可越级报告，并在第一时间开展工作，先期处置，迅速控制危险源，最大限度减少人员伤亡和财产损失，稳定秩序。

② 分级启动应急预案：按照本预案的要求，采取具体行动。

③ 应急恢复同时进行：减灾和恢复行动能同时进行的，指挥部牵头做好恢复和减灾工作。

④ 扩大应急：若事态扩大，本公司力量不足时，要立即向上级单位汇报，请求增援。

⑤ 应急响应流程图（如图 5.5 所示）。

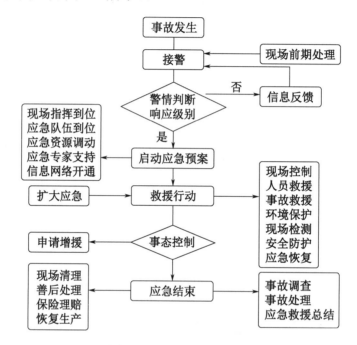

图 5.5　应急响应流程图

（4）应急人员的安全防护。

现场应急救援人员应根据需要携带相应的防护装备，采取安全措施，保护好自身安全。

（5）相关人员的安全防护。

现场应急救援或处置工作组要组织应急救援人员，要与当地政府相关部门做好保护群众安全需要采取的措施，做好应急状态下对群众的疏散、转移和安置工作。

（6）现场检测与评估。

应急救援工作应根据需要，评估安全生产事故发展趋势、预测后果，为制定现场实施方案提供参考和指导。

（7）应急结束。

① 安全生产事故现场得以控制，环境和秩序符合相关标准，次生、衍生事故或情况隐患消除。

② 对安全生产事故的调查处理：要对安全生产事故进行全面的调查，做好真实记录。

③ 对应急救援工作进行总结：对应急救援情况的经过，应急预案启动和执行情况，现场处置情况，应急救援队伍装备、物资及社会资源调用情况，应急方案和措施执行情况等进行调查分析，总结和改进建议。

④ 上报程序：一级至三级的应急救援工作结束后，总结报告，公司在 30 天内报上级相关部门。

### 7. 信息发布

安全生产事故应急预案响应程序后，有关的信息发布由公司请示上级部门后，再作安排。

### 8. 后期处置

（1）公司将对安全生产事故发生后造成的损失和影响进行评估，分析原因。

（2）做好人员的安置和补偿。

（3）清理与处理现场。

（4）恢复交通秩序和生产。

（5）保险索赔等相关工作。

（6）作业场地及其公司场地的恢复。

（7）协调征用物资、车辆的补偿。

（8）对应急能力评估和应急预案的修订。

### 9. 应急保障措施

（1）通信与信息保障。

建立健全公司与上级部门、相关部门的信息网络系统，建立公司各部门、应急救援人员的信息系统，为开展应急工作、组织调度工作提供信息支持。

（2）应急队伍保障。

公司要选择思想素质好、技术全面、身体健康的人员组建和完善应急队伍，配备必要的应急救援设备和装备，定期进行培训和演练，增强应对安全生产事故的能力。

（3）现场与抢险救援装备保障。

① 安全防护用品：防护服、安全网、安全带、防护面罩。

② 电气设备：发电机、电焊机、切割机、照明设备。

③ 给排水设备：水泵、水带、水管、阀门等。

④ 检测设备：有毒、有害检测仪器。

⑤ 通信设备：对讲机、手机等。

⑥ 通风设备：通风机、鼓风机。

⑦ 水工设备：抽水机、潜水泵。

⑧ 消防设备：灭火器。

⑨ 垃圾清理：垃圾袋、垃圾车和运输车。

⑩ 急救药箱：现场简单救助所用药品、器具。

⑪ 施救拖车：清理其他车辆。

（4）交通运输保障。

公司要服从政府部门对交通运输保障的征调，最大限度地满足应急救援和处置工作的要求。

（5）物资与技术储备，同时明确各类专业人才对应急处置的技术要求。

各部门应根据各自职能，认真做好应急物资储备工作。具体内容如下：

① 审核应急物资储备规划。

② 部门安全生产事故等应急物资的储备规划。

③ 消防救生、防爆等应急物资的储备规划。

④ 环境污染事件等应急物资的储备规划。

⑤ 工程设备部：负责工程机械建工安全等应急物资的储备规划。

⑥ 工务：负责电力应急物资的储备规划。

⑦ 医疗救援物资的储备规划及后勤保障（如车辆等）。

⑧ 应急物资分类储备及应急保障。

（6）政策、法规宣传的保障。

应急队伍人员要有较高的政策、法规水平，对于突发事件要做好政策、法律、法规的宣传，做好劝离劝阻工作。

（7）对于公共卫生的技术保障。

要在专业人员的指导下，加强病毒的防御工作和保护消毒工作，加强防疫防病措施的检查、落实。

（8）社会安全保障。

配合公安民警增强对恐怖人员的防范意识，加强检查，加强辨识恐怖人员，加强安全防范措施。

（9）资金保障。

公司要做好应急救援的必要的资金准备，纳入公司企业年度预算。

**10．培训与演练**

（1）加强对安全生产事故应急预案的宣传，普及突发事件预防、避险、自救和互救知识，加强对应急救援队伍人员应急预案的培训，经培训合格后才可参加现场应急救援。

（2）公司每年至少组织一次应急预案演练，每半年至少组织一次现场处置方案演练，并对演练进行总结，持续改进。

**11．奖惩**

（1）公司将对下列部门和人员给予物质和精神奖励。

① 出色完成安全生产事故应急处置任务，成绩显著的。

② 防止或抢救有功，使国家、集体和人民财产免受损失或减少损失的。

③ 应急时提出重大建议和措施，实施效果显著的。

（2）责任追究：对下列行为之一的，按法律、法规及有关规定，对有关责任人，视情节轻重和危害后果，由公司或上级部门予以行政处分，属于违反治安管理行为的，由公安机关依照法律、法规予以处罚，构成犯罪的由司法机关处理。

① 不按照规定制订应急预案，拒绝履行应急准备义务的。

② 不按照规定报告、通报事故真实情况的。

③ 拒不执行各类应急预案的，不服从命令和指挥，或者在应急响应时，临阵脱逃的。

④ 盗窃、挪用、贪污应急工作资金或物资的。

⑤ 妨碍应急工作或者破坏活动的。

⑥ 扰乱社会秩序、散布谣言的。

⑦ 其他危害突发事件应急工作行为的。

**12. 应急预案备案**

本公司安全生产事故应急预案报公司上级部门、本区域安监部门备案。公司指挥部办公室每三年对本预案进行一次修订。

### 5.3.2　汽车维修企业环境污染事故专项应急预案

随着汽车使用量的日益增多，汽车维修行业造成的环境污染事故也日益增多，为了及时、迅速、有序地处理发生的环境污染事故，消除环境污染事故造成的后果，保护环境、保护人民群众不受伤害，按《环境保护法》《固体废物污染环境防治法》《大气污染防治法》《突发事件应对法》的要求，结合汽车维修企业的特点，制订预案。

**1. 汽车维修污染事故类型**

（1）汽车维修污染事故的定义。

汽车维修企业在汽车维修的过程中，违反《环境保护法》等一系列环境保护的法律、法规和技术要求以及意外因素或不可抗拒的自然灾害原因造成环境的污染给企业环境、社会环境和人民群众造成环境的污染和伤害的事故。

（2）汽车维修污染事故的主要类型。

① 水污染事故，指水体因某种物质的介入，而导致其化学、物理、生物特性的改变，从而影响水的有效使用，危害人体健康或者破坏生态环境造成水质的恶化的现象，汽车维修会导致地下水或水源地以及周边水质的污染。

② 大气污染事故，指空气中污染物的浓度达到或超过了有害的程度，导致对人和生物造成危害，甚至造成对生态系统的破坏，主要来自汽车排放的一氧化碳、硫化氢，来自汽车喷漆的粉尘、苯、甲苯、二甲苯的排放，会造成一定的社会危害。

③ 噪声和振动危害事故。汽车维修中产生的噪声超过了国家规定的环境噪声标准，干扰他人的正常学习、工作、生活而造成损失和伤害的。

④ 固体危险废物的污染事故。汽车维修行业产生的固体危险废物构成主要包括一般性生活废物和生产废物，危害并造成环境污染的含有有机溶剂的包装物或含有有机溶剂的废物（主要来源于喷涂用漆的包装物及喷涂作业过程产生的被污染物），废活性炭或者吸附棉（主要来源于烤漆房排放治理过程产生的被污染物），废矿物油与含废矿物油的废物（主要来源于车用润滑油及被污染物）以及废铅酸蓄电池、废轮胎等危险废物，由于在收集、存储、处置流程没有依法处理而生成的污染事故。

⑤ 废机油污染事故。废机油、废机油滤清器、废机油壶是汽车维修行业产生的重要危险废物，由于处置能力缺失，存储及防范设施严重缺失，其大量露天堆积存放，对大气、水体、土壤造成巨大污染的事故。

（3）汽车维修污染事故的危害程度分析。

① 一般污染事故，是指由于汽车维修中对环境造成的污染或破坏行为造成的直接经济损失在 1000 元以上 1 万元以下以及造成厂区环境 50 平方米以下污染的污染事故。

② 较大环境污染事故，是指汽车维修带来的污染或环境破坏行为造成的直接经济损失在 1 万元以上 5 万元以下（不含 5 万元），人员因此发生中毒症状，因环境污染引发厂群冲突，给社会环境造成恶劣影响的以及造成厂区 50～100 平方米污染的污染事故。

③ 重大环境污染事故，是指汽车维修带来的污染环境或破坏环境行为造成的直接经济损失在 5 万元以上 10 万元以下（不含 10 万元），人员发生明显中毒症状，可能会导致伤残后果，因环境污染而造成周边人群中毒症状的，社会环境安定受到影响的以及厂区 100～200 平方米污染面积的，对环境造成较大的污染事故。

④ 特大环境污染事故，是指由于汽车维修的污染或破坏行为造成的直接经济损失在 10 万元以上的，周边人群发生了明显中毒症状，有人员中毒死亡，因环境污染使当地经济、社会的正常秩序、生产活动受到严重影响的，对环境造成严重危害的污染事故。

**2. 汽车维修环境污染事故应急处置的基本原则**

汽车维修企业一旦发生环境污染事故，应急处置要符合以下处置原则。

（1）企业的相关领导和职能部门要"以人为本"，在日常工作中要加大对环境污染事故应急预案的学习和宣传，树立环境保护的法治观念和增强对污染事故的处置能力。

（2）设立初始隔离区，防止污染事故扩大，要确保人员安全。紧急疏散转移隔离区内的所有无关人员，尽量封闭事故现场，保护事故现场。

（3）控制污染源的原则。为防止次生事故的发生，要及时进行对污染事故的处置，应急人员要尽快进入现场，佩戴防护用品，定时监控空气中的有毒物质的浓度，对水体进行监测，控制污水的排放，严控污染区域扩大，及时调整隔离范围，对污染物实施堵漏、回收、中和等办法，将污染程度降到最低。

（4）防火防爆的原则。对于易燃易爆污染物的泄漏应使用防火防爆工具，及时分散和稀释泄漏物，防止爆炸的发生和引发次生灾害，火灾或爆炸发生时要立即启动防火防爆应急预案。

（5）医疗救护必须佩戴个人防护用品，对受伤人员、中毒人员必须迅速进行抢救，及时送医院救治，要组织有可能受到污染物伤害的人员和群众进行体检。

（6）自救互救原则。事故初期要迅速组织应急队伍进行自救互救，防止事故的扩大。

（7）及时上报，争取外援的原则。为了减少损失、防止事故范围的扩大，在发生事故后的第一时间要上报相关部门和单位，争取获得应急部门的支持。

（8）统一指挥的原则。应急处置工作必须在企业应急救援领导小组的领导下和应急救援队的具体操作下开展处置工作，同时要积极配合相关部门的指导。

**3．组织机构和职责**

（1）成立企业环境污染事故应急救援领导小组。

领导小组由企业总经理（厂长或负责人）分管环保副经理或副厂长及生产、安全、设备、环保、保卫等负责人组成。

（2）成立应急救援队伍。

企业环境污染应急救援队伍由以下人员组成。

① 应急救援组：主要负责污染现场的救援处置工作，对污染场地实行控制、监控、堵漏、洗消、救助伤员等工作，设立警戒区和警戒标志，防止次生事故的发生，防止污染事故的扩大。

② 事故协调组：及时将污染事故上传下达，按程序进行汇报，协调内外力量的救援，协调事故调查，做好善后工作，提出处理意见。

③ 后勤组：负责应急物资的供应、保管工作，对伤员进行医疗救护、人员的转移安置等工作。

**4．预防和预警**

（1）污染源的预防监控。

① 企业要对污染源进行全面的监控，严密监控污染源的安全状态以及向事故转化临界状态的各种数据，及时发出预警信息给相关部门和现场人员，把事故隐患消除在萌芽状态。

② 在污染源的现场要设置警示标志和隔离区，加强对设备的维护管理，加强对设备的检测，做好记录。

③ 对安装环保设备的排水口、排气口要定期进行检测，加强污染源的现场管理。

④ 建立健全环境保护管理制度和责任制，落实预警职责。

⑤ 保证治理污染的资金投入。

⑥ 对管理人员和员工要加强环保意识的教育，认真学习《环境保护法》《大气污染防治法》《汽车维修业大气污染物排放标准》《固体废物污染环境防治法》，明确汽车维修对环境造成的污染和污染事故的原因，明确环保标准和操作规程，明确应对措施。

⑦ 建立环保管理档案。污染物的数量和处理结果要有记录。

⑧ 当环境保护的工艺、防护、设备、环境等发生重大变化时，要对企业的环境保护工作重新进行评估。

（2）预警行动。

① 预警条件：一旦形成的污染状况达到一般污染事故的可能，相关人员或部门要立即发出预警信号。现场一线人员要立即报告当班领导。

② 按照"早发现，早报告，早处置"的原则，环境监督员或环保职能部门要对预警信息作出评估，采取下一步行动或者报告应急领导小组。

③ 环保职能部门或应急领导小组对发生的态势要作出判断，情况一旦控制不了，要立即发出预警预报，组织应急队伍采取救援行动。

**5. 污染事故的报告程序**

（1）污染事故一旦发生或形成，现场人员应立即向本工位、本班组、本车间、本部门的负责人报告，并逐级上报，也可直接向单位负责人或应急领导小组成员报告。

（2）单位负责人或应急领导小组成员接到报告后，应立即通知应急救援队伍的协调组，视事态的发展采取行动，视事故的情况是否向本辖区环保或应急救援部门报告，但应在一小时内向环保部门报告。

（3）情况紧急的，事故现场的有关人员也可以直接向环保部门和应急救援部门报告，以便尽快得到救援。

（4）辖区环保部门报警电话：

辖区应急救援部门电话：119；医疗卫生救援电话：120。

（5）事故现场人员向上级报告事故内容：发生时间和地点，事故的简要经过，事故已造成或可能造成的污染情况或伤亡人数，已经采取的措施。

（6）事故单位向上级部门报告的内容：事故发生单位概况，事故发生的时间、地点以及事故现场情况，事故经过，事故已经造成或可能造成的伤亡人数和初步估计的直接经济损失，已经采取的措施、应急行为级别等。

**6. 应急响应**

（1）应急响应分级。

① 一级应急响应：发生了特大环境污染事故由市一级环保部门和市应急救援部门统一指挥，企业配合统一采取的应急救援行动。

② 二级应急响应：发生重大环境污染事故，由辖区环境保护部门和辖区应急救援部门统一指挥，企业配合采取各项救援行动。

③ 三级应急响应：发生较大和一般环境污染事故，由企业应急领导小组和应急救援队伍开展救援行动。

（2）响应程序。

① 当污染事故达到三级应急响应（厂级）的污染事故启动条件时，企业应急领导小组立即下达命令，启动专项应急救援预案，开展救援工作。

② 根据污染事故的发展情况，启动其他的（火灾安全）应急预案。

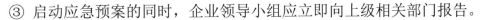

③ 启动应急预案的同时，企业领导小组应立即向上级相关部门报告。

**7. 环境污染事故应急处置措施**

（1）气体类危险污染物泄漏的现场救援处置措施。

① 防护等级及标准。根据泄漏的气体的毒性和易燃性划定危险区域，确定相应的防护等级，目前汽车维修企业使用的气体，主要是低毒、微毒的，属于轻度危险区，主要使用简易滤毒罐、面罩或口罩、毛巾等防护器材进行防护。

② 掌握泄漏情况。首先要了解是否已造成人员伤亡，气体泄漏的储量、泄漏量、泄漏时间、部位、形式、扩散范围、周边地形、电源、风向，确定处理方案。

③ 监测。要密切监测风向、风速、浓度，确定攻防线路，设施的使用办法和可能发生的情况（切断可能发生爆炸、燃烧的危险源）。

④ 加强警示警戒。巡察情况，监测状况后要确定警戒区域，设立警戒标志，严格控制人员、车辆出入，控制电源、火源，严格控制应急救援人员数量，应急救援人员不要在泄漏区域内的顶部、井口和下水道口滞留。

⑤ 控险。启用喷淋、泡沫灭火器，选定污染源，铺设水带，有序开展工作，将泄漏气体稀释，降解泄漏浓度。

⑥ 堵漏。所有堵漏行动必须采取防爆的措施，确定安全后才可以关闭阀门，切断泄漏源，对于不同的泄漏源罐体、管道、阀门、法兰采用不同的堵漏方法。

⑦ 洗消和清理。堵漏完成后使用相应的洗消药剂对现场进行清洗，清理现场事故泄漏源，确保不留残气，做好移交工作。

（2）液体危险污染物泄漏的现场救援处置措施。

① 防护等级及标准。按泄漏液体的毒性划定危险区域，确定相应的防护等级。

② 掌握泄漏情况（同气体处置措施，略）。

③ 监测（同气体处置措施，略）。

④ 加强警示警戒（同气体处置措施，略）。

⑤ 控险。启用喷淋、泡沫及消防用品有序开展工作，用干砂土、水泥粉、煤灰等围堵或导流，防止泄漏的危险液体向主要的设备设施或危险源（电源、库房）流散，用灭火器泡沫或泡沫发生器喷射泡沫充分覆盖泄漏的液面，及时切断电源、火源等引发爆炸、火灾的危险源。

⑥ 堵漏。如果是易燃液体的泄漏，所有堵漏行动都必须采取防爆措施，在确保安全的情况下切断泄漏源。

⑦ 洗消和清理。少量残液用干砂土、水泥粉、废木粉等吸附、收集后进行技术处理或视情况倒入空旷地方掩埋或按危险废物处置，对与水进行反应或溶于水的，也可以直接用水大量稀释，将污水放入废水处理系统。

大量残液的要按危险废物进行处置、收集，在污染的地面上要撒上中和化合物和洗涤剂浸洗，用大量的直流水清洗，污水排入废水处理系统。

（3）雨季含油污水泄漏事故应急处理措施。

① 雨季前隐患排查。汽车维修车间，废油储存地在雨季前要及时对排水系统进行检查，确保畅通，对于明沟内的积油或水沟封井内的积油过多的要清理。

② 关注天气。一旦遇到暴雨，下雨后要按照车间的清理水分流的原则进行检查落实，准备好防水倒灌的应急物资。

③ 监控油面。环保监督员和一线员工要严密监视水沟隔油液面的变化，当液面上涨过快时，要启动备用水泵加大排水量，确保隔油池液面不超过离顶部半米高度。

④ 抽水。雨量过大、厂内积水超过防油扩散高度的，要立即启动抽水泵，向规定区域抽排雨水。

⑤ 堵油。下水井油面上升过快时，要防止冒油向水沟排走，用吸油物质堵住冒油点，以防止废油冒出。

（4）危险固体废物污染事故应急处理措施。

《最高人民法院、最高人民检察院关于办理环境污染刑事案件适用法律若干问题的解释》第一条第二款规定：非法排放、倾倒、处置危险废物3吨以上的，应当定为"严重污染环境"，"严重污染环境"的将构成污染环境罪，处3年以上7年以下有期徒刑并处罚金。对单个汽车维修企业而言，一年累计危险废物很容易达到3吨的标准，一旦处理不当，将面临违法甚至犯罪。

一旦发生危险废物处理不当，形成了严重污染环境后果的，要立即采取如下措施：

① 危险废物要分类堆放，分区贮存，防止露天存放，防止对大气、水体、土壤的污染，同时要防扩散、防流失、防渗漏。

② 在危险废物堆放、贮存区要设立警示标志。

③ 严禁将危险废物与一般垃圾混堆混放。

④ 不与没有资质的处理企业签订危险废物处置协议，不找收购废品人员帮忙处理，自己不将危险废物乱倒乱扔。

⑤ 及时找有资质的企业运输、回收、处置危险废物，不让危险废物累计超过3吨。

⑥ 不要随意将危险废物焚烧，自行处理。

### 8. 应急保障

（1）应急装备保障。

应急装备是开展应急救援工作必不可少的条件，事故现场必须具有个人防护用品和相关设备。

（2）应急队伍保障。

要组成一支经过应急救援培训的合格的应急队伍，要有对环境保护和环境污染事故处置能力的专业技术人员，在紧急情况下可以提供救援的其他单位或部门的人员。

# 5.4 汽车维修企业管理者

没有先进的管理机制和理念，再先进的技术和设备都难以转化成经济效益，只有先进的管理机制和理念才能推动从技术到效益的转化。因此，管理者的管理能力和技巧起着重要的作用。

## 5.4.1 汽车维修企业管理者及其角色

何谓管理，至今众说不一。有人说管理就是通过别人去把某件事情办好，有人说管理是创造一种良好的环境以完成预定目标的活动。管理科学创始人之一的法约尔则认为："管理就是计划、组织、指挥、协调和控制。"管理学家西蒙则说："管理就是决策。"上述说法虽然表述不同，但无疑都揭示了管理概念的不同侧面，也启迪我们了解管理的实质及一般特征。管理的一般特征如下：

A．管理的目的是有效地实现组织预期的目标；

B．管理的实质是协调；

C．管理既是科学，又是艺术；

D．管理具有结合性和应用性。

综上所述，管理就是管理者将计划、组织、领导和控制等职能用于管理对象，使之协调，以达到预期目标的活动过程。

管理者——在管理活动或管理学中所说的管理者，是指从事管理工作的人员。管理者在组织内通常要扮演人际关系、信息传递以及决策制定等方面不同的角色。

**1. 领导和管理的区别**

管理更多地强调执行计划，领导则是更多地建立愿景、建立目标、树立理想。管理者更多的是管理现状，而领导则是更多地创造未来。管理要很具体，而领导则要视野宽阔，能看到全局战略。管理集中于事，领导则集中于人，管理是引领别人去做事，而领导强调的是引领人、感召人，引发人自觉地行动。如果说管理关注内部，那么领导则是关注外部。管理是指挥、控制和监督，而领导更多的则是授权、激励和教练。如果说管理是正确地做事，那么领导就是做正确的事。如果说管理要强调制度和流程，那么领导就强调原则。如果说管理是复制，那么领导则是未来。管理是怎样做，领导则是做什么。管理主要来自于职务赋予他的权力，即刚性权力，而领导更多的是基于影响力，即柔性权力。领导者拥有这种影响力是内在的，而不是别人赋予的，与岗位无关。而管理者则是通过组织授予权力。因此，领导者拥有追随者，而管理者只有下属。管理者是用制度去约束人，其下属是被动地做事；而领导者的追随者却是主动做事。

**2. 人际关系方面的角色**

（1）挂名首脑。其特征活动是迎接来访者、签署法律文件等。

（2）领导者。其特征活动是从事所有的有下级参与的活动。

（3）联络者。其特征活动是从事外部委员会工作。

**3. 信息传递方面的角色**

（1）监听者。其特征活动是收集各种信息，保持私人接触。

（2）传播者。其特征活动是举行信息交流会，用各种方式传达信息。

（3）发言人。其特征活动是举行新闻发布会、向媒体发布信息等。

**4. 决策制定方面的角色**

（1）创新者。其特征活动是制定战略，检查决策执行情况，开发新项目等。

（2）混乱驾驭者。其特征活动是制定战略，检查混乱和危机的原因等。

（3）资源分配者。其特征活动是调度、咨询、授权，从事涉及预算的各种活动和安排下级的工作。

（4）谈判者。其特征活动是在主要的谈判中作为组织的代表，参与工会进行的合同谈判。

由于管理活动中组织类型的不同，组织内处于不同层次的管理者扮演角色的侧重点是不同的，这就是管理者角色的变动。

**5. 组织中的管理层次**

管理层次是指在职权等级链上从最高管理人员到最低工作人员所设置的管理职位的级数，一般分为高层、中层和基层。高层又称决策层，中层又称执行层，基层又称操作层。

**6. 管理者角色变动**

由于组织中的管理者分别处于不同管理层次，从事不同层次、不同岗位的管理工作，因此他们在组织运行中多角色上的扮演频率、程度等均不同，见表5.2。

表5.2 管理者角色变动

| | 决策角色 | 信息角色 | 人际关系角色 | |
|---|---|---|---|---|
| 高层管理者 | | | | 中层管理者 |
| 中层管理者 | | | | 基层管理者 |

从表 5.2 中可以看出，高层管理者最重要的角色是决策角色，其他次之。中层管理者的角色分配基本是一致的，就是说各种角色的侧重点基本相同。基层管理者最重要的角色是人际关系的角色，其他次之。

## 5.4.2 汽车维修企业管理者的能力

成功的管理者应具备各种能力，最关键的要具备创新能力、转化能力、应变能力和组织协调能力。

**1. 创新能力**

创新能力是指组织在长期创新活动过程中积累的创新经验、知识、技能和相关资源等组合成的综合能力体系。

管理者的管理创新能力是其内在素养和社会、组织等因素相互影响产生的一种效应。心理学家认为，一个人的创新能力与本人的气质、情绪、习惯、态度、观念、才能等各方面素养有着密切关系。富有创新能力的管理者，一般有下列主要特征：

（1）兴趣广泛。对任何事物都有一种好奇心理，往往能从平凡中发现奇特，从习以为常的现象中找到"异常"之处，从细微中见到不足。对环境有敏锐的洞察力。能及时找出实际存在的与理想模式之间的差距，能觉察到别人未注意的情况和细节，能不断发现人们的潜在需要和潜能，并巧妙地加以运用。

（2）具有系统思维和辩证思维的特征。善于从多角度看问题，善于举一反三、触类旁通，能想出较好的点子和办法，提出不同凡响的主张。

（3）具有独立意识。对现成的事物和看法不盲从，勇于跳出一般观念的思维习惯，坚持自己的主张，坚定地走自己的路。

（4）具有自信心。深知所做事情的价值，即使遭到阻挠和困难，也不改变初衷，总是勇往直前，直到成功。

（5）直面困境。敢于对常人无法忍受的困境鼓足勇气，大胆探索，不屈不挠，不怕失败，直至取得突出的成果。

**2. 转化能力**

转化能力是指优秀管理者将创意转化为可操作的具体工作方案的能力。管理者在转化过程中常用以下技能：

（1）综合技能。综合技能是一种转化能力，即把各种可行的途径和方法综合起来系统化，将其规范成一种可帮助创意实施的综合方案。综合也是一种创造，将现有的综合了，就可能产生新的思路和方法。

（2）移植技能。移植技能是一种转化能力，即管理者通常能在管理中将其他领域的一些方面或者非管理领域中的一些方法创意转化到管理实践中，结果往往能得到意外的成功。

（3）改造技能。改造技能也是一种转化能力，即管理者用现有的方法和途径进行改造，从而找到适合的创意，使之向实施方案转化。这要求管理者不仅应有管理方面的创意，还要有实践方面的创意，并有实践的能力。

（4）重构技能。重构技能也是一种转化能力，即管理者将现有的实践方法、步骤、技巧，根据管理的创意要求进行重新组合，从而构造实现创意的新方法、新途径，以推动创意的顺利实施。或者说是要打破现状、按照新的构想重新进行的决心和能力。

（5）创新技能。创新技能也是一种转化能力，即管理者在转化过程中的创新。这是因为转化过程实际上也是创新的过程，转化能力在转化过程中也表现为创新能力。

**3. 应变能力**

应变能力是指主观思维的一种"快速反应能力"，是管理者创造能力的集中表现。管理本身就是应变的产物，没有良好的应变基础，在管理实施过程中就容易出现问题。管理者的应变能力表现在很多方面，其中主要体现为以下几点：

（1）能在变化中产生应对的创意和策略。在环境和条件发生明显改变时，管理者面对的是非程序性、突发性、危机性问题，或者在日常管理中，也不断遇到新的问题、陌生的人和事，都需要有应变能力，在这些变化的环境与条件下，能够迅速悟出创意以及制订一整套应变方案。现代管理中的危机管理就是探讨与解决这方面的问题。

（2）能审时度势，随机应变。不变是相对的，变是绝对的，变化有急变和渐变之分，以不变应万变，说的是身处某种变化之中的心态，某种方法也许并不具有普遍性，在管理中并没有不变的道路，竞争的环境与市场中，不变可能是追求的宗旨，而变化创新是其过程和现实。应变能力就是要善于判断当时的形势，虽不能产生完整的创意，但也能找到应对之策。这种能力非常重要。

（3）在变化中识别方向，持之以恒。管理的过程是一个动态的过程，也就是说，管理本身是在变动的环境甚至变化了创意和实施方案的状态下进行的。管理者应变能力的强弱还表现在这一动态过程中，是否能采取应变的对策并识别创新方向，继续推动管理向最后取得成功的方向前进，这是非常重要的。

**4. 组织协调能力**

组织协调能力主要是指管理者在管理活动中，精于组织，善于协调，把组织成员团结到为实现组织目标而齐心协力工作中的能力。管理者的组织协调能力主要表现为以下几点：

管理者能在实施管理的一群人中培养出一种团队精神，即齐心协力、积极主动争取成功的精神。团队精神在管理的过程中有其特殊的效用。实践证明，在没有团队精神的组织行为过程中，会产生严重的"搭便车"行为，从而导致合作的崩溃。

管理者能够有效地根据管理过程中各个阶段不同资源配置的要求，组织不同资源并让其在各自的位置上正常运作。

管理者能够强化个体与整体的协调与反馈。个体的特点是分散性，这种具有分散性的个体必须与整体协调一致，才能形成整体的能力，从而保证管理目标的达成。

## 5.5 汽车维修企业的管理艺术

### 5.5.1 客户沟通

汽车的故障千变万化，进入汽车维修企业修理的车辆车型繁多，就客户群而言，有零散私家车和大型车队。在市场竞争激烈的当今，客户（车主）们的要求却是一致的，那就是维修服务的质量要高，个性化服务要多，维修的价格要低。而现在汽车维修企业的厂房的投资、仪器设备的投资、技术的投资、人才的投资及客户关系的投资却越来越高，企业如何在这种新的环境下继续生存和发展，如何与客户建立稳定、良好的合作伙伴关系是汽车维修企业的重要工作之一。

客户（车主）与汽车维修企业、维修服务人员在任何时刻都可能发生服务接触。正是在这些接触过程中，客户对汽车维修企业有了了解和信任，优质的服务能够给客户带来生动、深刻的印象，从而提高了客户的满意度和忠诚度。但一次不愉快的服务就可能导致修理业务的失败，使企业丧失客户，在经济上蒙受损失。因此，与客户的沟通工作就显得尤其重要。

汽车维修企业与客户的沟通工作主要有以下几个方面。

**1．维修前沟通**

在客户没有修理需求时，维修企业主动为客户提供咨询、保养等方面的服务，向客户介绍本维修企业的服务项目、技术水平、维修价格等内容，使客户对企业有一定的了解，成为客户车辆维修的首选对象。

**2．维修中沟通**

（1）详细了解客户车辆故障症状，提出修理方案。

（2）提出修理费用预算。

（3）跟踪修理过程，将修理方案以外出现的需修项目及时通知客户。

（4）协调其他未尽事宜。

（5）车辆修竣后及时通知客户接车。

**3．维修后沟通**

（1）出厂后三天内电话回访，询问车辆状况，继续跟踪服务。

（2）如车辆出现抛锚，及时安排抢修。

（3）通知客户车辆定期回厂检修和维护。

## 5.5.2　员工沟通

汽车维修企业的员工沟通工作对企业的健康发展尤其重要。因为维修企业的员工工作性质与产品单位的员工有较大的区别，他们在工作时大都直接面对客户，他们的一言一行都能对客户产生较大的影响，能左右客户对企业的信任度。所以维修企业要与员工保持畅通的沟通渠道，认真对待员工，解决他们在工作中遇到的实际问题，齐心协力，共同做好优质服务，提高修理质量，提高企业经济效益和个人收入，达到双赢的目的。企业应着重抓好以下几方面的沟通工作：

A．企业理念和管理要求的沟通。

B．薪酬的沟通。

C．主人翁思想的沟通。

D．服务规范的沟通。

E．行为规范的沟通。

### 5.5.3　企业文化

**1．企业文化的定义**

企业文化就是企业的价值取向与行为规则系统，包括企业的价值观、信念、仪式、符号、处事方式等组成的特有文化形象和行为模式。

**2．企业文化的构成**

企业文化基本分为三个层面。

（1）精神文化层。企业精神文化的构成包括：企业核心价值观、企业精神、企业哲学、企业伦理、企业道德等。

（2）制度文化层。制度文化包括企业的各种规章制度以及这些规章制度所遵循的理念，如人力资源理念、营销理念、生产理念等。

（3）物质文化层。企业物质文化的构成包括：企业容貌、企业标志、企业宣传曲、文化传播网络。

企业的精神层为企业的物质层和制度层提供思想基础，是企业文化的核心；制度层约束和规范精神层和物质层的建设；而企业的物质层为制度层和精神层提供物质基础，是企业文化的外在表现和载体。三者互相作用，共同形成企业文化的全部内容。

 案例

**管理的哲学**

**1．背景资料**

A公司拥有一套独特的管理文化，借助于这套管理文化和管理哲学，A公司采取了多元产品的发展策略，使企业将创新渗透各个领域、各个环节及企业管理的各个方面。迄今为止，A公司总共已经开发了5万种新产品，几乎年年会有新的产品问世和新部门成立。

**2．A公司企业文化和管理哲学**

（1）培育热衷奉献的企业精神和"创新斗士"。A公司企业文化最大的特色，就是公司所推行的热衷奉献的企业精神和培育"创新斗士"的战略，在这种企业理念的指引下，大力开展多元化经营策略，它所从事的行业很多，其中胶带与其相关产品（包括透明胶带）的营业额最大，占其营业总额的17%，其他营业项目包括印刷系统、研磨剂、黏胶、建筑材料、化学制品、保健药品、摄影产品、录音机、电工制品等。

A公司在实施企业文化和企业精神培育过程中，极力培养员工"热衷奉献"的企业精神。公司决策层指出，具备热衷奉献的企业精神是企业员工从事任何工作所必需的，就拿新产品开发来说，没有热衷奉献的企业精神，公司的新产品就不可能有今天的成功。财富杂志对于这种观念曾作评论如下：最令A公司感到欣慰的是，公司每一个人在开发新产品时，或是把别人没有信心的产品成功地推入市场时，或想要大量生产降低成本时，都能把产品当作自已的事业一样来处理，而且上司多半都放手让他们这样做。A 公司非常重视建设"创新斗士"的支援系统，公司管理人员成为创新者的保护者。由于公司的创新传统由来已久，主管本身必然经历过开发新产品的过程，如作风怪异、不按牌理出牌、曾遭受封杀、热衷埋头苦干于某项发明工作，也许曾在那儿对着自己心爱的发明熬了 10 年以上。但是如今，身为主管，坐镇在那儿，负责保护年轻一辈，使他们免于公司其他职员的干扰。在 A 公司，主管为了保护这些年轻的"创新斗士"，往往会来上一堂企业文化教育课，在鼓励创新者的同时，批评干扰者，为创新者开辟创新的通道和创造良好的创新环境。在 A 公司，"斗士主管"并非是顶头上司，而是雇来利用他的耐心和技术，负责培养新生代的"创新斗士"。

为了保证 A 公司培育热衷奉献的企业精神和"创新斗士"的制度，A 公司实施奖励制度，不论是对整个小组还是个人，都有鼓励作用。当他们的产品发展计划越过重重障碍、有所成就时，小组里每位成员都会因此获得晋升，这样，"创新斗士"自然获益匪浅。

（2）鼓励创新、不畏失败的企业价值观。A 公司历来有鼓励创新、不畏失败的企业传统，对于成功者，他们给予款待，对于失败者，他们也照样给予鼓励。就是在这样的鼓励下，公司年轻的工程师勇敢地带着新构想，跨出象牙塔，到处冒险。在公司的价值观里，几乎任何新产品构想，都是可接受的。对于失败者，在公司里不但不会被训斥，反而会受到鼓励，所谓"有志者事竟成"，公司决策层鼓励员工这样做。

为什么这样的方式能在 A 公司做得如此成功呢？很简单，A 公司利用各种激励机制，鼓励主事者这样做，任何一个创新小组的筹划者，只要他能争取到外来的基金来支援小组的研究开发，他就会获得相当的报偿奖励。这项规定也同样有效地应用到部门主管之间。此外，在 A 公司还有许多直接的奖励制度，促使你寻找机会推销你的构想，或是尽可能找机会发掘新构思。

在 A 公司的企业文化中最重要的一个观念，也是公司一再强调的观念，就是整体性和系统性，公司的成功绝不仅仅是建立在一两个因素上，当然，不可否认，"创新斗士"、"斗士主管"和创新小组是整个创新过程的重心。然而，他们之所以能成功，主要还是因为各方面的支援、公司价值系统的支持、有容忍失败的气度、采取渗透特殊市场的策略、密切的顾客关系、由小而大的开发研究方式、频繁而不拘形式的沟通、设备齐全完善的实验场所、富有弹性的公司人事组织、没有过多的纸上谈兵与繁文缛节、激烈的内部竞争，综合这些因素，经过多年来一起共同发挥作用，才使得 A 公司这种创新产品的策略能有今天如此杰出成功的表现。

**3. A 公司容忍失败的宽宏大量**

在一个积极、创新、追求成功的企业环境中还有一大特色，那就是容忍失败的宽宏大量。A 公司的企业文化中的信条之一就是：你必须接受失败。对失败的容忍精神已成为杰出公司的精神内涵之一。A 公司的这个企业文化的精髓是直接由公司高层灌输和培养起来的，这种企业精神和"创新斗士"意味着企业在创新中必须经历无数的试验，遭受多次失败；否则，就无法从失败中学习新的知识。不过，最值得注意的是：经常性沟通，能将失败所带来的打击与惩罚减少到最低程度。在那种环境中，上司与下属、同事之间是开诚布公的。互相沟通，交换意见，你根本无法隐瞒任何事情，而且实在没有必要这样做。因此，"创新斗士"的支援系统很多，支援的方式更是不虞匮乏。"创新斗士"是不会自然而然就产生的，所谓时势造英雄，要有适当的环境才能培养出来，如公司的传统精神、多方面的支援系统、对失败的容忍态度等，鼓励培养出这批努力不懈的"创新斗士"，而不只限于几个富有创意的奇才。

### 5.5.4　激励原则

调动下属的积极性去完成领导者确定的某一特定目标，这就是激励，就是要不断地为被领导者灌注新的动力。确切地说，这需要领导者在用人实践中采取各种有效的手段使被领导者甘于为领导者所用，而且主动、自觉、积极、尽其所能。激励作为一种刺激积极性的手段，可以运用于整个用人过程的任何一个阶段，其中包括遴选阶段、使用阶段和评估阶段。

**1. 激励的原则**

（1）实绩原则：实绩原则就是以下属的实绩为依据，给予适当的激励。

（2）鼓励冒尖的原则：在用人行为中，领导者对技艺超群、成就卓越的优秀人才给予必要的肯定和奖励。这一用人原则称为鼓励冒尖原则。

（3）赏罚分明的原则：激励下属必须正确评价下属工作中的是非功过，对下属工作中的功过要赏罚分明。这一原则称为赏罚分明原则。

**2. 激励的手段**

一般来说，激励手段主要有以下三种：

（1）物质激励。调整物质分配的量和质的激励手段属于物质激励。物质激励通常包括颁发奖金和奖品、晋升工资、享受优厚的物质待遇等。

（2）精神激励。调整精神传递的量和质的激励手段属于精神激励，是一种"不花钱"的有效激励手段。诸如授予先进模范称号、颁发奖状、宣传报道先进事迹、晋升职务等。

（3）知识激励。及时提供必要的知识和信息的激励手段属于知识激励。知识激励主要包括：向各类人才提供必要的知识更新和获取信息的机遇，如定期输送到大专院校和各类培训机构深造，参加各种科技知识讲座，加强与各类专家、学者的接触，建立高效率的信息情报网络，到先进地区参观学习等。

以上三种激励手段，各有自己的不同用途。在实际运用时，它们都和实绩原则有着密切的联系。应根据不同的对象、不同的情况，从中选择最有效的一种或多种激励手段，加以灵活运用，唯有这样，才能取得最理想的激励效果。

**案例**

最近，记者就激励问题采访了某公司总裁。总裁就如何调动员工的积极性，员工绩效评价，股权激励以及团队建设做了精彩的阐述。

记者：第一次从事管理工作，你是如何调动员工积极性的？

总裁：我非常幸运地成为公司的一个新部门——塑料制品部的第一任经理。当我雇用第一名员工时，我们组成了一个两人团队，我从没有把自己当作老板。而后，我们雇用了一个又一个新员工，大家一起去我家吃饭，一起过周末，一起参加社交活动，一起星期六加班。我们不用备忘录来交流消息，整个部门就像一个家庭杂货店，大家共同出谋划策，而无等级之分，我想一个企业就应该这样运作。

记者：你一般花多少时间用于对雇员的业绩评估？

总裁：至少一半的时间。你看（他掏出一个大笔记本，上面画满了图表，每个部门都有相关的图表，反映每个员工的情况），这是一个动态的评估，每个人都知道自己所处的位置。第一类占10%，他们是顶尖人才；其次是第二类，占15%；第三类是中等水平的员工，占50%，他们的变动弹性最大；接下来是占15%的第四类，需要对他们敲响警钟，督促他们上进；第五类是最差的，占10%，我们只能辞退他们。根据业绩评估，每个员工都会知道他们处在哪一类，这样没有人会抱怨得不到赏识。

记者问：你的评估将决定是否给予他们股票期权作为奖励，是吗？

总裁：第一类员工会得到股票期权，第二类中的大约90%和第三类中的50%会得到股票期权，第四类员工没有奖励。图表是最好的工具，哪些人应该得到奖励，哪些人应该打道回府，一目了然。

记者：你是如何调动一般员工的积极性的？

总裁：让他们明白他们有上升到第一或第二类的可能，他们有机会选择何去何从，他们当中最好的那些人才会得到股票期权的奖励。

记者：在员工奖励方面，你认为物质奖励和精神鼓励哪个重要？

总裁：对一位表现出色的员工进行奖励是管理过程中一个很重要的部分。奖赏对员工而言，不应该是可望而不可即的，就像鼻子碰着玻璃而穿不过去那样，我希望他们能得到他们应得的。精神鼓励和物质奖励都是必要的，两者缺一不可。我遇到过只给员工发奖章的老板，他认为多给钱是愚蠢的。我认为这大错特错，金钱和精神鼓励应双管齐下。

记者：你如何评价你的高层管理人员？你也鼓励他们相互竞争吗？

总裁：我鼓励他们在工作上相互竞争，但不要有个人恩怨。我们的做法是将奖赏分为两个部分，一半奖励他在自己的业务部门的表现，另一半奖励他对整个公司发展的贡献。如果自己部门的业绩很好，但对公司发展不利，则奖金为零。

# 5.6 汽车维修企业质量信誉考核

## 5.6.1 企业质量信誉考核的意义与要求

汽车修理企业质量信誉考核是一项有效的管理手段，可以帮助修理厂客观评估自身的服务水平与竞争力，加强对服务质量的监控，发现并解决问题，提高客户的满意度和忠诚度。

另外，通过考核，能够促进行业健康有序地发展，对于整个行业的发展具有极其重要的作用。

通过诚信机制的建设，促进广大机动车维修企业加强服务意识，转变服务理念，改善服务设施，规范服务行为，提高服务质量，创建服务品牌，切实注重人才培养，增强技术能力，规范经营行为，提高维修质量，提供社会满意的服务，实现真正意义上的"诚信修车"，促进整个行业的协调发展。

《机动车维修企业质量信誉考核办法》第二十一条规定，道路运输管理机构可以根据机动车维修企业质量信誉等级的高低，对企业采取推荐参加政府采购招投标、重大事故车维修、加入全国机动车维修救援网络等激励措施。

质量信誉考核，是指在考核周期内对机动车维修企业的从业人员素质、安全生产、维修质量、服务质量、环境保护、遵章守纪和企业管理等方面进行的综合评价。

机动车维修企业质量信誉考核工作应当遵循公平、公正、公开和便民的原则。

交通运输部负责全国机动车维修企业质量信誉考核工作。县级以上人民政府交通主管部门负责组织领导本行政区域的机动车维修企业质量信誉考核工作。

县级以上道路运输管理机构按照交通运输部《道路运输企业质量信誉考核办法（试行）》中规定的职责，负责具体实施机动车维修企业质量信誉考核工作。

机动车维修企业质量信誉等级分为优良、合格、基本合格和不合格，分别用 AAA 级、AA 级、A 级和 B 级表示。

**1. 机动车维修企业质量信誉考核指标**

（1）从业人员素质指标：维修技术人员获取从业资格证件情况；

（2）安全生产指标：安全生产制度实施情况及安全生产状况；

（3）维修质量指标：质量保证体系建设和实施情况；

（4）服务质量指标：服务公示情况、有责投诉次数、服务质量事件和用户满意度；

（5）遵章守纪指标：守法经营和违章情况；

（6）环境保护指标：环保设施设备技术状况和运用情况，废气、废水、废油以及空调制冷剂等维修废物回收处理情况；

（7）企业管理指标：质量信誉档案建立情况、企业形象、获奖情况、连锁经营情况。

**2. 工作流程**

（1）自评阶段。

机动车维修企业向辖区考核工作机构申请进行质量信誉考核，报送本企业下列材料：

① 《汽车维修企业质量信誉档案》（见附件 5.1，盖公章的原件 1 份）；

② 《汽车维修企业质量信誉考核申请（评定）表》（见附件 5.2，盖公章的原件 1 份）；

③ 《机动车维修经营备案表》（复印件 1 份），或原道路运输经营许可证正本、副本（复印件各 1 份）。

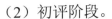

（2）初评阶段。

考核工作机构组织按照《\*\*年度\*\*市机动车维修企业质量信誉考核记分标准》对辖区机动车维修企业进行核实、打分。

（3）公示和评定阶段。

考核工作组将考核情况和初评结果汇总，上报市交通运输局局长办公会审议。审议通过后，在市交通运输局网站上进行为期 15 天的公示，根据公示反馈情况确定考核结果和评定等级。

（4）考核结果上报阶段。

市交通运输局考核工作组按要求将全市机动车维修企业考核 AAA 级企业名单上报（自治区）交通运输厅。

### 5.6.2 汽车维修企业质量信誉考核记分标准

汽车维修企业质量信誉考核记分标准见表 5.3。

表 5.3 汽车维修企业质 量信誉考核记分标准

| 考 核 项 目 | | 分值（分） | 评 分 标 准 |
|---|---|---|---|
| 一、从业人员 | | 50 | 满足《汽车维修业开业条件》（GBT 16739—2014）关于人员的要求，不按要求配备的扣 10 分/人 |
| 二、安全生产 | | 150 | |
| 1．安全生产制度 | | 60 | 无安全生产责任制或安全应急预案的，不得分；制度不健全或执行不到位的，无安全生产学习例会和自检自查记录的，扣 10 分/项 |
| 2．安全保护措施和消防设施 | | 30 | 按规范制定各类机电设备的安全操作规程并明示在相应的工位或设备处；安全防护和消防设施应有明显的警示、禁令标志，设置地点应明示管理要求和操作规程。不合格的扣 10 分/项 |
| 3．安全事故 | | 60 | 发生生产安全责任事故，造成人员受伤住院的，扣 30 分/起；造成人员死亡的，扣 60 分 |
| 三、维修质量 | | 250 | |
| 1．质量保证体系 | | 40 | 质量保证体系建设不完善或执行不到位的，无现行有效的与汽车维修有关的法律、法规、规章和标准等文件资料的，扣 10 分/项 |
| 2．维修配件 | （1）采购登记 | 20 | 采购的维修配件未按要求进行登记的，扣 5 分/件 |
| | （2）旧件处理 | 20 | 换下的配件、总成未交托修方自行处理的，扣 5 分/件 |
| | （3）配件明示 | 20 | 未将原厂件、副厂件、修复件分别明码标价的，扣 5 分/件 |
| 3．质量保证 | | 40 | 未按规定执行机动车维修质量保证制度的，扣 10 分/辆次 |
| 4．竣工出厂合格证 | | 40 | 未按规定签发竣工出厂合格证的，扣 10 分/辆次 |
| 5．汽车维修电子健康档案 | | 70 | 未安装接入汽车维修电子健康档案系统直接定为 B 级；未按要求上传数据的，扣 70 分 |
| 四、服务质量 | | 200 | |
| 1．服务公示 | | 20 | 未公示服务机构、流程、监督台（包括服务人员照片、工号、监督电话）以及投诉程序的，扣 5 分/项 |
| 2．维修透明度 | | 40 | 维修项目未与车主沟通的，扣 10 分/辆次；修车现场不可视的，扣 10 分 |

| 考核项目 | 分值（分） | 评分标准 |
|---|---|---|
| 3. 用户满意度 | 30 | 用户满意度100%起，每降低5%，扣3分 |
| 4. 有责投诉 | 60 | 有责投诉，扣30分/次；被媒体曝光，经查实存在严重损害维修行业信誉行为的，扣60分 |
| 5. 服务质量事件 | 50 | 发生重大服务质量事件的，扣50分 |
| **五、遵章守纪** | **150** | |
| 1. 未将《机动车维修经营备案表》或《道路运输经营许可证》悬挂在经营场所的醒目位置 | 10 | 扣10分 |
| 2. 变更名称、法定代表人等事项，未按规定备案 | 10 | 扣10分 |
| 3. 未按规定公布机动车维修工时定额和收费标准 | 15 | 扣15分 |
| 4. 机动车维修工时单价未按规定备案 | 10 | 扣10分 |
| 5. 只收费不维修或者虚列维修作业项目 | 20 | 扣20分/辆次 |
| 6. 未使用规定的结算清单格式 | 10 | 扣5分/辆次 |
| 7. 未按规定报送统计资料 | 20 | 扣10分/次 |
| 8. 未按照有关技术规范进行维修作业 | 30 | 扣5分/辆次 |
| 9. 非法转让出租机动车维修经营备案证件 | 25 | 扣25分 |
| **六、环境保护** | **150** | |
| 1. 环保设施设备 | 30 | 环保设施设备技术状况不能满足要求的，扣10分/台（套） |
| 2. 维修废物 | 80 | 废气、废水、废油、空调制冷剂、废蓄电池、废轮胎及垃圾等有害维修废物回收处理不符合要求的，扣20分/项 |
| 3. 厂区环保 | 40 | 通风、吸尘、净化、消声效果不符合要求的，扣10分/项 |
| **七、企业管理** | **50** | |
| 质量信誉档案建立 | 50 | 未建立质量信誉档案的，扣50分，建立的质量信誉档案不够完善的，扣30分 |
| **八、加分项目** | **100** | |
| 1. 企业形象 | 30 | 员工统一标志并示证上岗的，加30分 |
| 2. 连锁经营 | 20 | 连锁经营超过3个网点的，加20分 |
| 3. 市厅级以上集体荣誉称号 | 50 | 获得市厅级荣誉称号的，加20分；获得省部级集体荣誉称号的，加50分 |

说明：1. 所有项目的考核分，不计负分，扣完本项目规定分数为止。

2. 连锁经营是指企业总部按照统一采购、统一配送、统一标识、统一经营方针、统一服务规范和价格的要求，建立连锁经营的作业标准和管理手册，并由企业总部对连锁经营服务网点经营行为实施监管和约束。

附件 **5.1**

# 汽车维修企业质量信誉档案

企业名称：＿＿＿＿＿＿＿＿＿＿（章）

建档时间：＿＿＿＿＿年＿＿＿＿＿月

表 5.1.1　企业基本情况

| 企业名称 | | | 经营地址 | | | |
|---|---|---|---|---|---|---|
| 法人代表 | | 备案编号或许可证号 | | 营业执照号 | | |
| 联系电话 | | 邮政编码 | | 电子邮箱 | | |
| 经营类别 | | | 经济类型 | | | |
| 经营项目 | | | | | | |
| 分公司名称及所在地 | | | | | | |
| 主要维修或特约维修车型 | | | | | | |
| 企业人员总数 | 人 | | 技术负责人员和质量检验人员 | 人 | | |
| 维修工人总数 | 人 | | | | | |
| 机修、电器、钣金、涂漆技术人员 | 人 | | 车辆技术评估技术人员 | 人 | | |
| 业务接待员 | 人 | | 价格结算员 | 人 | | |
| 备注 | | | | | | |

表 5.1.2　安全生产事故记录

| 事故时间 | 事故地点 | 事故原因 | 死伤人数 | 经济损失 | 处理情况 |
|---|---|---|---|---|---|
| | | | | | |
| | | | | | |
| | | | | | |
| | | | | | |

表 5.1.3　服务质量事件记录

| 事件时间 | 事件简介 | 事件原因 | 社会影响 | 通报部门或机构 |
|---|---|---|---|---|
|  |  |  |  |  |
|  |  |  |  |  |
|  |  |  |  |  |
|  |  |  |  |  |

表 5.1.4　违章经营情况记录

| 违章时间 | 责任人 | 违章事实 | 查处机关 | 行政处罚和通报情况 |
|---|---|---|---|---|
|  |  |  |  |  |
|  |  |  |  |  |
|  |  |  |  |  |
|  |  |  |  |  |

表 5.1.5　投诉情况记录

| 投诉人 | 投诉时间及方式 | 投诉内容 | 曝光媒体名称 | 社会影响及处理 | 受理部门 |
|---|---|---|---|---|---|
|  |  |  |  |  |  |
|  |  |  |  |  |  |
|  |  |  |  |  |  |
|  |  |  |  |  |  |

表 5.1.6　企业管理情况

| 质量信誉档案建立情况 |  |
|---|---|
| 连锁经营情况 |  |
| 服务人员统一标志及示证上岗情况 |  |
| 获得市厅级以上集体荣誉称号情况 |  |

附件 5.2

# 汽车维修企业质量信誉考核申请（评定）表

企业名称：＿＿＿＿＿＿＿＿＿＿

考核年度：＿＿＿＿＿＿年

### 表 5.2.1　汽车维修企业质量信誉考核申请表

（各类维修企业通用）

| 企业名称 | | | 经营地址 | | |
|---|---|---|---|---|---|
| 法人代表 | | 备案编号或<br>许可证号 | | 营业执照号 | |
| 联系电话 | | 邮政编码 | | 电子邮箱 | |
| 经营类别 | | | 经济类型 | | |
| 经营项目 | | | | | |

企业申请：本企业申请参加_____年度质量信誉考核，并声明本表及其他相关材料所提供的信息均真实有效，本企业承诺遵守交通运输部《机动车维修企业质量信誉考核办法（试行）》及有关的管理规定。

申请日期：　（章）　　　年　月　日

| 材料列表 | 1.《机动车维修企业质量信誉考核申请表》<br>2.《机动车维修企业质量信誉考核评分表》<br>3.《机动车维修经营备案表》或原道路运输经营许可证正本、副本<br>4.其他材料 | 提交人：<br>提交日期：　　　年 月　日<br>受理单位：　（章）<br>受理人：<br>受理日期：　　　年 月　日 |
|---|---|---|
| 备注 | | |

表 5.2.2　汽车维修企业质量信誉考核评分表

（一、二类汽车维修企业使用）

| 考 核 项 目 | | 分值（分） | 评 分 标 准 | 企业自评分 | 初评得分 | 终评得分 |
|---|---|---|---|---|---|---|
| 一、从业人员管理 | | 50 | | | | |
| 1．岗位人员配备 | | 20 | 维修企业负责人、维修技术负责人、维修质量检验员、维修行业务员、维修价格结算员：每岗位配备≥1人。（一类企业不能兼职，二类企业允许一人二岗，可兼任一职）机修人员、电器维修人员、钣金人员、涂漆人员：一类企业每岗位配备≥2人；二类企业每岗位配备≥1人。配备不齐的，扣10分/人 | | | |
| 2．人员从业资格 | | 30 | 技术负责人员：具有机动车维修或相关专业大专以上学历或中级以上专业技术职称；质量检验人员：具有高中以上学历；从事机修、电器、钣金、涂漆、车辆技术评估（含检测）作业的技术人员：具有初中以上学历。从业资格不合格的，扣10分/人 | | | |
| 二、安全生产 | | 150 | | | | |
| 1．安全生产制度 | | 60 | 无安全生产责任制或安全应急预案的，不得分；制度不健全或执行不到位的，无安全生产学习例会和自检自查记录的，扣10分/项 | | | |
| 2．安全保护措施和消防设施 | | 30 | 按规定制定各类机电设备的安全操作规程并明示在相应的工位或设备处；安全防护和消防设施应有明显的警示、禁令标志，设置地点应明示管理要求和操作规程。不符合上述任何一项要求的，扣10分/项 | | | |
| 3．安全事故 | | 60 | 发生生产安全责任事故，造成人员住院的，扣30分/起；造成人员死亡的，扣60分 | | | |
| 三、维修质量 | | 250 | | | | |
| 1．质量保证体系 | | 40 | 质量保证体系建设不完善或执行不到位的，扣10分/项 | | | |
| 2．维修配件 | （1）采购登记 | 20 | 采购的维修配件未按要求进行登记的，扣5分/件 | | | |
| | （2）旧件处理 | 20 | 换下的配件、总成未交托修方自行处理的，扣5分/件 | | | |
| | （3）配件明示 | 20 | 未将原厂件、副厂件、修复件分别明码标价的，扣5分/件 | | | |
| 3．质量保证 | | 40 | 未按规定执行机动车维修质量保证制度的，扣10分/辆次 | | | |
| 4．竣工出厂合格证 | | 40 | 未按规定签发竣工出厂合格证的，扣10分/辆次 | | | |
| 5．汽车维修电子健康档案 | | 70 | 未安装接入汽车维修电子健康档案系统直接定为B级；未按要求上传数据的，扣70分 | | | |
| 四、服务质量 | | 200 | | | | |
| 1．服务公示 | | 20 | 未公示服务机构、流程、监督台（包括服务人员照片、工号、监督电话）以及投诉程序的，扣5分/项 | | | |
| 2．维修透明度 | | 40 | 维修项目未与车主沟通的，扣10分/辆次；修车现场不可视的，扣10分 | | | |

| 考 核 项 目 | 分值（分） | 评 分 标 准 | 企业自评分 | 初评得分 | 终评得分 |
|---|---|---|---|---|---|
| 3．用户满意度 | 30 | 用户满意度100%起，每降低5%，扣3分 | | | |
| 4．有责投诉 | 60 | 扣30分/次；被媒体曝光，经查实存在严重损害维修行业信誉行为的，扣60分/次 | | | |
| 5．服务质量事件 | 50 | 发生重大服务质量事件的，扣50分/起 | | | |
| **五、遵章守纪** | **150** | | | | |
| 1．未将《机动车维修经营备案表》或《道路运输经营许可证》悬挂在经营场所醒目位置的 | 10 | 扣10分 | | | |
| 2．变更名称、法定代表人等事项，未按规定备案的 | 10 | 扣10分 | | | |
| 3．未按规定公布机动车维修工时定额和收费标准的 | 15 | 扣15分 | | | |
| 4．机动车维修工时单价未按规定备案的 | 10 | 扣10分 | | | |
| 5．只收费不维修或者虚列维修作业项目的 | 20 | 扣10分/辆次 | | | |
| 6．未使用规定的结算清单格式的 | 10 | 扣5分/辆次 | | | |
| 7．未按规定报送统计资料的 | 20 | 扣10分/次 | | | |
| 8．未按照有关技术规范进行维修作业的 | 30 | 扣5分/辆次 | | | |
| 9．非法转让、出租机动车维修经营备案证件的 | 25 | 扣25分 | | | |
| **六、环境保护** | **150** | | | | |
| 1．环保设施设备 | 30 | 环保设施设备技术状况不能满足要求的，扣10分/台（套） | | | |
| 2．维修废物 | 80 | 废气、废水、废油、空调制冷剂、废蓄电池、废轮胎及垃圾等有害维修废物回收处理不符合要求的，扣20分/项 | | | |
| 3．厂区环保 | 40 | 通风、吸尘、净化、消声效果不符合要求的，扣10分/项 | | | |
| **七、企业管理** | **50** | | | | |
| 质量信誉档案建立 | 50 | 未建立质量信誉档案的，扣50分，建立的质量信誉档案不够完善的，扣30分 | | | |
| **八、加分项目** | **100** | | | | |
| 1．企业形象 | 30 | 员工统一标志并示证上岗的，加30分 | | | |
| 2．连锁经营 | 20 | 连锁经营超过3个网点的，加20分 | | | |
| 3．市厅级以上集体荣誉称号 | 50 | 获得市、厅级荣誉称号的，加20分，获得省、部级集体荣誉称号的，加50分 | | | |
| 备注： | | | | | |

说明：1．所有项目的考核分，不计负分，扣完本项目规定分数为止。

2．连锁经营是指企业总部按照统一采购、统一配送、统一标识、统一经营方针、统一服务规范和价格的要求，建立连锁经营的作业标准和管理手册，并由企业总部对连锁经营服务网点经营行为实施监管和约束。

# 习题 5

## 一、填空题

1. 企业管理的三大职能分别是_____、_____、_____。

2. 建立和完善企业组织机构应遵循_____、_____、_____、_____四项基本原则。

3. 根据我国火灾统计管理规定，按照一次火灾事故造成的人员伤亡、受灾户数和直接财产损失，火灾分为_____火灾、_____火灾和_____火灾3个受损等级。

4. 具有下列情形之一的为_____火灾：死亡10人以上（含本数，下同）；重伤20人以上；死亡、重伤20人以上；受灾50户以上；直接经济损失100万元以上。

5. 具有下列情形之一的为_____火灾：死亡3人以上；重伤10人以上；死亡、重伤10人以上；受灾30户以上；直接经济损失30万元以上。

6. 突发事件是指突然发生，造成或者可能造成严重社会危害，需要采取应急处置措施予以应对的_____、事故灾难、_____事件和_____事件，按严重程度分为一般突发事件、较大突发事件、重大突发事件和特别重大突发事件4个等级，社会安全事件不分级。

7. 服务的核心就是执行_____，汽车维修服务工作中的关键过程分成十个环节，环环相扣，首尾相接。

8. 服务核心执行流程包括预约服务、_____、车辆诊断、项目确认、休息接待、维修工作、内部交车、交车结账、_____、投诉处理。

9. 创新能力是指管理者在组织或自己所从事的管理领域中善于敏锐地发现旧事物的_____，准确地捕捉新事物的萌芽，提出大胆_____的推测和设想（创意），继续进行周密的论证，拿出可行的_____来付诸实施。

10. 领导的基本素质有_____、_____、_____和_____。

11. 企业文化基本分为_____、_____和_____三个层面。

## 二、问答题

1. 汽车维修企业管理控制有哪些？其主要内容有什么？

2. 什么是沟通？维修企业与客户沟通有哪些内容？

3. 什么是激励？激励的原则有哪些？

4. 什么是企业文化？它的构成有哪些？

5. 应急处置基本原则？

6. 领导和管理的区别？

7. 管理的一般特征？

## 第 6 章

# ▪▪▪▪ 汽车维修企业的现场管理 ▪▪▪▪

### 📖 学习任务

通过本章的学习，了解和掌握汽车维修企业生产现场管理的基本内容和方法；了解 5S 管理的具体内容；了解定置管理和目视管理的基本内容，达到能结合实际运用管理知识，提升生产现场管理水平的目的。

### 💡 知识要点

1. 生产现场的含义。
2. 生产管理的概念和生产现场管理方法。
3. 5S 管理的具体内容。
4. 生产现场的定置管理、目视管理。
5. 班组管理。
6. 汽车维修企业安全管理。
7. 汽车维修企业生产管理。
8. 汽车维修企业设备管理。

## 6.1 生产现场管理综述

### 6.1.1 现场的含义

生产系统中的现场，从广义上讲是指从事产品生产、制造或提供生产服务的场所。它包括前方各基本生产单位和后方各辅助部门的作业场所，如仓库、测功房等。对汽车维修企业而言，为客户提供服务的场所都属于生产现场，包括车辆接洽到车间现场施工、试车、清洗、交车和仓库、检验测试等。

现场管理要求企业加强对日常生产经营的调节和监督，管理的重心在企业内部，其重要作用在于降低成本和减少无效劳动，而市场管理的作用却在于提高销售量和减少交易成本。

在市场经济尤其是买方经济条件下，将现场管理与市场管理结合起来，变现场为市场，对于提高企业绩效将有特别重要的意义。

### 6.1.2　生产现场管理的概念

生产现场管理就是企业对生产的基本要素（如人员、机构、物料、法规、环境、资产、能源、信息等）进行优化组合，并通过对诸要素的有效组合提高生产系统的效率。所谓现场管理就是运用科学的管理原则、管理方法和管理手段，对生产现场的各种生产要素进行合理配置与优化组合，从而保证生产系统目标的顺利实现，并达到效率最高、质量最优和服务最佳的车辆维修生产目的。

现场管理是企业管理的一部分，是运用企业的各种有效资源，结合众人的智慧与努力，达成企业（或部门）的目标的过程。

## 6.2　生产现场管理方法

汽车维修企业由于长期需要对汽车各部位、各总成进行拆卸后修理，在装卸过程中不可避免地会出现泥垢和油污。倘若管理无序，生产车间就会出现"脏、乱、差"，汽车零部件、汽车总成与机器设备随意摆放，到处存在"跑、冒、滴、漏"，甚至于野蛮生产和野蛮拆卸。修车质量和人身安全都得不到保障，将导致企业的经济效益下滑。生产现场管理就是运用科学的管理方法和管理手段来消除生产中的不合理现象，提高维修质量和劳动生产率。

### 6.2.1　汽车维修企业常见的不良现象

在许多汽车维修企业里，以下不良现象或多或少都有存在：

**1. 仪容不整的工作人员和修理工**

（1）有损形象，破坏了良好的工作氛围。

（2）缺乏一致性，不易塑造团队精神。

（3）看起来懒散，影响整体士气。

（4）易发生危险。

（5）不易识别管理。

**2. 机器设备摆放不合理**

合理的布置和摆放有利于企业提高生产经济效益。因此，在设备的安装过程中，要优先考虑作业流程是否流畅，尽可能缩短机器设备间的距离，防止虚耗工时增加。

**3. 机器设备保养不当**

（1）不干净的机器设备，影响工作情绪。

（2）机器设备保养不当，易产生故障，修理质量难以得到保障。

（3）故障多，增加修理成本。

**4. 原材料、半成品、成品、待修品、不合格品等随意摆放**

（1）容易混淆。

（2）"寻找"浪费时间。

（3）难于管理，易造成堆积、呆料。

（4）增加人员行走、寻料时间。

**5. 通道不明确或被占用**

（1）作业不顺畅。

（2）增加搬运时间。

（3）对人、物均易发生危险。

**6. 工作场所脏污、凌乱**

（1）影响企业形象。

（2）影响士气。

（3）影响质量。

（4）易产生危险。

从以上种种不良现象可以看出，不良现象均会造成较多的浪费，主要包括：资金浪费、形象浪费、人员浪费、士气浪费、场所浪费、效率浪费、品质浪费、成本浪费。

### 6.2.2 生产现场 5S 活动

目前，许多汽车维修企业正在按照 ISO9001 质量管理体系进行企业管理，但是在这个过程中，如何对企业及员工进行有效的管理，却是企业管理者最头痛的问题。要解决这个问题，首先要导入"5S"管理理念。

什么是"5S"管理呢？具体说来，就是在维修工作现场做到：

1S——整理（SEIRI）：将作业场所的所有物品区分为必要的和不必要的，必要的留下，不必要的清除掉。

2S——整顿（SEITON）：把留下的依照规定的合理位置放置，并明确标示。

3S——清扫（SEIOS）：将工作场所清扫干净。

4S——清洁（SEIKETSU）：保持上述成果。

5S——素养（SHITSUKE）：每位成员养成良好习惯，遵守规则做事。文明的员工是文明管理的根本保障。

有些企业的管理者看到上述"5S"管理的内容后可能会不屑一顾，认为这些要求也太简单了，简直是企业管理中的"小儿科"。事实上，他们并没有认识到实行"5S"管理会给企业带来崭新的面貌和活力。可以说，导入"5S"管理，对整个企业来说，意味着管理水平上了一个新的台阶。

**1. "5S"管理的效能**

对于汽车维修企业来说，实行"5S"管理能创造良好的工作环境，提高员工的工作效率。试想，如果你的修理厂厂容不整、车辆乱摆、工具乱放、车间杂乱、接待室一塌糊涂，哪个车主愿意把自己的爱车交给你维修？如果员工每天在满地脏污、到处灰尘、气味难闻、灯光昏暗、场地拥挤的环境中工作，怎么会有积极性呢？整齐、清洁、有序的环境，能给顾客、企业及员工带来一系列崭新的认知，如企业和员工对质量认识的提高，顾客对修理厂的信赖，社会对修理厂的赞誉，员工工作热情的提高，企业形象和企业竞争力的提高等。实行"5S"管理可以使企业得到丰厚的利润，这一点对于那些赚大钱的企业经营者来说，可能是没有考虑到的。有些企业的管理者，常常忽略隐含在管理中的成本，而在企业中浪费现象是非常普遍的。

（1）无价值的工作造成的浪费，如不必要的会议，开会中无关主题的空谈，无谓的争执，一点小事久拖不决等。

（2）信息错误造成的浪费，如信息来源错误，有时会造成不可估量的损失。

（3）等待造成的浪费，如停工待料等。

（4）操作事故导致设备故障造成的浪费。

（5）意外事故造成的浪费。发生事故轻则财产受损，重则人员伤亡，造成不可挽回的损失。

（6）业务量过多或不足造成的浪费。业务量过多造成待修车辆积压，业务量过少则生意清淡，均会造成不良后果。

（7）配件库存量过多或过少造成的浪费。库存量过多必将造成系列成本的增加，过少则造成停工待料，影响交车时间。

（8）质量检验的返修造成的浪费。企业一次修车合格率低，使各种成本增加。

（9）管理混乱造成的浪费，如设备、工具、物料等乱堆乱放，物品在流转或库存中堆放不合理，物品存放时间过长引起质量下降等，均会增加生产成本。此外，企业信誉也因此受到影响。

（10）技术文件、管理文件、顾客资料缺乏及管理不善造成的浪费。相关信息资料缺乏及管理混乱，必然对企业的发展产生负面效应。事实上，一个企业因管理不善造成的损失远远不止上述这些内容。通过导入"5S"管理理念，加强现场管理，对解决上述浪费问题有极大的帮助，真正做到从管理中获取效益。

**2. "5S"管理的操作**

实行"5S"管理，改善作业现场，要从每一个员工的每一项工作做起。"5S"管理的第一步是整理，即将工作场所的物品分类整理。分类整理的要诀有两条：要诀一，没有用的东西应该丢弃；不经常使用的东西放在较远的地方；偶尔使用的东西安排专人保管；经常使用的东西放在附近。要诀二，能迅速拿来的东西放在身旁，拿来拿去浪费时间的东西只留下必要的数量。"5S"第二步工作是整顿，即明确整理后需要的东西摆放区域和形式，也就是"定量定位"。"5S"管理的第三步是清扫，即清除一切垃圾、污垢，创造一个明亮、整洁的工作环境。"5S"管理的第四步是清洁，就是要维持整理、整顿、清扫后的成果，这是前三项的继续和深入，即认真维护和保持最佳状态。"5S"管理的最后一个内容是素养（纪律）。素养就是提高人的素质，养成严格地执行各种规章制度和各项作业标准的良好习惯和作风，这是"5S"管理的核心。没有人员素质的提高，各项活动就不能顺利地开展，即使开展了也不能持之以恒。所以，贯彻"5S"管理，要始终着眼于提高人员的素质。"5S"始于素质，也终于素质。

**3. "5S"管理的推进**

首先，要让汽车维修企业的管理人员明确"5S"管理的内容，了解"5S"管理的方针及要点，企业领导人要予以充分重视。其次，要对全体员工进行"5S"管理的意义、操作方法和要求的培训与教育。第三，企业管理人员要制定"5S"管理需达到的目标：① 零事故、零缺陷、零投诉；② 提高维修保养质量，降低返修率；③ 持续不断地贯彻"5S"管理，使企业真正达到 ISO 9001 认证标准，而不仅仅是为了通过认证标准而走形式。第四，选择示范单位或部门，率先实施"5S"管理。在有代表性的部门中选择一至二个部门进行试点，树立榜样，然后再推行到企业中的其他部门。第五，跟踪检查。经过一阶段的推进后，由企业高层主管、各部门负责人巡回检查，发现问题及时监督查办，直至最后达到目标。目前我国已有许多汽车维修企业实行了"5S"管理，这些企业不但在管理水平方面上了档次，而且也深切体会到推行"5S"现场管理为企业带来的显著效益。

"5S"之间的关系如图 6.1 所示。

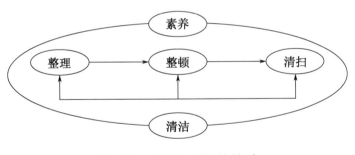

图 6.1 "5S"之间的关系

## 6.2.3 "5S"活动推行的步骤

掌握了"5S"的基础知识，尚不具备推行"5S"活动的能力。因推行步骤、方法不当导致"5S"活动事倍功半，甚至中途夭折的事例并不鲜见。因此，通过对本节的学习，掌握正确的步骤、方法是非常重要的。

"5S"活动推行的步骤：

**1. 成立推行组织**

（1）成立推行委员会及办公室。

（2）职责确定。

（3）编组及责任区划分。

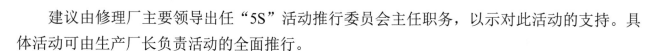

建议由修理厂主要领导出任"5S"活动推行委员会主任职务，以示对此活动的支持。具体活动可由生产厂长负责活动的全面推行。

**2. 拟定推行方针及目标**

（1）方针制定：推行"5S"活动时，制定方针作为导入活动的指导原则。如可采取下列的方针：

[方针1]：开展"5S"活动，挑战自我，塑造企业新形象。

[方针2]：闪闪发光的设备、文明进取的员工。

方针的制定要结合企业具体情况，要有号召力。方针制定后，要广为宣传。

（2）目标制定：目标的制定也要同企业的具体情况相结合。比如，企业场所较小，但现场摆放凌乱，空间未能合理利用，应该将增加可使用面积作为目标之一。

[目标1]：在现有场地内增加可使用面积20%。

[目标2]：过道被占用次数降到每天三次以下。

[目标3]：有来宾到厂参观，不必事先临时做准备。

**3. 拟订工作计划及实施方法**

（1）拟订日程计划表作为推行及控制的依据（见表6.1）。

表6.1 "5S"活动推行计划表（本计划表供汽车维修厂自行推行时参考）

| 项次 | 项　　目 | 8月 | 9月 | 10月 | 11月 | 12月 | 1月 | 2月 | 3月 | 备注 |
|---|---|---|---|---|---|---|---|---|---|---|
| 1 | "5S"活动推行组织成立 | — | | | | | | | | |
| 2 | "5S"活动前期准备 | — | | | | | | | | |
| 3 | 宣传、教育展开 | — | — | — | | | | | | |
| 4 | 样板区域选定期 | — | | | | | | | | |
| 5 | 样板区域"5S"活动推行 | — | — | | | | | | | |
| 6 | 样板区域阶段性交流会 | | — | — | — | | | | | |
| 7 | 标准建立及修正 | | — | — | — | | | | | |
| 8 | 全体大扫除 | | — | | | | | | | |
| 9 | 整理、整顿 | | | — | — | | | | | |
| 10 | 目视管理 | | | | — | | | | | |
| 11 | 日常"5S"确认实施 | | | | — | — | — | — | — | |
| 12 | 考核评分及竞赛 | | | | — | — | | | | |
| 13 | "5S"活动阶段性总结 | | | | | | — | | | |
| 14 | 文明礼貌月 | | | | | | | — | | |
| 15 | 目视管理强化月 | | | | | | | | — | |

（2）收集资料及借鉴他厂做法。

（3）制定"5S"活动实施办法。

（4）制定要与不要的物品区分方法。

（5）制定"5S"活动评比的方法。

（6）制定"5S"活动奖惩办法。

（7）其他相关规定（如"5S"时间）。

### 4. 教育

（1）每个部门对员工进行教育。

① "5S"的内容及目的。

② "5S"的实施方法。

③ "5S"的评比方法。

（2）新进员工的"5S"培训。

教育是非常重要的，要让员工了解"5S"的好处，从而主动地去做。教育形式要多样化，讲课、放录像、观摩他厂案例或样板区域、学习推行手册等方式、方法均可视情况加以使用。

### 5. 活动前的宣传造势

"5S"活动要全员重视、全员参与才能取得良好的效果。

（1）最高主管发表宣言（召开全厂大会、车间、班组会议等）。

（2）内部报刊、宣传栏。

### 6. 实施

（1）前期作业准备。

① 方法说明。

② 道具准备。

（2）工厂全体大扫除。

（3）建立地面画线及物品标识、标准。

（4）物料、机工具实施"三定"：定位、定点、定人，如图6.2所示。

```
   竣工车辆停车处              待修车辆停车处
  ┌──────────┐              ┌──────────┐
  │   （1）   │              │   （1）   │
  ├──────────┤              ├──────────┤
  │   （2）   │              │   （2）   │
  ├──────────┤              ├──────────┤
  │   （3）   │              │   （3）   │
  ├──────────┤              ├──────────┤
  │   （4）   │              │   （4）   │
  │    ⋮     │              │    ⋮     │
  │          │              │          │
  └──────────┘              └──────────┘
```

图6.2 汽车修理厂停车场定置图

### 7. 活动评比办法确定

（1）制定评比表。

（2）制定考核评分表。

### 8. 查核

（1）现场查核。

（2）"5S"问题点质疑、解答。

（3）举办各种活动及比赛。

**9. 评比及奖惩**

依照"5S"活动竞赛办法进行评比，公布成绩，实施奖惩。

**10. 检讨与修正**

各责任部门对缺点项目进行改善，不断提高。可采取 QC 方法。

**11. 纳入定期管理活动中**

（1）标准化、制度化的完善。

（2）不定期开展实施各种"5S"强化月活动。

需要强调的一点是，各汽车修理企业因其经营规模、背景、架构、企业文化、人员素质等诸多因素的不同，推行时可能会有各种不同的问题出现，推行时要根据实施过程中所遇到的具体问题，采取可行的对策，才能取得令人满意的效果。

## 6.3 定置管理

定置管理实际上是"5S"活动的一项基本内容，它主要研究作为生产过程中主要因素的人、物、场所三者之间的相互关系。通过调整物品位置，处理好人与物，人与场所，物与场所的关系；通过整理，把与生产现场无关的物品清除掉；通过整顿，把物品放在合理的位置。通俗地讲，定置管理就是将物料、机工具划定区域位置，进行定位，在使用完毕后要物归其位。要做到：有物必有区，有区必有牌，按区存放；按图定置，图物相符，如图 6.2、图 6.3所示。

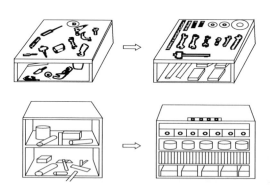

图 6.3　维修机工具定置图

## 6.4 目视管理和看板管理

**1. 何为目视管理与看板管理**

目视管理是利用形象直观、色彩适宜的各种视觉感知信息来组织现场生产，即通过视觉导致人的意识变化的一种管理方法。它具有以下特点：

（1）以视觉信号为基本手段，人人可见。

（2）以公开化为基本原则，尽可能将管理者的意图和要求让大家都看见，以促进自主管理，自我控制。它被形象地称为"看得见的管理"，如图 6.4 所示。

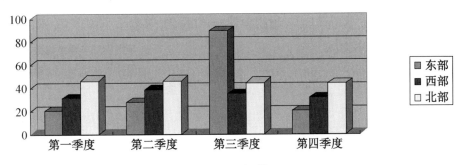

图 6.4　目视管理

看板管理是将希望管理的项目（信息）通过各类管理板提示出来，管理状况使人一目了然。

例如：

目视管理示例。

① 交通用信号灯及各种交通指示标志：红灯停、绿灯行；各种道路指示牌。

② 包装箱上的箭头管理：有的包装箱上的箭头朝上（↑）；易碎品标志。

看板管理示例。

① 在修理车间的黑板上：来修车辆的修理内容、计划完工时间、承修班组、主修师傅及在厂车辆数等。使各级管理者随时都能掌握生产状况。

② 在配件仓库门前的黑板上，将在修车辆所需的配件缺料情况：配件品名、数量、时间等信息公布，让人清清楚楚。

**2. 目视管理的要点与水准**

（1）目视管理的三个要点：

① 无论是谁都能判断是好是坏（正常或异常）。

② 能迅速判断，精度高。

③ 判断结果不会因人而异。

（2）目视管理的三个水准：

① 初级水准：有表示，能明白现在的状况。

② 中级水准：谁都能判断正常与否。

③ 高级水准：管理方法（异常处置）都列明。

在许多汽车维修企业里，通常只达到目视管理的初级水准，达到中级水准的较少，能达到高级水准的更是凤毛麟角。

**案例**

## 目视管理实例

表 6.2　目视管理——指示管理类

| 水　准 | 目视管理内容 | 参考例（车辆维修数） |
|---|---|---|
| 初级 | 对应该管理的项目通过结果推移图来了解 | 车辆维修数通过日别推移图了解<br>（件）<br>（日） |

表 6.3　目视管理——中级

| 水　准 | 目视管理内容 | 参考例（故障件数） |
|---|---|---|
| 中级 | 明确保管容器、加油具的放置场所 | 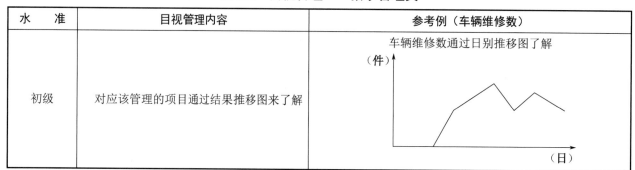 |

表 6.4　目视管理——高级

| 水　准 | 目视管理内容 | 参考例（故障件数） |
|---|---|---|
| 高级 | 明确保管容器、加油具的放置场所；<br>将油和加油具按类别分开放置 | 按油类明确保管容器、加油具的放置场所 |

案例

### 看板管理

表 6.5　看板管理事例——去向显示板

| 姓　名 | 去　向 | 离开时间 | 联系电话 | 预定返回时间 | 备　注 |
|---|---|---|---|---|---|
| | | | | | |
| | | | | | |
| | | | | | |
| | | | | | |
| | | | | | |

　　目视管理和看板管理是非常重要的，许多企业推行"5S"活动后，感觉效果不佳的重要原因之一就是没有很好地实施目视管理及看板管理。确切地说，目视管理及看板管理实施得如何，在很大程度上反映了企业的现场管理水平。

# 6.5　汽车维修企业班组管理

　　班组是现场管理的基本单元，是企业生产、工作的基本组织，是企业各项工作的落脚点。在形容班组与企业关系时有一句话叫作"企业千条线，班组一根针"，是非常贴切的，企业的战略发展规划、产品质量、生产成本、客户服务、企业文化建设等诸多工作都是通过班组来实现的，所以班组的管理能力与水平，直接关系到企业管理水平与运营结果。

　　班组的现场管理水平是企业的形象，管理水平和精神面貌的综合反映，是衡量企业素质及管理水平高低的重要标志。做好班组生产现场管理，有利于企业增强竞争力。

## 6.5.1　班组管理概述

**1．班组的地位和作用**

（1）班组是企业组织的基本单位；

（2）班组是企业一切工作的落脚点；

（3）班组是企业内部管理的基础；

（4）班组是企业完成产品的直接场所；

（5）班组是提高员工素质的培训基地。

**2．班组的职责**

（1）不折不扣地完成生产计划；

（2）全面执行公司的规章制度，建立健全以岗位责任制为中心的班组管理制度；

（3）认真贯彻劳动合同法，履行劳动合同规定的事项；

（4）坚决遵守工艺纪律，通过加强工艺技术标准和质量标准的教育，提高技能，确保质量；

（5）改善劳动组织，合理调配人员，把有限的人力资源安排在合理的岗位上，并充分调动员工的积极性；

（6）管好原辅料，确保物料安全，不混料，并合理控制原辅料的消耗；

（7）加强班组各项工作的检查、监督，及时纠正和预防错误；

（8）加强设备的自主维护工作，确保员工遵守设备操作规程，提高设备的效率；

（9）保护和改善作业环境，文明生产，安全生产；

（10）严格控制成本，记录生产过程中的各种消耗；

（11）注意信息及时准确地传递；

（12）确保安全生产，加强安全检查；

（13）打造高效的班组团队。

**3. 班组长的作用**

班组中的领导者就是班组长，班组长是班组生产管理的直接指挥者和组织者，也是企业中最基层的负责人，班组长既是产品生产的组织领导者，也是直接的生产者。因此班组长在现场管理中的作用非常重要。

（1）班组长影响着决策的实施；

（2）班组长是承上启下的桥梁；

（3）班组长是生产的直接组织和参加者。

**4. 班组管理五大任务**

（1）安全管理。

安全是现场管理的前提，现场管理的目标必须在满足安全的情况下达成才是有效的。生产的损失是可以挽回的，安全是关系到人的生命的最重要的事情，是不可逆的。因此，在现场中要把危险从员工身边消除，让员工在安全的状态下工作。

（2）质量管理。

现场是生产产品的场所，产品是制造出来的，制造过程的质量渗透在作业中，因此，要在作业中保证和确认质量。

（3）生产管理。

班组每天都会接受生产任务，而生产的数量就是顾客订购的数量。在适当的时间将产品交给顾客，这是非常重要的。因此，在规定的时间，用规定的人数，生产出规定数量的产品，就是生产管理的关注点。

（4）成本管理。

企业一个重要的关注指标是利润，提高价格、增加销售量、降低成本都是获取利润的方法。其中制造成本是由制造方法决定的，所以在班组中全员要建立成本意识，消除浪费，不断改善，为企业的长远利益而努力。

（5）人员管理。

人是班组管理各个要素中最活跃的，班组中的管理都要通过人去实施。因此，人员管理就是要调动人的积极性，构筑和谐的班组关系，激发人的士气，把班组打造成高绩效的团队。

管理的各项目标的达成都要依靠人来完成，管理的核心要素是人，班组的绩效归根到底是班组成员共同实现的，班组管理的核心是人员管理。

## 6.5.2　汽车维修企业车间现场管理的内容

汽车维修企业车间现场管理的内容有安全管理、生产管理、设备管理，主要包含以下13个方面：

（1）车流、物流、人流、资金流、信息流的经营管理。

（2）业务接洽、车间、班组的管理。

（3）安全、文明生产的管理。

（4）检测仪器、工具、设备的管理。

（5）技术、工艺规范的管理。

（6）质量的管理。

（7）工期的管理。

（8）成本的管理。

（9）配件的经营管理。

（10）仓库的管理。

（11）车主的管理。

（12）员工的管理。

（13）信息的管理。

## 6.5.3　汽车维修企业管理业务流程与现场管理具体工作内容

**1. 管理业务流程如下：**

车辆进出厂管理工作→接车工作→技术诊断工作→消费引导工作→估价工作→维修合同签署→派工→维修作业→配件备料→采购→领发料→完工检验→项目追加→客户沟通确认→完工检验→结算工作→交车→索赔的处理→跟踪工作→客户投诉处理工作→拯救服务→保险事故处理等。汽车维修企业工作流程图如图6.5所示。

**2. 现场管理具体工作内容**

（1）技术诊断、调度派工、换件审核。

（2）工艺标准的贯彻。

（3）效率管理（降低非作业时间，提高作业熟练程度，改善工作方法）。

（4）质量管理（过程检验和巡视，异常情况的分析与对策，作业指导）。

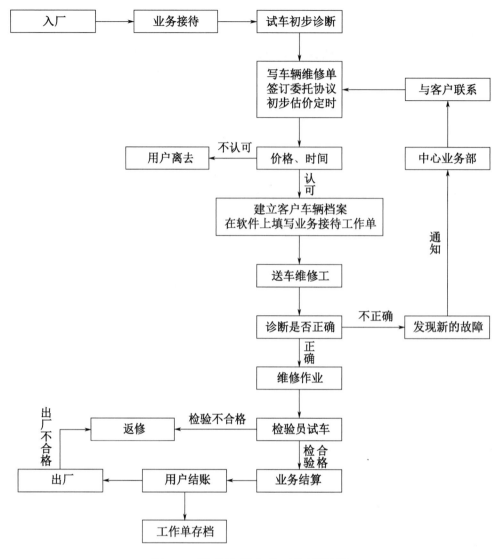

图 6.5　汽车维修企业工作流程图

（5）工作指导（新设备、新工具的使用方法，新车维修工艺的操作，特殊技能的掌握，作业标准，其他应知应会的技能）。

（6）设备工具的使用管理（使用指导、检查、日常保养、安全规范）。

（7）生产现场"5S"管理（卫生责任区划定，定置区域划定，日检制度建立）。

（8）工人考核管理（工作记录、工作考核、沟通面谈）。

（9）考勤管理（请假审批、出勤考核、加班安排）。

（10）规章制度贯彻执行（制度公示、宣传，执行检查，监督考核）。

 **案例**

一辆轿车因发动机有异响被送到某汽车修理厂进行检查、修理。

修理厂业务员将车辆引入待修车辆停车区停放，详细询问车主车辆故障症状与修理要求后进入以下工作程序：

（1）填写修理项目单交检验员。

（2）检验员将车辆移至故障检查处，用诊断仪诊断发动机具体故障原因。

（3）检验员填写工作项目单交车间生产调度员。

（4）生产调度员填写派工单交作业班组，同时将车辆移至班组作业处。

（5）作业班组将工具车开到位，并覆上车辆保护罩。

（6）开展作业施工。

① 施工现场确保工具、零部件、油水"三不落地"，严格执行"5S"规定。

② 悬挂发动机作业标记，确保施工安全。

③ 损坏零部件自检后交检验员检验确定后，开具领料单到仓库领料。

④ 可修复零部件修复后经检验员检验合格后装车。

⑤ 作业过程严格执行自检、互检、总检"三检"制度，保证修理质量。

⑥ 作业完成后要做好工作场地清扫工作：清洁场地和台架、擦拭工具并归位。

⑦ 自检合格后交检验员试车。

● 检验员试车合格后填写合格证、将竣工车辆移至竣工车辆停放处；

● 将合格证、车辆钥匙交业务员；

● 业务员进行车辆结算：修理工时费、材料费和材料管理费；

● 通知车主接车；

● 业务员将车辆修理情况存档，建立车辆修理档案；

● 三天后业务员电话跟踪车辆修后状况，解决客户疑问，提供售后服务。

## 6.6 汽车维修企业安全管理

安全是相对的，任何一个场合都存在风险，有效安全管理的好处是显而易见的。

**1. 事故与风险**

（1）事故。事故是指造成死亡、疾病、伤害、损坏或其他损失的意外情况。

（2）风险。风险是指生产系统中可导致事故发生的人的不安全行为、物的不安全状态、环境的不安全因素和管理上的缺陷。

（3）事故发生的周期：孕育—发展—发生—伤害（损失）。

（4）事故发生的特点：

① 因果性。事故的起因是在环境系统中，一些不安全因素相互作用、相互影响，到一定的条件下，发生突变，从一些简单的不安全行为酿成了安全事故。

② 偶然性。事故发生的时间、地点、形式、规模和事故后果的严重程度是不确定的。不确定性让人很难把握事故的影响到底有多大。

③ 必然性。危险客观存在，生产、生活过程中必然会发生事故，采取措施预防事故，只

能延长发生事故的时间间隔、减小概率，而不能杜绝事故。

④ 潜伏期。事故发生之前存在一个量变过程。一个系统，如果很长时间没有发生事故，并不意味着系统是安全的。当人大意的时候，容易发生事故，而且会造成事故扩大化。

⑤ 突变性。事故的发生往往十分突然，令人措手不及。安全管理一定要有预案，当有突发事件时知道如何去应对。所以，安全管理首先要了解事故发生的特点，然后有针对性地解决。

**2. 引发事故的基本要素**

人的不安全行为、环境的不安全因素、物的不安全状态、管理存在缺陷是引发事故的四个基本要素。

以上四个因素加在一起就必然会构成一个事故。其中由人的不安全行为造成事故的比例大概占40%，由物的不安全状态、环境的不安全因素而造成的事故大概占40%，其他一些外界的因素大概占20%。

（1）人的不安全行为表现。

① 违反操作规程。

② 误操作。例如，应该按红按钮，却偏偏按了绿按钮，造成安全事故等。

③ 不注意。例如，员工在工厂里做事情时，不知道在想什么，三心二意，手在动，但是脑子没动。

④ 疲劳。例如，缺乏休息就会精神恍惚，人在疲劳状态下会造成注意力不集中，易出错。

⑤ 个人的缺陷。例如，有些人反应慢就不愿意从事需要快速反应的工作。个子很矮就不要让他操作需要个头很高的工作，反之也可能会造成安全事故。

（2）环境的不安全因素和物的不安全状态。

如果把外界环境看作一个整体，外界的不安全因素，可能包括设备或者装备的结构不良、设计存在缺陷等。

① 材料的强度不够。

② 设备的磨损和老化。

③ 作业场所的缺陷。包括作业场所的灯光不足、作业场所比较狭窄、作业场所的噪声比较大等。也有一些空间粉尘特别大，例如，煤矿企业的坑道里面。

④ 物品的放置不妥当。一些危险品要独立放置或者在特殊的空间里存放，让人群远离危险源。

⑤ 装置失灵。检查人员要定期检查测试安全装置，如果不测试的话，就很难保证其发挥正常作用。

（3）管理存在缺陷。

① 技术缺陷。一些设计的问题，包括些设备仪器的管理没有达到要求，还包括最常见的作业方法不安全、有缺陷等。

② 组织设计缺陷。一个员工进行一项操作，要求做完之后做安全检查。自己做，自己检查，也就是组织设计上的问题。不要由一个人承担全部的责任，操作和检查要分开。

③ 对现场缺乏监控。管理人员做管理不要只坐在办公室里，还要对现场有实时的了解，才能有效控制。

**3. 事故的预防与控制**

社会大环境中存在的不稳定因素和不安全因素，以及人的缺点等因素会导致不安全行为。不安全行为就会产生一些事故，有事故就会带来伤害，这就是多米诺骨牌理论。

防止事故的方法：安全管理的目标就是避免事故、减少伤害，就是不能让最后这两块倒掉。如果把不安全行为抽掉，前面的倒下来，也构不成事故，也不会产生危害，就可以达到减少事故的目的。

（1）事故的一般机理。

做事故预防和控制要从三个角度来考虑，也就是所谓的 3E 原则或者 3E 措施。3E 是三英文字母的缩写，包括以下三个角度：

① 从工程（Engineering）技术的角度。

② 从教育（Education）培训的角度。

③ 从管理（Enforcement）强化方面来落实。

（2）预防办法或工程手段的具体应用。

① 消除潜在的危险。先把有危险的地方去掉，尽量减少生产线上的有危险的物质。

② 利用闭锁装置。压力机要冲压一个东西时，一些开关是有两个按钮的，单独按一个按钮它不会运作，只有在手离开工作台的时候，并且两个手都按到位，这个设备才会运转，使人的手不至于被压到。这属于一种闭锁，要求两个动作同时去做，这才是安全的。

③ 能量屏蔽。对于噪声可以用屏蔽或者罩起来的办法，让它只在小范围内有影响。

④ 距离保护。把特殊的危险品放到一个最偏僻的角落里面，走到那里的人较少，免得人会受到伤害。

⑤ 设置薄弱环节。熔丝是一个很直观的例子，电流过载时，先把熔丝烧断，不至于酿成大问题。反过来，弱不了的话也可以强，用特殊材料（如耐磨的地方用一些特殊的材料），如果这些措施都做不到的话，就要想办法把人保护起来。

⑥ 警告提示。警告提示是在安全生产上用得最多的。例如，叉车上有一个灯，会闪会响，这就是灯光的提示；另外，声音的提示、颜色的提示都可以起到安全警示的作用。

**4. 工作现场的分析**

（1）基础性的安全卫生检查。

① 回顾相关工作。

包括健康安全系统的记录和一些事故报告，即过去发生了什么，有什么可以借鉴的等。

② 培训记录和相关文件。

做安全检查或者体系审核的时候，一定要看的文件就是培训记录，要保证所有的人员接受过培训才能够在相应的岗位工作。相关文件还包括一些考试的成绩等。

③ 突发事件的预案。

例如火灾，有没有什么措施去预防，或者说发生了之后有没有避免损失的预案。

④ 健康安全手册。

对手册内容的时效性、合理性等要经常进行检查。

（2）对危害进行调查和评估。

通过调查和评估已发现危害，然后看是不是需要增加个人的防护装备，通过调查明确这些问题。

（3）工作风险分析。

工作风险分析是调查常用的方法，英文缩写是 JSA（或 JHA）。

① 要将一个工作进行逐步分解，寻找出每一步可能存在的危害；

② 明确潜在的风险并且确定合适的安全的工作方法。

（4）安全健康的调查。

① 每个部门进行定期的（通常是每周）现场诊断。

内审，也就是部门内部的员工审查。另外，也可以请更高一个层面的人来协助进行现场诊断，诊断的范围可以是全面的、较长周期的，也可以是每周、每月，也可以是针对某一领域的。比如，查查培训情况，了解安全分析质量，做定期的诊断。

对所有的事故或者险兆事故（指与工作相关的危险事件，虽未造成人员伤害，但是在不同情况下有可能会造成人员伤害事故，包含人的不安全的行为）进行调查，一定要发现根本原因，然后采取有效的措施。

② 建立日常工作区的检查流程。

部门内部员工在线的巡检应该怎么做，要有明确的流程。

③ 开发并使用检查表。

使用检查表可以使部门内部或者班组内部员工使用的标准是一致的，便于整理、分析、记录。

④ 建立可靠的系统。

这一系统使员工不会害怕遭到报复，鼓励员工向管理层反映出现的危险，并能得到定期的、合适的反馈。

（5）安全事件或事故的调查。

对所有的事故或者险兆事故进行调查，一定要发现根本原因，然后采取有效的措施。

如何进行安全事故调查？要强调一个概念，叫"四不放过"。

① 事故原因没有查清不放过；

② 责任人没有被严肃处理不放过；

③ 广大职工没有受到教育不放过；

④ 预防措施没有获得落实不放过。

安全事故的调查是一个分析问题的过程，现场的管理人员，特别是班组长和部门经理，如果将"四不放过"做到位，会减少很多麻烦。

**5. 危害的预防和控制**

（1）危害的预防和控制的几个阶段。

① 起始于现存的危害或潜在的危害；

② 进行危害评估；

③ 如果可以，采取重新设计工作或者工作场所的手段；

④ 如果危害不能被完全消除，则采取危害控制的手段；

⑤ 将消除和控制危害作为一个习惯。

（2）危害和有害因素的分类。

关于危害和有害因素的分类，有很多种方法，例如，按导致事故的直接原因进行分类、按事故的结果进行分类等。我国法律、法规中规定的是按导致事故的直接原因进行分类，包括：

① 物理性危险和有害因素；

② 化学性危险和有害因素；

③ 生物性危险和有害因素；

④ 心理、生理性危险和有害因素；

⑤ 行为性危险和有害因素；

⑥ 其他危险和有害因素。

（3）危险辨识所需资料。

① 物料资料。

a. 原辅料和产品、半成品；

b. 物质安全数据表（MSDS）；

c. 储存条件和最大储量；

d. 包装条件和运输方式。

② 工艺资料。

a. 工艺流程图；

b. 工艺安全参数；

c. 操作规程；

d. 设备规程；

e. 安全规程。

③ 管理资料。

a. 相关安全法规与标准；

b. 管理网络和相关制度；

c. 岗位定编和工作制度；

d. 员工安全资质和工伤资料；

e. 相关事故、事件资料。

④ 设备资料。

a. 工艺装备布置图；

b. 厂房结构图；

c. 主要设备总图；

d. 动力介质管网总图；

e. 电气和控制仪表总图和工艺联锁表；

f. 安全（含消防、工业卫生）装置清单。

（4）预防计划。

① 设备和设施的维护计划。

② 应急预案的演练。

③ 医疗程序。

a. 现场急救；

b. 就近的医生护理和紧急护理。

**6. 安全生产常识**

（1）工厂的一般安全规定。

① 厂内严禁吸烟，禁止携带火种、香烟进厂，对违反者按有关规定罚款处理。

② 进入车间、岗位的着装要求：

a. 应穿戴好防护用品；

b. 禁止穿拖鞋、背心、短裤等进入工作现场；

c. 不准赤足、赤膊；

d. 接触旋转设备的女工，严禁留长发，要戴好工作帽；

e. 严禁穿钉子鞋、化纤衣服进入易燃易爆岗位。

③ 厂内行走要求：在厂内行走时，要注意运转设备、尖锐对象、来往车辆和笛鸣信号，通过十字路口、铁路岔道时，要"一慢、二看、三通过"，不得抢道。

④ 要害部位严禁无关人员进入，如危险品库等要害部位严禁无关人员进入。

⑤ 无关人员禁止在下列场所逗留：

a. 旋转中的起重设备下边。

b. 有毒气体、液体管道下边。

c．正在进行电、气焊接作业和金属探伤作业附近及挂着爆炸、火灾、腐蚀、触电、有毒、禁止通行等警告牌附近。

d．容易发生粉尘和碎片的工作场所。

e．处于事故状态或试车的区域。

⑥ 上班前应保证足够睡眠和良好休息。

⑦ 工作中要严格遵守规程。

⑧ 禁止在工作现场烘烤物品。

⑨ 厂区和车间内的各种用水未辨明情况前，禁止饮用和洗手。

⑩ 禁止乱动设备。

⑪ 维修工作有专人负责。

⑫ 现场的各种设施必须完好。

⑬ 消防用具放置要求。

⑭ 消防用具使用要求。

⑮ 事故现场的应急做法。

⑯ 发生火灾爆炸事故、中毒事故时的要求。

⑰ 道路及照明要求：厂区及车间内外道路应平坦畅通，夜间要有足够的照明。厂房建筑物、公共娱乐场所走道、安全门、安全梯等应符合安全要求。

⑱ 厂房的通风，自然通风要良好。

⑲ 禁止在车间操作场所内存放易燃易爆物料。

⑳ 检修保护用具的使用。

㉑ 禁止敲击设备。

（2）用电安全。

现场常接触的电器大致有：插头、插座、电源线、计算机、电风扇、灯管、空调机、空压机、电钻、应急灯、起动机、打包机、打胶机、生产线皮带机、电焊机、热水器等。

① 电器使用前检查。

a．仔细阅读使用说明书；

b．检查本机或电源设备是否允许使用（如严禁合闸、暂停使用等标识）；

c．确认检查用电器的功率是否大于电源的允许使用功率；

d．插头、插座、电源线有无破损、断裂，先试机正常后方能使用，如有异常，须停止使用，并通知相关部门检修。

② 电器使用注意事项。

a．不能私自搭接电源线；

b．不能让电源过载工作；

c．不能违反电器的操作程序；

d．不能使用不符合规格的插头、插座；

e．不能随意更换熔断器；

f．不能使用已停用或带故障的用电器或电源设备；

g．使用时如有故障须停止使用，通知相关部门及人员及时检查维修。

③ 电器使用完之后。

a．电器使用完须将用电器及开关关好；

b．清理干净用电器上的杂物，保持整洁；

c．电器用完后须存放于规定的地方，不能乱摆乱放，以免受潮。

④ 用电作业。

a．根据周围环境和生产性质选用合适的电气装置；

b．电气装置不得超负荷运行；

c．保证电气装置处于良好的状态，注意随时检查；

d．电气装置附近禁止存放易燃、易爆物品，并配有适当的消防器材；

e．需要动火的作业必须作好必要、可靠的安全防范措施，同时须有足够的人手陪同方可工作。

（3）设备安全。

① 必须经过适当岗位培训；

② 熟读并遵守设备操作规程（如操作方法、注意事项及所需防护用品）；

③ 明确设备的用途（生产特点、作业环境、生产要求）；

④ 熟悉设备的基本性能（如各开关零部件作用、运行状况、各种有危险因素和有害因素以及相关预防措施事故应急处理方法）；

⑤ 作业前检查、试机及维护（运行中检查急停开关、防护罩、离合器、制动器等）。

（4）消防安全。

① 原则。

a．国家的消防方针：预防为主，防消结合；

b．发生危险事故时必须遵循的原则："先救人后救物，先救命后疗伤"；

c．燃烧形成的三个条件：可燃物+氧气+点火源，去除其中任何一个条件都有利于扑灭火灾。

② 公司内部报警方法。

a．或者告知在场保安、消防、工业安全等人员；

b．或者将墙上"手报按钮"用手指将板面有机玻璃向里按，这时消防警铃能发出响声；

c．或者大声呼叫报火警，同时利用公司现有的消防器材扑救初起的火灾。

③ 火场逃生。

a．千万不要惊慌，保持沉着、冷静，服从安排逃生。

b．看清安全出口标志。

c．千万不要坐电梯。

d．不要走进袋形出口。

e．有烟情况下，千万不能直立行走，可弄湿毛巾，或以衣物捂住鼻、口，以免吸入浓烟。

f．如烟很大，可伏在地上爬行；若烟较小，亦可沿墙边走，容易找出路。

## 6.7 汽车维修企业生产管理

**1．生产作业计划**

（1）编制生产计划的依据。

企业根据客户资料统计的维修量和预计的维修增量、季节性的维修需求、阶段性的活动安排、突发性的事件处理等对不同维修工种的工作量的需求，以及对企业的场地、人力、设备、设施和各工种的实际生产能力的需求来编制生产计划。

（2）编制生产计划时应考虑的因素。

各种生产形态（订单维修生产与预约维修生产或小修、维护、大修等），当地过去5年的汽车销售量和销售量增长率；当地未来3年预计的车辆销售量和销售量增长率。本企业去年的维修量和维修项目结构；本企业的作业工位数量、场地面积、工具设备和检测仪器的种类和数量。本企业员工的人员结构和技能状况；季节性的维修需求、时段性的活动安排、突发性的事件处理等对各工种的平衡需求。

（3）编制生产计划的基本要求。

不仅要将其尽可能具体化，以分解落实到每个车间、各个班组和各生产工人，而且还要求按照生产任务，提前做好必要的生产工艺准备，以保证各生产环节的相互协调，保持稳定和有序的生产节奏。

在实施生产作业计划过程中，不仅要加强生产过程中的派工调度，而且还要加强生产统计和生产进度检查，以便及时修正生产作业计划的偏差。

**2．生产调度**

生产调度是依据计划对企业的日常生产活动进行控制和协调工作。

（1）生产调度的基本任务。

根据生产作业计划安排，调度车辆进厂报修，并根据车主报修情况（凭《报修单》），通过对待修车辆的实际检测与诊断，确定该车辆所需要的实际维修项目（并做好记录和登记），调度维修人员实施车辆维修。

（2）生产调度方式。

①《派工单》传票制度。

生产调度人员通过《派工单》的方式，将维修项目及维修要求下达给承修车间及承修班组，由承修班组根据《派工单》所列的作业内容与作业要求进行维修；专职检验人员也凭此《派工单》进行检验。

②《派工单》公示制度。

维修车间在接到《派工单》时，将《派工单》所列作业内容与作业要求集中公示于维修车间内的公示牌《车间在修车进度表》上，以公布当前所有在厂维修车辆的汽车编号、维修类别、当派工单号、主要作业项目与附加作业项目、要求完工日期、主修人以及当前所存在的问题等。

**3. 生产进度与生产计划**

（1）生产进度检查。

生产过程管理中的生产进度检查及现场生产调度是生产管理中的重要环节，它要求生产管理部门经常性巡视在修车辆进度情况，并现场调度各维修班组及维修人员、现场调度维修车辆、维修配件供应及外加工等，以督促和检查生产进度，及时发现问题和解决问题。

（2）生产进度统计。

对生产进度统计的基本要求是：准确、及时、全面、系统。

当承修班组在车辆修竣并通过质量检验合格后，由主修人填写维修作业所实际消耗的工时数，然后将《派工单》交回，由生产统计人员负责生产统计：

① 以车辆为户头做工时统计，其目的是统计车辆维修过程中各工种所消耗的定额工时数与实际工时数。

② 以主修班组或主修人为户头做工时统计，其目的是统计车辆维修过程中各主修班组或各主修人所完成的定额工时数和实际工时数。

# 6.8 汽车维修企业设备管理

## 6.8.1 汽车维修设备管理的概念

设备管理是对设备寿命周期全过程的管理，包括选择设备、正确使用设备、维护修理设备以及更新改造设备全过程的管理工作，以达到设备的良好投资效益。设备运动过程可分为两种状态，即设备的物资运动形态和资金运动形态。设备的物资运动形态，是指设备从研究、设计、制造或从选购进厂验收投入生产领域开始，经使用、维护、修理、更新、改造直至报废退出生产领域的全过程，对这个过程的管理称为设备的技术管理；设备的资金运动形态，包括设备的最初投资、运行费用、折旧、收益以及更新改造自己的措施和运用等，对这个过程的管理称为设备的经济管理。设备管理，既包括设备的技术管理，又包括设备的经济管理；设备的技术管理与经济管理是有机联系、相互统一的。

设备管理的意义是老产品的更新换代，提高产品质量。这要求设备及时进行现代化改造及必要的更新，以提高设备的技术适应性，从而保证企业具有高度应变能力。

设备的投资费和维持费都需占用大量资金。这就迫切要求提高设备的使用效益，讲究经济效果。

设备管理的核心是通过制度化、习惯化、科学化的维护使设备能够在良好的状态下工作，避免其发生故障，使设备寿命周期内的费用/效益比达到最佳的程度。

## 6.8.2　汽车维修设备维护的分类

**1. 基本维护**

（1）按计划定时定期进行，上下班时进行的维护活动；

（2）设备日常维护的项目和部位较少，且多在设备外部，包括每班维护和周末维护两种；

（3）每班维护，在班前或班后各15分钟由操作者负责进行。

日常维护的目的是减少设备磨损，延长使用寿命，防止事故的发生，使设备经常处于良好的状态。

**2. 运行维护**

当设备处于正常运行时，对其进行的维护。

**3. 机器设备的使用管理**

（1）合理配置设备。

企业应根据自己的生产过程、工艺特点并考虑安全、环保的要求，首先由工艺技术部门和生产部门，合理地配备、安置各种类型的设备。要使设备的使用条件与生产要求相适应，根据设备的结构、性能特点和生产能力，恰当地安排每台设备的生产任务，不得超负荷运转，使设备能够充分发挥效用。

（2）培养合格的操作者。

必须加强技术教育和素质教育，使操作者既能熟练安全操作设备，又能精心维护保养设备。

（3）严格执行设备使用程序。

培训—教育—考核—颁证—操作，是新工人独立使用设备的程序，企业必须严格执行。

① 新工人在独立使用设备前，必须经过技术培训。

② 经过相应技术培训的操作工人，要进行技术知识、操作能力和使用维护保养知识的考试，合格者获操作证后方可独立使用设备。

③ 凭证操作设备是保证正确使用设备的基础。

a. 定人定机制度；

b. 设备操作维护规程；

c. 交接班制度。

（4）设备管理制度。

我国企业设备管理的特点之一，就是实行"专群结合"的设备维护管理制度。在合理使用设备的现场管理中，必须抓好"三好"制度、"四会"制度和"五项纪律"。

① "三好"制度。

a. 管好设备；b. 用好设备；c. 修好设备。

② "四会"制度。

a. 会使用；b. 会保养；c. 会检查；d. 会排除故障。

③ "五项纪律"。

a. 实行定人定机，凭操作证操作设备；

b. 经常保持设备整洁，按规定加油、换油，保证合理润滑；

c. 遵守安全操作规程和交接班制度；

d. 管好工具、附件，不得丢失；

e. 发现故障立即停机检查，自己不能处理时应及时通知检修人员。

**4. 机器设备的维护管理**

设备维护是操作工人为保持设备正常技术状态、延长使用寿命必须进行的日常工作。

（1）设备维护的"四项要求"。

① 整齐；② 清洁；③ 润滑；④ 安全。

（2）现场设备维护管理的内容。

设备维护工作，按时间可分为日常维护和定期维护；按维修方式可分为一般维护和重点维护。

维护工作内容包括：查看、检查、调整、润滑、拆洗和修换等。

（3）设备的日常维护。

设备日常维护包括每日维护和周末清扫。

（4）设备的定期维护。

设备的定期维护是在维修工人辅导下，由设备操作工人按照定期维护计划对设备进行局部或重点部位拆卸和检查，彻底清洗内部和外表，疏通油路，清洗或更换油毡、油线、滤油器，调整各部配合间隙，紧固各个部位。

设备"定期维护"间隔期一般为：两班制生产的设备每三个月进行一次，干磨多尘的设备每一个月进行一次。对精密、重型、稀有设备的维护要求和内容应作专门研究，一般是由专业维修工人进行定期清洗及调整。

（1）设备定期维护的主要内容。

① 拆卸指定的零部件、箱盖及防护罩等，彻底清洗，擦拭设备内外；

② 检查、调整各部配合间隙，紧固松动部位，更换个别易损件；

③ 疏通油路，增添油量，清洗滤油器、油毡、油线、油标，清洗冷却液箱和更换冷却液；

④ 清洗导轨及滑动面，清除毛刺及划伤；

⑤ 清扫、检查、调整电器线路及装置（由维修电工负责）。

（2）精密、大型、稀有、关键以及重点设备的维护。

精密、大型、稀有、关键设备以及企业自身划分的重点设备都是企业生产极为重要的物质技术基础，是保证实现企业经营方针和目标的重点设备。因此，对这些设备的使用和维护除执行上述各项要求外，还应严格执行下述特殊要求：

① 实行定使用人员、定检修人员、定专用操作维护规程、定维修方式和备配件的"四定"做法。

② 必须严格按说明书安装设备。每半年检查、调整一次安装水平和精度，并作出详细记录，存档备查。

③ 对环境有特殊要求（恒温、恒湿、防震、防尘）的精密设备，企业要采取相应措施，确保其精度、性能不受影响。

④ 精密、稀有、关键设备在日常维护中一般不要拆卸零部件，特别是光学部件。必须拆卸时，应由专门的修理工人进行。设备在运行中如发现异常现象，要立即停车，不允许"带病"运转。

⑤ 严格按照设备使用说明书规定的加工范围进行操作，不允许超规格、超重量、超负荷、超压力使用设备。精密设备只允许按直接用途进行精加工，加工余量要合理，加工铸件、毛坯面时要预先喷砂或涂漆。

⑥ 设备的润滑油料、擦拭材料和清洗剂要严格按照说明书的规定使用，不得随便代用。润滑油料必须化验合格，在加入油箱前必须过滤。

⑦ 精密、稀有设备在非工作时间要加防护罩。如果长时间停歇，要定期进行擦拭、润滑及空运转。

⑧ 设备的附件和专用工具应有专用柜架搁置，要保持清洁，防止锈蚀和碰伤，不得外借或作其他用途。

# 习题 6

## 一、填空题

1. "5S"是指_____、_____、_____、_____和_____。

2. 物品乱摆放属于"5S"中_____要处理的范围。

3. 整顿的三要素是_____、_____、_____。

4. 素养是指养成良好的严格遵守_____的_____和_____。

5. _____是现场管理的基本单元，是企业生产、工作的基本组织，是企业各项工作的落脚点。

6. 安全是_____的，任何一个场合都存在风险，有效安全管理的好处是显而易见的。

7. 事故是指造成死亡、疾病、伤害、损坏或其他损失的_____情况。

8. 风险是指生产系统中可导致事故发生的_____的不安全行为、_____的不安全状态、_____的不安全条件和_____上的缺陷。

9. 现场管理要求企业加强对日常生产经营的调节和监督，管理的重心在企业_____，其重要作用在于降低成本和减少无效劳动，而市场管理的作用却在于提高销售量和减少交易成本。

10. 定置管理实际上是_____活动的一项基本内容，它主要研究作为生产过程主要因素的人、物、场所三者之间的相互关系。

二、选择题

1. 汽车维修企业的生产现场是（    ）。
   A. 生产车间　　　　　　　　B. 办公室
   C. 仓库　　　　　　　　　　D. 停车场

2. "5S"活动推行中，下面最重要的是（    ）。
   A. 人人有素养　　　　　　　B. 地、物干净
   C. 工厂有制度　　　　　　　D. 生产效率高

3. 整顿中的"三定"是（    ）。
   A. 定点、定容、定量　　　　B. 定点、定方法、定量
   C. 定点、定方法、定标示　　D. 定点、定人、定方法

4. 下列内容不属于设备维护的"四项要求"的是（    ）。
   A. 整齐　　　　　　　　　　B. 清洁
   C. 润滑　　　　　　　　　　D. 安全
   E. 修理

5. 下列内容属于设备管理制度的"四会"制度的是（    ）。
   A. 会使用　　　　　　　　　B. 会检查
   C. 会保养　　　　　　　　　D. 会看说明书

三、问答题

1. 什么是生产现场管理？
2. 什么是"5S"？其主要内容有哪些？
3. 简述目视管理及其特点。试举出工作场所中可以实施的地方。
4. 工厂的一般安全规定有哪些？
5. 班组管理的基本任务是什么？
6. 汽车维修企业常见的不良现象有哪些？

## 第7章

# ■■■■■ 汽车维修企业全面质量管理 ■■■■

### 学习任务

通过本章的学习，掌握全面质量管理的含义和应用，了解在汽车维修企业中运用质量管理的必要性和重要意义；掌握全面质量管理的观点、要求和方法；掌握 ISO 9000 和 OHS 的意义和在汽车维修企业中的认证；掌握如何保证汽车维修企业的维修和服务质量。

### 知识要点

1. 全面质量管理的概念。
2. 全面质量管理的基本观点。
3. 全面质量管理的基本要求。
4. 全面质量管理的工作方法：PCDA 循环。
5. 如何提高汽车维修的维修质量和服务质量。
6. 汽车维修质量的标准化。

全面质量管理是在传统的质量管理基础上，随着科学技术的发展和经营管理上的需要发展起来的现代化质量管理，现已成为一门系统性很强的科学。

1999 年，我国提出要"搞好全员全过程的质量管理"。"全员全过程的质量管理"就是全面质量管理（Total Quality Management，TQM）。自 1978 年以来，我国推行 TQM（当时称为 Total Quality Control，TQC）已有 40 多年。从 40 多年的深入、持久、健康地推行全面质量管理的效果来看，它有利于提高企业员工素质，增强国有企业的市场竞争力。

近年来，TQM 正日益成为受到各国领导人和广大企业家所重视的科学管理体系。在我国，从中央到地方，从政府到企业，各行各业都针对经济全球化迅速发展和"入世"所带来的机遇与挑战，对质量工作给予高度重视。为加强质量工作，很多行业采取了企业、政府、社会齐抓共管，企业自律、市场竞争、政府监督"三管齐下"，明确地方政府在产品质量工作中的责任，以及"依法治国"等一系列措施来实现提高产品质量总体水平的目标。

## 7.1 质量管理的发展概况

汽车维修是带有工业产品（汽车维修作业）与服务（车主）两种行业综合色彩的企业；企业服务功能贯穿于维修作业流程的始终。

因而汽车维修企业的质量既包含产品质量又包含服务质量，两者相辅相成。

**1. 汽车维修质量管理机构设置**

汽车维修企业建立健全质量管理体系的目的，是将企业有关部门的质量管理活动组成一个整体，以便互通信息，协调工作，共同保证和提高维修质量。

质量管理机构的设置，应根据企业规模的大小而定。一、二类维修企业应建立"质量管理领导小组"，其成员由企业技术负责人、专职总检验员以及质量管理部门和其他有关部门的负责人组成。一类维修企业还应单独设立质量管理的具体办事机构——质量检验科，其成员由专门技术人员、专职检验人员及资料员等组成，三类维修企业业户应由技术业务水平较高的人员负责质量管理工作。

质量管理机构的职责如下：

（1）认真贯彻执行质量管理法规和制度以及上级有关部门制定的汽车维修质量管理的方针政策；

（2）贯彻执行国家和交通运输部颁发的有关汽车维修技术标准、相关标准以及有关地方标准；

（3）了解汽车维修工艺和操作规程；

（4）根据国家标准、行业标准、地方标准的要求，制定企业汽车维修技术标准；

（5）建立健全企业内部质量保证体系，加强质量检验，掌握质量动态，进行质量分析，推行全面质量管理；

（6）开展质量评优与奖罚工作，做好修后跟踪服务。

**2. 汽车维修质量管理制度**

（1）进厂、解体：维修过程及竣工出厂检验制度。车辆从进厂、经过解体、维修、装配直至竣工出厂，每道工序都应通过自检、互检并做好检验记录以备查验。

（2）材料、外协外购零部件进厂入库检验制度。维修企业对新购原材料、外协加工件及采购零部件，在进厂入库前必须由专人逐件进行检查验收。要完善和加强验收的手段，在维修用料时，要认真填写"领料单"，注明规格、型号、材质、产地、数量，并由领发人分别签字盖章。

（3）计量管理制度。必须加强计量器具和检测设备的管理。要按有关规定明确专人保管、使用和鉴定，确保计量器具和检测设备的精度。

（4）技术业务培训制度。加强职工的技术培训，是提高职工素质，保证维修质量，提高工效的重要途径，企业要根据生产情况，不断组织职工进行培训，并按不同岗位和级别进行考核，以激励职工不断进取的动力。

（5）岗位责任制度。维修质量是靠每个岗位的操作者实现的，是由全员来保证的，因此，必须建立严格的岗位制度，以增强每个职工的质量意识。定岗前要合理配备，量才适用。定岗后要明确职责，并且保持岗位相对稳定，以便提高职工岗位技能和责任心。

（6）出厂合格证制度。出厂合格证是车辆维修合格的标志。一经厂方签发，就由厂方负责。按照有关规定，凡经过整车大修、总成大修、二级维护后竣工出厂的车辆，必须由厂方签发合格证，并向托修方提供维修部分的技术资料，否则不准出厂。

（7）质量保证期制度。车辆经过维修后，在正常使用情况下，按规定都有一定的质量保证期限。其计算方法有的按使用时间，有的按行驶里程。在保证期内，发生的质量事故，应由厂方承担责任。目前，按行业规定汽车大修（或总成大修）质量保证期为 3 个月或行驶 10000 千米；二级维护质量保证期为 10 天或行驶 1500 千米；一级维护质量保证期为 2 天或行驶 300 千米。

（8）质量考核制度。企业应按照岗位职责大小，分别制定考核奖惩标准，并认真实施。

### 3. 汽车维修的全面质量管理的概念

TQM 是一种由用户的需要和期望驱动的管理哲学。它是企业组织全体职工和有关部门参加，综合运用现代科学和管理技术成果，控制影响产品质量的全过程和各因素，经济地研制生产和提供用户满意的产品的系统管理活动。它包括以下基本观点。

（1）一切为用户服务。汽车维修企业，为了满足用户需要，就要维修好车辆，为运输部门提供技术状况良好的车辆。因此，企业内部应将为用户服务的观点引入生产全过程，树立"下道工序就是用户"的观点。正确处理上下道工序关系，增强维修企业生产各环节相互协作的责任心。

（2）一切以预防为主。全面质量管理要求将质量问题消灭在萌芽状态，在生产过程中做到以预防为主。为了保证维修质量，汽车维修企业必须在汽车维修过程中控制影响质量的各种因素，将重点放在维修过程中对人、设备、材料、工艺和环境五大因素的控制上。把质量管理从事后把关转到事先控制上来，及早消除影响维修质量的各种原因。

（3）一切按 PDCA 循环进行。PDCA 循环，即按计划执行，检查处理的顺序办事。一般办事情都有一个打算和目标，根据目标制订计划，然后组织实施，落实计划，并将执行结果与预定目标比较，最后总结成功经验，吸取失败教训，并把没有解决的问题转入下一循环解决。PDCA 循环可以连续循环，每循环一次，就控制一个新的高度，不断循环，不断提高。

（4）一切用数据说话。所谓"用数据说话"就是以客观事物和准确可靠的数据为依据，去认真发现、科学分析汽车维修的质量问题，寻求和判断质量的变化规律，从而对汽车维修过程加以控制。为了更好地推行全面质量管理，必须做好各项原始记录，抓好各项基础工作，收集一切必要的数据，从而发现和解决质量问题。

**4. 全面质量管理的基本要求**

（1）全员参与质量管理。产品质量是企业各生产环节和各部门工作的综合反映，企业中任何一项工作，任何一个人的工作质量，都会不同程度地直接或间接地影响汽车维修质量，因此，要求上至厂长，下至工人，人人做好本职工作，关心质量，人人参与质量管理。要实现全员参与，要注意以下几点：

① 抓好全员的质量管理教育。要求员工树立"质量第一"的思想，无论是在服务质量还是维修质量方面，都要有牢固的质量意识，同时对员工进行技术培训，提高他们的工作质量。

② 制定岗位质量责任制，做到事事有人管，人人有专职，办事有标准，工作有检查，建立起一套以质量责任制为主要内容的考核奖惩办法和完整严密的管理制度。

③ 开展 QC 小组。QC 小组即 Quality Control 的简称，是在生产或工作岗位上从事各种劳动的员工围绕企业的经营、战略、方针、目标和现场存在的问题，以改进质量、降低消耗、提高人的素质和经济效益为目的而组织起来，运用质量管理的理论和方法开展活动的小组。

（2）全过程管理。全过程管理即从车辆进厂开始，到检验、解体、检修、组装、竣工、交付使用为止，都要进行管理，形成一个程序贯通，连锁互保的系统。

（3）全企业的管理。全企业管理不仅管企业的生产技术、物资供应、维修生产组织、竣工检验和质量，还包括企业的全部职能，搞好政治思想、组织、宣传、保卫、教育、计划、财务、劳动工资、总务后勤部，甚至档案管理和信访工作等均包括在内。通过提高各方面各部门的工作质量，特别是人的素质来达到和保证车辆维修质量。

（4）采用多种办法进行的管理。全面质量管理的方法是科学的多种多样的，必须根据不同情况，区别不同的影响因素，采用专业技术、管理技术、数字统计、统筹学和思想教育等各种方法和措施，按客观规律办事，进行科学的管理、综合治理，才能真正取得实效。

**5. 全面质量管理的基本思想**

（1）关注顾客。

（2）坚持不断改进。

（3）用事实和数据说话。

（4）以人为本。

**6. 全面质量管理的八大原则**

（1）以顾客为中心。

（2）领导作用。

（3）全员参与。

（4）过程方法。

（5）系统管理。

（6）持续改进。

（7）以事实为决策依据。

（8）互利的供方关系。

**7. 全面质量管理的工作方法**

全面质量管理的基本方法可以概括为"一个过程，四个环节，八个步骤"。一个过程即管理过程，四个环节又称为 PDCA 循环，四个环节分八个步骤进行，PDCA 循环是由著名统计学家戴明博士提出来的，它反映了质量管理活动的规律。PDCA 循环是提高产品质量、改善企业经营管理的重要方法，是质量保证体系运转的基本方式，如图 7.1 所示。

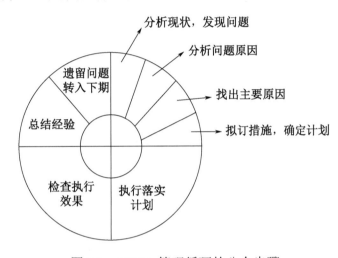

图 7.1 PDCA 管理循环的八个步骤

（1）P（Plan）计划。计划是确定质量目标、活动计划、管理项目和实施方案。

（2）D（Doing）执行。执行是根据预定计划和措施要求，努力贯彻和实现计划目标和任务。

（3）C（Check）检查。检查是对执行结果和预定目标进行检查，检查计划执行情况是否达到预期的效果，哪些措施有效，哪些措施效果不好，成功的经验是什么，失败的教训又是什么，原因在哪里，所有这些问题应在检查阶段调查清楚。

（4）A（Action）处理。包括两个步骤，根据上阶段检查的结果，把成功的经验肯定下来确定为标准，以指导实践，对失败的教训也要加以总结整理，记录在案，以供借鉴；把没有解决的遗留问题，转入下一个管理循环，作为下一个阶段的计划目标。

PDCA 循环具有三个特点：

① 大环套小环。如图 7.2 所示，一环扣一环，小环保大环，推动大循环。如果将整个汽车维修企业的工作比喻为一个大的 PDCA 循环，那么各个车间、小组或职能部门则都有各自的 PDCA 循环。

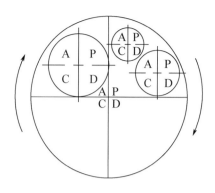

图 7.2　大环套小环

例如，某厂要对维修与服务质量做一次全面的检查。他们制订了一份检查计划，内容包括：检查日期、检查范围、参检人员、人员分工、检查的具体项目清单等；紧接着开始实施检查；检查进行一个阶段后，比如在午餐时检查小组成员开个碰头会，看看检查工作的进度以及衔接情况，这实际上就是对检查工作本身的一种检查；对于检查中出现的问题，比如作为检查人员的小王是新分配来的大学生，工作经验不足，在检查维修车间的过程中，与车间主任吵了起来，当然也不全是小王的错，因为检查工作本身就有点儿像专挑别人的毛病似的。这引起了车间主任的不快，尤其是车间主任的技术水平很高，心里不服气，心想：我修车的时候，你还是一个小娃娃呢！这是检查工作本身出现的问题之一。另一组的人在检查业务接待前台，由于历史单据比较多，业务繁忙，该组的两个检查人员竟然未能按照检查计划的进度完成相关的检查项目，这是检查工作中出现的另一个问题。既然有问题，我们就要针对问题进行处理，首先对小王进行批评教育，告诉他要注意工作方式，对事不对人，下午把小王换到另外一个小组去检查配件部的情况；对于业务接待前台因人手不够，下午增加一个人手。

② 阶梯式上升。PDCA 循环不是停留在一个水平上的循环，每循环一次，就解决一部分问题，取得一部分成果，水平就上升一个台阶。到了下一个循环，就有了新的目标和内容，如图 7.3 所示。

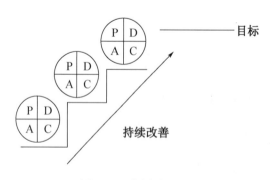

图 7.3　阶梯式上升

③ 统计的工具。PDCA 循环应用了科学的统计观念和处理方法，作为推动工作、发现问题和解决问题的有效工具。

**案例**

1985年，青岛电冰箱总厂生产的瑞雪牌电冰箱，在一次质量检查时，库存不多的电冰箱中有76台不合格，按照当时的销售行情，这些电冰箱稍加维修便可出售。但是，厂长当即决定，在全厂职工面前，将76台电冰箱全部砸毁。当时一台冰箱800多元钱，而职工每月平均工资只有40元，一台冰箱几乎等于一个工人两年的工资。当时职工们纷纷建议：便宜处理给工人。

厂长对员工说："如果便宜处理给你们，就等于告诉大家可以生产这种带缺陷的冰箱。今天是76台，明天就可能是760台、7600台……因此，必须解决这个问题。"

于是，厂长决定砸毁这76台冰箱，而且是由责任者自己砸毁。很多职工在砸毁冰箱时都流下了眼泪，平时浪费了多少产品，没有人去心痛；但亲手砸毁冰箱时，真正感受到这是一笔很大的损失，痛心疾首。这种非常有震撼力的场面，改变了职工对质量的看法。

产品质量是当今市场竞争的焦点和根本手段，是产品能否在国际市场上取胜的关键性因素。

一个成功的企业有它成功的原因，海尔今天的发展告诉我们质量是企业的生命。

# 7.2 汽车维修质量管理方法

## 7.2.1 汽车维修的维修质量

**1. 进行维修质量教育**

对全体员工进行全面质量管理思想的教育以达到如下目的：

（1）把满足顾客的需求放在首位，让每个人深刻理解"顾客满意"的思想。为了了解并实行这一的思想，可以将员工分组进行"换位思维"。要鼓励大家以自己希望得到的服务方式去为自己的顾客服务，要将每个人都作为自己的重要顾客，想方设法使其满意。

（2）明白提高质量与降低成本之间的关系——质量提高不仅不会提高成本，反而会降低成本。因为质量提高了会减少反复修理的时间，缩短在修车辆的在厂时间，降低人力资本，还会提高员工士气，提高工作效率。

（3）树立100%合格产品的责任感，使100%的员工成为抓质量的主人。要达到这样的境界：即当问员工"谁来负责维修质量"时，得到的回答是"我"，而不是其他。全面质量管理应该让全体员工认识到：如果存在问题最终会影响到维修质量和企业形象，在开始阶段不解决问题，最后的阶段将付出更高的代价才能解决，教育员工树立100%合格维修质量的责任感，消除侥幸心理。

**2. 进行维修质量训练**

为了提高员工的质量意识、质量知识及质量管理技能，使员工充分了解质量管理作业内容及方法，以保证产品的质量，并使质量管理人员对质量管理理论与实施技巧有良好基础，以发挥质量管理的最大效果，进行必要的质量训练。

由质量管理部负责策划与执行，对公司所有员工进行质量管理教育，可以厂内训练，即公司内部自行训练，由公司讲授或外聘讲师到厂内讲授全面质量管理的各方面内容；也可厂外训练，选派员工参加外界举办的质量管理讲座。

由企业质量部先拟订"质量管理教育训练长期计划"，如表 7.1 列出各部门人员应接受的训练，经核准后，依据长期计划，拟订"质量管理教育训练年度计划"，列出各部门应受训人数，经核准后实施。

质量部应建立每位员工的质量管理教育训练记录卡，记录该员工已受训的课程名称、时数、日期等。

表 7.1　质量管理教育训练年度计划表

| 实施对象 | 课程名称 | 目的 | 各部门受训人数 | | | | | | | 备注 |
| --- | --- | --- | --- | --- | --- | --- | --- | --- | --- | --- |
| | | | 生产部 | 工程部 | 质管部 | 物料部 | 管理部 | 业务部 | 其他 | |
| | | | | | | | | | | |
| | | | | | | | | | | |
| | | | | | | | | | | |
| | | | | | | | | | | |

**3. 进行维修质量检验**

汽车维修质量检验可分为三类：

（1）按维修程序分类。按维修程序分为进厂检验、零件分类检验、过程检验和出厂检验。

① 进厂检验指对送修车辆的装备和技术状况的检查鉴定，以便确定维修方案。其主要内容有：对进厂送修车辆进行外观检视，填写进厂检验单；注明车辆装备数量及状况；听取客户的口头反映；查阅该车技术档案和上次维修技术资料。

② 零件分类检验。零件分类检验指汽车零件清洗后，按照零件损伤程度及技术检验规范所指定的分类标准，将零件确定为可用、需修和报废三种类型，以便派工配料、安排计划。

判定被检零件类别的主要依据是汽车维修规范中所规定的"大修允许"和"使用极限"。凡零件磨损后尺寸和形位公差在允许范围内，则该件为可用件；凡零件的磨损误差超过允许值，但还可修复使用者为需修件；凡零件损伤严重、无法修复或修复成本太高的为报废件。

零件的检验分类是维修过程中极为重要的工序。检验分类的工作质量将直接影响维修质量和成本。因此，一般都采取集中检验的方法，即在整车和各总成分解清洗后，由几名专职检验员对集中在一起的零件进行检验分类。

③ 过程检验，也称工序检验。过程检验指维修过程中对某一工序的工人自检、互检和专职检验员在生产现场的重点检验。其主要内容是：汽车或总成解体、清洗过程中的检验；主要零部件的过程检验；各总成组装、调试的检验。

过程检验，一般采用自检、互检和专职检验相结合的方法。因此，必须建立检验岗位责任制，明确检验标准、检验方法和检验分工，作好检验记录，严格把好质量关。凡不合格的零部件和总成都要返工，不得进入下道工序，也不得做备用品。

过程检验是汽车维修质量保障的最重要的工作，根据现代汽车维修企业业务流程分析，如果重视并抓好过程检验（程序与文件），出厂检验完全可以简化。

④ 出厂检验。出厂检验指送修的汽车经过接替、清洗、修理、装备实验和总装以后对整车进行静态和动态的检查验收。通过检查验收，发现缺陷及时消除，车辆达到整齐美观、机件齐全可靠、操纵灵活、轻便舒适、经济性好，动力性强，技术性能达到指标，使用户满意。其主要内容如下：

● 整车检查。对汽车在检测路试前，在静止状态下进行外观检查和发动机在空载情况下的检验。汽车外表应整齐美观，符合要求。

汽车装备和附属设施应按规定配齐，整车、各总成和附件应符合装备技术条件。

各种管件和接头安装正确，电气线路完整，包括卡固良好。各种灯光信号标志齐全有效，后视镜安装良好。

润滑嘴装配齐全有效，各润滑部位及总成内均应按季节、品种及规定容量加足润滑油（脂）。

散热器、发动机、驾驶区等各连接支撑坐垫应按规定装配齐全、完整，锁止可靠。

发动机在不同转速下运行正常。

● 检测和路试。通过汽车各种工况，如起步、加速、等速行驶、滑行、强制减速、紧急制动、低速挡至高速挡、高速挡至低速挡的行驶，检查汽车的操纵性能、制动性能、滑行性能、加速性能，通过听察各种声响，判断发动机及底盘的工作情况；按照有关规定，检查汽车的经济性能，噪声和废气排放情况。整车大修和总成大修、二级维护，须按规定上专门的汽车检测线进行检测。

● 检测路试后的再检验。一般除根据路试中所发现的不正常现象进行检查外，还应按发动机的验收要求，对发动机作一次进一步的检查和调整。此外，还要检查总成间的连接有无松动、变形和移位；有无漏水、漏油、漏气、漏电和某些总成和机件温度过高现象，各部螺栓、螺母是否松动；轮胎气压是否符合标准等。

● 车辆验收。经过检测路试所发现的缺陷通过施工调整消除后，即可进行验收，并填好出厂检验记录，签发出厂合格证，办理交接手续。

（2）按检验职责分类。按检验职责分为自检、互检和专职检验，亦称"三检制度"。这是我国目前普遍实行的一种检验制度。

① 自检。自检是维修工人对自己所承担的作业项目进行自我检验，即"自我把关"。

② 互检。互检是维修工人之间对所承担的作业项目进行互相检验。互检的形式有班组质检员对本组的工人的抽检，有下道工序对上道工序的检验，有工序中的互相检验等。

③ 专职检验。专职检验是专职检验员对维修质量的检验。其中包括对维修过程中管件工序的检验，对材料、配件的入库检验，对竣工车辆的出厂检验等。

专职检验点的设置和人员配备一般要参照以下三个因素：一是质量容易波动，对质量影响较大的关键工序；二是检验手段或检验技术比较复杂，靠自检、互检无法保证质量的工序；三是生产过程的末道工序，竣工出厂或以后难以再检验的项目。

落实好"三检制度"。首先要明确专职检验、互检、自检的范围。一般情况是进厂检验（包括外购件、外协件的检验）主要半成品的流转（如缸体、曲轴等），竣工出厂检验以专职检验为主，生产过程中的一般工序检验则以自检、互检为主，同时辅以专职检验员的巡回检查。其次是要明确检验方法，要为操作者提供必要的检测手段，要健全原始记录登记制度。

实行看板制度。从接车开始所有工序的检验项目、内容及检验签字，随工序工艺一直延续到完工，这样做可简化作业流程，提高质量保障系统的功能。

（3）按检验对象分类。按检验对象分为维修质量检验，自制件、改装件质量检验，燃润料、原材料及配件（含外购、外协加工件）质量检验，机具设备、计量器具质量检验等。

进行汽车维修质量检验应做好检验记录，汽车维修进厂检验记录单、过程检验记录单和竣工检验记录单（简称"三单"）。这是汽车维修质量检验的基础原始记录，必须认真填写，及时整理，妥善保管。其内容和格式可由企业根据需要自行印制，应坚持全面、清晰、简便、易行的原则。

## 7.2.2　汽车维修的服务质量

### 1. 汽车维修企业的顾客满意战略

我国的汽车维修企业管理，曾经走过了一条漫长而曲折的道路。从新中国成立前落后的汽车维修作坊，到中华人民共和国成立后的计划经济模式，再到改革开放后各种所有制形式的汽车维修企业的兴起，在这一发展过程中，汽车维修企业的管理模式也随之不断发展和完善，但是总的说来，我国的汽车维修企业管理水平与国外先进水平相比，与形势发展的要求、与广大车主的满意度还有着很大的差距。

目前，当我们的企业家还在努力研究全面质量管理、CI 理论、经营决策、成本管理、资金运作等管理理论时，一种新的超越性理论——CS 战略已经在国外兴起，并迅速传播开来，且得到广泛应用。CS 理论不仅开拓了有关企业经营战略的新的视野、思路和指导原则，而且在实际运用中取得了卓越的绩效。

CS 是 Customer Satisfaction 的英文缩写形式，译为"顾客满意"，CS 战略即"使顾客满意"的战略，这是全球工商界在 20 世纪 90 年代流行的一种新型的企业观念，对于从事汽车维修服务的汽车维修企业来讲，这种战略更显得重要和迫切。因为在很长一段时间内，我们把汽车维修行业看作是一种工业化的产业，并采用办工业那样的管理模式和经营理念来管理汽车维修企业。今天，汽车维修行业已经成为一种特殊的服务行业，在面向车主的服务中，如何使顾客满意，如何提高服务质量，成为现代汽车维修企业管理的重要内容。

汽车维修企业的 CS 战略，是指维修企业为了使车主能完全满意自己的产品或服务，综合而客观地测定车主的满意程度，并根据调查分析结果，使整个维修企业作为一个整体来改善产品、服务及企业文化的一种经营战略，是要建立顾客至上服务，使顾客感到百分之百满意，从而效益倍增的革命性系统。

汽车维修企业的 CS 战略中的"顾客"一词涉及内容十分广泛。其一是指维修企业的内部顾客，即企业的内部成员，包括企业的员工和股东；其二是指维修企业的外部顾客，即凡是购买和可能购买本企业的产品或服务的个人和团体，具体来讲就是每一位车主。因此，实施 CS 战略的企业所面临的顾客关系不仅有企业与员工的关系，而且包括企业中的业务接待、车间、班组、维修技师、收银、配件、仓管各个环节，上、下道工序之间的关系，同时还包括维修企业与车主之间的关系。所以，CS 战略是一种广义的以顾客为中心的全方位顾客满意经营战略。

**2. CS 战略的含义**

（1）"顾客第一"的观念。相关调查表明，每有 1 名通过口头或书面直接向公司提出投诉的顾客，就有约 26 名保持沉默的、感到不满意的顾客。这 26 名顾客每个人都有可能会对另外 10 名亲朋好友造成消极影响，而这 10 名亲朋好友中，大约有 33%的人会有可能再把这种不满信息传递给另外 20 人。也就是说，只要有 1 名顾客对企业不满意，就会导致（26×10）+（10×33%×20），即 326 人的不满意，可见影响之深远，后果之严重。因此，有远见的现代汽车维修企业的管理经营人士已清醒地认识到：顾客满意就是经营者真正做到从思想上到行动上做到"顾客至上"。

实施 CS 战略，推行 CS 经营，首先必须确立"顾客第一"的观念。坚持"顾客第一"的原则，是市场经济发展的本质要求，也是市场经济条件下企业争取顾客信赖、掌握市场主动权的法宝。现代汽车维修企业生产经营的目的是为社会大众服务，为顾客服务，不断满足各个层次车主的需要。目前，坚持"顾客第一"的原则，也是现代汽车维修企业不可动摇的、追求卓越的经营思想。不为顾客着想的企业家，就是一个缺乏远见的、不合格的企业家。

"顾客第一"还是"利润第一"，在人们的脑海里曾经一度是相互对立的两种经营观念。但是，随着商品经济的发展、买方市场的形成、市场发育的完善和营销观念的深入，人们渐渐意识到这两者实际是统一的。任何企业都是以追求经济效益为最终目的的，然而，如何才能实现自己的利润目标，从根本上说，就是必须首先满足顾客的需要、愿望和利益，才能获得企业自身所需的利润。所以，企业在生产经营活动中的每一个环节，都必须眼里有顾客，心中有顾客，全心全意地为顾客服务，最大限度地让顾客满意。这样才能使企业在激烈的市场竞争中增加活力，进入"义利合一"的境界，从而获得持久的发展。

（2）"顾客总是对的"的意识。CS 经营中蕴含着"顾客总是对的"这一意识。当然，这不是绝对意义上的一种科学判断，也不一定符合客观实际。然而，在企业与顾客这种特定的关系中，只要顾客的错不会构成企业重大的经济损失，那就要将"对"让给顾客，这是企业 CS 意识的重要表现。"得理也让人"，既是 CS 观念对员工服务行为的一种要求，也是员工素质乃至企业素质的一种反映。所以，CS 活动要求员工必须遵循三条原则：一是应该站在顾客的角度考虑问题，使顾客满意并成为可靠的回头客；二是不应把对产品或服务有意见的顾客看成"讨厌的家伙"，应设法消除他们的不满，获得他们的好感；三是应该牢记，同顾客发生任何争吵或争论，企业绝不会是胜利者，因为你会失去顾客，也就意味着失去利润。

曾经有这么一个例子。一家汽车维修厂来了一位非常挑剔的车主。他刚把车开进大门，就立刻指责门卫没有引导他把车停在诊断车位上。其实诊断车位有着非常明显的标志，而且门卫在他刚进门时已经向他指示了诊断车位方向。当修理人员用仪器为他的车诊断故障时，他突然指责维修工的仪器刮伤了他的车面，其实那是他自己不小心在洗车时留下的刮痕。在做完诊断检测后，他又说车上的一张流行歌曲光碟没有了，最后是修理工当着他的面在座位下面找到了那张光碟。看着和颜悦色、彬彬有礼的修理工，这位车主虽然连一句"对不起"都没说，但心却服了。从那以后，这位车主成了这家修理厂的固定客户。

因此，维修企业在处理与顾客的关系时，必须树立"顾客总是对的"的意识，这是建立良好的顾客关系的关键所在。尤其是在处理与顾客的纠纷时，无论是企业的普通员工，还是企业的管理者，都应时时提醒自己必须遵循这个黄金准则。只有这样要求自己，才能站在顾客的立场上，想顾客之所想，急顾客之所急，从而对自己提出更高的要求，千方百计让顾客满意。可见，"顾客总是对的"并不意味着顾客在事实上的绝对正确，而是意味着顾客得到了绝对的尊重，品尝到了"顾客至上"滋味的时候，就是维修企业提升知名度和美誉度的时候，也就是企业能拥有更多的忠诚顾客、更大的市场，发展壮大的时候。

（3）"员工至上"的思想。顾客至上几乎已成了汽车维修企业家的口头禅。然而，从 CS 战略的观点来看：员工也应至上。一家维修企业效益滑坡，首先反映在车辆返修率高、服务质量下降、维修工时延长、维修费用增加，这意味着员工不愉快，各部门不协调，接着是员工抱怨，最后才是客户抱怨。只有做到员工至上，员工才会把顾客放到第一位。

实质上，员工至上与顾客至上并不矛盾，在 CS 理论中，它们是统一的、相辅相成的，它们共同的目标都是使顾客满意。

"员工至上"的思想告诉我们，一个汽车维修企业，只有善待你的员工，他们才会善待你的顾客。满意的员工能够创造顾客的满意，对于尚处于原始管理的许多汽车维修企业来讲，这一点更值得他们的老板深思。

因此，现代化汽车维修企业要想使自己的员工让车主百分之百的满意，首先必须从满足员工的需要开始——满足他们求知的需要、发挥才能的需要、享有权利的需要和实现自我价值的需要，关心和爱护员工，调动员工的积极性，激发员工的奉献精神，树立员工的自尊心，使他们真正成为推进企业 CS 战略、创造顾客满意的主力军。一句话，维修厂的老板必须用你希望员工对待顾客的态度和方法来对待你的员工。

**3. 如何做好让车主满意**

（1）掌握车主的心理需求。车主一般有这些心理：担心被宰被骗、烦躁、忧虑心理、等级心理、时间心理、技术、质量保用需求、价格需求、环境需求、方便需求、感情和精神需求、尊重需求。

（2）掌握车主满意度的标准。一般车主满意度有以下几个标准。

① 技术要求：准确可靠。送车来修的顾客第一条最基本的要求：一是要"一次性修好"。要确保维修质量，做到为顾客一次性修好车，很多人会想到建立特约维修站或4S连锁经营企业。这类企业的维修车种单一、专业化程度高且维修质量有保证。但对于大多数维修企业而言，不可能都建成这样的企业，更何况目前这类企业也存在着因维修车种的社会保有量小而带来的业务量不足等问题。因此，全面提高企业的优质服务水平，是企业发展的正途。

汽车维修企业要生存和发展，受形势所迫，首先必须能为顾客提供"一次性修好"的服务。在这方面，由于汽车工业技术的飞速发展，特别是由于电子技术和各种新材料、新工艺及新结构在汽车上的广泛应用，促进了现代汽车维修技术的发展，对传统的企业人员素质、维修技术及工艺和企业管理等方面都带来了挑战。在这种形势下，汽车维修企业尽快为自己培养出一支高素质的、稳定的现代汽车维修骨干队伍就成了当务之急。

要培养适应现代汽车维修的机电一体化人才，不能再沿用过时的师徒制培养模式。企业经营决策者要选择一批有一定机械和电子技术理论基础，有志献身于汽车维修事业的大中专毕业生，让他们到生产一线去磨炼，把学到的基础理论与实际工作结合起来，逐步做到会使用先进的检测设备，熟知各种车型的故障机理，成为合格的机电一体化人才，替代那些只掌握传统维修技术的老师傅。这是一件要花五年以上时间才能完成的工作。通过如此的"换血"过程，企业的生存和发展空间将会扩大，面对各种挑战都能应对。这是一种高贡献率的投入，与企业对新产品开发的投入相比意义更大，企业为此要敢下决心，敢下"血本"。

② 价格要求：收费合理。有人说："顾客的满意度取决于他们所希望的水平和实际结果之间的差距。"在接待顾客的工作中，除了要礼貌、热情、友善，能提出专业方面的建议，能承诺有把握的交车时间等以外，为顾客做出合理的服务收费估算，是赢得顾客信任的第一步。

对服务收费估算是否正确，反映了汽车维修企业经营管理的水平和接待员业务素质的高低。对于一般的维修作业项目，一个训练有素的接待员，做维修工时费用的估算不会有太大的困难，但要对配件更换做出预测并报出相应的价格，却要有相当的业务水平。总之，估算出来的配件价格，要经得起顾客的市场调查和比较，通过比较让顾客知道这里的报价为其带来了实实在在的利益。除非维修过程中出现合同范围以外的大问题，收费估算应该与最后的竣工结算做到八九不离十。与那种"进门千般好，结账吓一跳"的做法相比，这种建立在科学管理与诚实待客基础上而得出的收费估算，可使顾客对收费的满意度显著提高。

③ 时间要求：快捷有效。汽车成了代步工具后，顾客没有车用，就像人没有了脚一样，难怪不少顾客在送车时要反复叮嘱"几点几分我一定要来提车"。在修车合同中一定要将有把握的承诺交车时间写上，凡拖延交车时间给顾客带来的麻烦，绝非靠一句简单的"对不起"就能遮盖过去的。就顾客而言，他可能就因为这拖延的几分钟得罪了他要去接待的客人，失去了一笔业务，甚至影响了一件重大公务的完成。

曾有过一件这样的事情：一位顾客上午 10 点钟来公司修车，车辆拆检后有一样配件需要外出采购。到了饭点，配件还未买回，修理工就去用餐了，几分钟后，配件部通知说配件到了，修理工吃完饭，没有休息，就将配件领出来装车。但已让顾客多等了 10 分钟，他为此在结账时愤愤不平地对笔者说："我还没有在哪家修理厂碰到过这样的事，配件来了却先去吃饭！"我能理解这位顾客此时的激愤：时间对他是多么重要。这也让笔者联想起一位业界的先生曾说过的一句话："在顾客抱怨修理服务不够完善时，要记住：顾客永远是对的！"

实际上，修车时间的长短也从一个侧面反映了企业员工综合素质的高低。为了缩短顾客等候的时间，减少因修车时间长给顾客带来的麻烦，企业应该在生产调度与管理、提高员工技术水平和配件供应等各个环节上步步紧扣。

④ 服务要求：真诚与沟通。有一个轻松、舒适的顾客接待室，是赢得顾客欢欣的第一步。宽敞明亮的大厅，有着贴心的服务设施，如空调、电视、当月的报刊、饮料和鲜花等。随着私家车的增多，为车主的孩子专设一间游戏室的做法在国外的修理厂也很普遍。要让顾客满意，在车辆修竣交车结账前，业务员除了将修理换件情况和收费情况向顾客做完整的说明外，有几个问题一定不要忽略：没有彻底修好的车绝不交付，这是原则，因此，在将汽车交还顾客时，绝对不允许对其说"比原来好一点"一类模棱两可的话；此外，在交车前一定要将汽车内外（包括地毯及坐垫等）清洁一遍；维修中要严格控制试车行程，不要超过一定的量，在交车时应根据接车时的里程表记录将试车行程对顾客有所交代。

（3）建立客户档案，以便进行跟踪服务。建立每一位来进行汽车维修保养的车主的信息档案，是使车主满意的好方法。首先要对车主进行划分，划分的标准可以从时间、服务距离、车型、车主性别、车辆档次、维修类别、信用度、车主需求、维修项目、维修价格等方面来进行细分。汽车修竣出厂后，进行认真的跟踪服务，适当的电话回访，能发现顾客的不满意和要求，给企业提供永无止境的改进机会。在跟踪服务中，除对顾客的某些意见要当即处理外，每月应至少商讨一次顾客的不满意记录，找出不满意的种类和原因，提出相应的改进办法并立即实施。

杭州市的汽车维修"两街一路"正式开街当日，市机动车服务管理局在西城广场举行特色服务街区开街仪式，并首批推出 13 家特色服务样板企业，为广大汽车用户提供规范、透明、放心的个性化、人性化维修服务。杭州汽车维修"两街一路"指的是城北石祥路特色汽车街区、城东艮山东路名车长廊和城西溪路——天目山路板块，是杭州汽车维修服务行业集聚的区域。

在维修特色街区，顾客可以享受到规范的接待、标准化的服务、专业化的维修作业、人性化的流程操作。13 家特色服务样板企业在杭州汽车维修行业率先推出 8 项特色服务措施，具体包括：（1）提供预约、提醒服务，并根据客户个性化的需求提供订制式的服务。预约维修可以享受预留的维修工位，专用的维修设备，甚至可以指定专门的维修技师；（2）规范使用汽车维修行业车辆维修"预检交接单"和"委托书"，严格按照车主委托的项目维修作业，附加作业项目必须经过客户确认；（3）贯彻有关汽车维修技术标准，执行相关质量管理规程，确保维修质量，执行质量保证期制度；（4）公开汽车维修收费项目标准，配置触摸式计算机查询系统，方便客户自主查询，阳光维修；（5）加入杭州市汽车抢修急修救援网络，提供 24 小时全天候救援服务；（6）实施信息化管理，计算机管理系统跟行业管理部门进行联网，及时、准确上传维修数据，经营行为接受行业监督；（7）维修跟踪服务，提示客户进行车辆保养、维护，降低维修费用；（8）建立和完善客户反馈监督体系，及时处理客户的意见、建议，提高客户满意率。

**4. 如何做好让员工满意**

对于汽车维修人员，一些技术骨干在企业长期的维修工作实践中不仅掌握了汽车的维修技能，而且掌握了企业的客户来源，成了企业不可或缺的人才。这些业务技术骨干如果"跳槽"或者自立门户，引起的不仅仅是企业技术岗位的空缺，还会带走原有企业的一部分业务，导致企业维修能力下降，经济效益下滑。所以，维修企业不仅存在着培养人才、提高维修队伍整体素质的问题，还存在着留住人才、建立人才激励机制、稳定维修队伍的问题，这两个问题不解决，购置再先进的设备而无人会用也无助于企业的发展。同时，有些企业由于缺乏专业人才，就取消了购置先进设备的念头，也严重制约着企业的发展，可见人才在企业中的核心和决定因素。目前，汽车维修技术的发展日新月异，如果培训跟不上，企业显然要落伍。

（1）掌握员工的心理需求。员工一般有这样的心理需求：价值观、学习欲、尊重感、信任感、安全感、公正公平公道的人际关系、挑战性工作。

（2）采取激励机制。所谓激励，是指利用各种必要的手段最大限度地激发员工的工作动机，以实现企业目标的一种心理。

马斯洛的需求层次理论是激励时应用得最广泛的理论。马斯洛理论把需求分成生理需求、安全需求、社交需求、尊重需求和自我实现需求五类，依次由较低层次到较高层次，如图 7.4 所示。

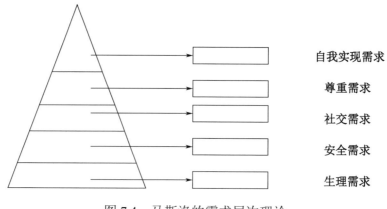

图 7.4　马斯洛的需求层次理论

**生理需求**：对食物、水、空气和住房等需求都是生理需求，这类需求的级别最低，人们在转向较高层次的需求之前，总是尽力满足这类需求。一个人在饥饿时不会对其他任何事物感兴趣，他的主要动力是得到食物。管理人员应该明白，如果员工还在为生理需求而忙碌时，他们所真正关心的问题就与他们所做的工作无关。当努力用满足这类需求来激励下属时，我们是基于这种假设，即人们为报酬而工作，主要关乎收入、舒适等，所以激励时试图利用增加工资、改善劳动条件、给予更多的业余时间和工间休息、提高福利待遇等方式来激励员工。

**安全需求**：安全需求包括对人身安全、生活稳定以及免遭痛苦、威胁或疾病等的需求。和生理需求一样，在安全需求没有得到满足之前，人们唯一关心的就是这种需求。对许多员工而言，安全需求表现为安全而稳定以及有医疗保险、失业保险和退休福利等。主要受安全需求激励的人，在评估职业时，主要把它看作不致失去基本需求满足的保障。如果管理人员认为对员工来说安全需求最重要，他们就在管理中着重利用这种需求，强调规章制度、职业保障、福利待遇，并保护员工不致失业。如果员工对安全需求非常强烈时，管理者在处理问题时就不应标新立异，并应该避免或反对冒险，而员工们将循规蹈矩地完成工作。

**社交需求**：社交需求包括对友谊、爱情以及隶属关系的需求。当生理需求和安全需求得到满足后，社交需求就会突显出来，进而产生激励作用。在马斯洛需求层次中，这一层次是与前两层次截然不同的另一层次。这些需求如果得不到满足，就会影响员工的精神，导致高缺勤率、低生产率、对工作不满及情绪低落。管理者必须意识到，当社会需求成为主要的激励源时，工作被人们视为寻找和建立温馨和谐人际关系的机会，能够提供同事间社交往来机会的职业会受到重视。管理者感到下属努力追求满足这类需求时，通常会采取支持与赞许的态度，十分强调能为共事的人所接受，开展有组织的体育比赛和集体聚会等业务活动，并且遵从集体行为规范。

**尊重需求**：尊重需求既包括对成就或自我价值的个人感觉，也包括他人对自己的认可与尊重。有尊重需求的人希望别人按照他们的实际形象来接受他们，并认为他们有能力，能胜任工作。他们关心的是成就、名声、地位和晋升机会。这是由于别人认识到他们的才能而得到的。当他们得到这些时，不仅赢得了人们的尊重，同时其内心因对自己价值的满足而充满自信。相反，如果不能满足这类需求，他们就会感到沮丧。如果别人给予的荣誉不是根据其真才实学，而是徒有虚名，也会对他们的心理构成威胁。因此，在激励员工时应特别注意有尊重需求的管理人员，应采取公开奖励和表扬的方式。布置工作要特别强调工作的艰巨性以及成功所需要的高超技巧等。颁发荣誉奖章、公布优秀员工光荣榜等手段都可以提高人们对自己工作的自豪感。

**自我实现需求：**自我实现需求的目标是自我实现，或是发挥潜能。达到自我实现境界的人，接受自己也接受他人。解决问题能力增强，自觉性提高，善于独立处事，要求不受打扰地独处。要满足这种尽量发挥自己才能的需求，他应该已在某个时刻部分地满足了其他的需求。当然自我实现的人可能过分关注这种最高层次的需求的满足，以至于自觉或不自觉地放弃满足较低层次的需求。自我实现需求占支配地位的人，会受到激励在工作中运用最富于创造性和建设性的技巧。重视这种需求的管理者会认识到，工作的创新性和创造性并非管理人员独有，而是员工也期望拥有的。为了使工作有意义，强调自我实现的管理者，会在设计工作时考虑运用适应复杂情况的策略，会给身怀绝技的人委派特别任务以施展才华，或者在设计工作程序和制订执行计划时为员工群体留有余地。

① 激励员工必须及时。心理学家研究表明，及时激励的有效度为80%，滞后激励的有效度仅为7%。实践也一再证明，应该表扬的行为得不到及时鼓励，会使人气馁，丧失积极性；错误的行为得不到及时处罚，会使错误行为更加泛滥。

某汽修厂的员工在深夜加班抢修某台重要的汽修设备，到了晚上十点半左右，该厂厂长前往车间看望正在辛勤工作的修理工，向他们问候，道声辛苦，并表扬了大家，同时表示在他们完成任务后，要请他们出去吃夜宵。员工很感动，觉得厂长非常关心他们，因此工作得更加起劲了。

而另一家汽修厂的员工同样也在加班抢修某个重要客户的汽车，到了晚上十一点，终于修好了车，修理工边收拾工具，边发议论：哥们儿今天这么辛苦，大家收拾好工具后到办公室去找厂长，让他请我们吃夜宵好不好？大家都说：对！让他请我们吃夜宵。当然最后这位厂长也请了一顿，同样是吃夜宵，但感受大不一样，效果也不同。

② 激励中要公正。激励中有奖罚政策。然而在实际操作中，功劳的大小却有不同的评价标准，一旦奖励不合理，必然引起人际关系紧张，甚至挫伤员工的积极性，出现负向激励。业绩有高低，功劳有大小，员工之间本身就存在差异，对一个人奖励一旦过头，则无异于对其周围人的无端惩罚，反之亦然。因此我们强调奖励要与贡献成正比，体现公正的原则。

（3）加强对员工的培训。

① 加强培训是提高员工整体素质的重要途径。汽车维修行业，同现代化工业生产相联系，需要不断提高员工队伍的素质，以适应汽车维修作业和企业管理工作的需要。只有这样，才能不断提高维修质量，增强企业的竞争力。

② 加强培训是提高劳动生产率和工作效率的主要措施之一。通过培训，可以提高员工和干

部的工作能力、办事效率和技术水平；可以增加他们的知识积累、加速知识更新和引发科学创见。通常情况下，教育培训的程度越高，完成任务的效率就越高，革新与发明创造就越多。

③ 加强培训会给企业带来巨大的经济效益。现代经济发展的实践证明，教育与培训是生产力的重要组成部分，越来越成为发展生产的重要因素。

### 7.2.3 汽车维修的标准化

随着国内经济的稳步发展，购买汽车已经从企业消费过渡到个人消费阶段，汽车相关消费领域的市场也迅速壮大，尤其是汽车维修市场的快速发展使得这一行业更加被人们重视，整个行业也趋向于向成本控制型、服务型、标准化和连锁经营方向转变。汽车维修企业也正在逐渐地提高自身的服务质量和管理效率，加强竞争能力，以适应目前和未来更为激烈的市场竞争需要。

对于汽车维修企业，标准化主要体现在修理质量的标准和服务质量的标准。例如将汽车维修作业分为发动机、底盘、电工、钳工和钣金五大工位，按不同车型和不同维修周期，制定各工位的岗位操作标准、工艺规程。对于顾客满意方面，制定接待规范和工作程序，提供给大家参考。

 **案例**

某汽车修理厂在服务质量和修理质量两方面制定了接待规范和工作程序。

**前台业务接待规范**

每日到达工作岗位后，应对自己的工作部位及工作范围进行清洁和整理，做好工作前的准备工作。下班前关门、关窗、断电，最后离开工作岗位。

**1. 客户档案**

记录对客户所提供的保养和维修服务，计算机存档，并分类保管，提醒客户何时该来定期保养。

**2. 服务预约**

（1）当客户车辆进行故障诊断（或报修）以后，由于车主的原因需请示汇报或出差等原因不能立即进厂，应进行预约登记。

（2）由于维修工作量饱满（工作量超过工作能力的80%的），对于报修车，不能及时进厂进行维修的，应由车主办理预约登记进厂。

（3）车主（客户）通过电话方式进行预约进厂的，在电话中一定要弄清车主所报故障现象，回答预约所需工时，确定大概完成时间。

**3. 进厂接待**

当车辆进厂维修时，在刚开始的数分钟内，车主受到何种接待，往往影响着未来客户与修理厂的关系。在接待客户时，应注意以下几点：

（1）礼貌友善，显出关切之情。

（2）用专业技术方面的语言交谈。

（3）科学地检测诊断，准确地找出故障所在。

（4）报出合理的服务收费。

（5）承诺有把握的交车时间。

（6）进行认真细致的车辆交接。

接待人员应与车主（客户）建立良好的沟通关系，除了车主报修以外的其他要求，也应尽量满足。对车主漏报的项目，接待人员应根据服务记录和试车检验的情况及时提出建议，这样既可保证修车质量，又能增进和车主的关系。

和客户一起检查送修车辆的内外饰、内外观、车内物品等，并按维修合同所规定的各项内容认真填写齐全，双方共同签字生效。

和客户一起在技术部的配合下对送修车辆进行全面检查，初步判定维修项目或维修故障。

初步确定维修周期及维修费用。

### 4. 维修估价

维修估价包括工时估价和零配件估价。

工时估价：应按照规定的不同车型、不同维修项目的统一工价。

零配件估价：接待人员应按零配件的销售价格估价，特殊订货的配件，价格应适当加乘一定的系数后报价。

### 5. 填写工作单

业务接待员应将上述接待资料，如实填写到工作单上并录入到计算机中。

### 6. 承诺交车时间

接车时，接待人员应告知顾客交车时间。如能按期交车应及时通知，这可以增强顾客的信任度。如果延期交车，应提前同车主商量，并尽早通知车主。

随时和车间联系，掌握车辆维修进度和费用情况。

### 7. 追加项目的处理

工作单上没有的项目，维修过程中发现某些项目必须追加的，应事先同车主商量；征得车主的同意后，方能施工增加费用，并同时要追加工作单，或在原工作单上补项。

在车多接待工作忙、接待人员不够时，为了不使顾客等待，接待主管或班长，其他管理人员应主动前来协助。

### 8. 交车前的检查

确保车辆内外清洁。

检查交车时间、费用，实际维修项目是否与工作单上项目相符。

在没有得到顾客授意前，切忌做任何额外修理工作。

确保油、水及所有安全项目均做过检查。

确认工作单上的项目确实做过。

检查维修过的地方，没有损坏及油污。

检查机油油面、传动带张力、轮胎螺栓是否拧紧，轮胎有无异常。

### 9. 路试

路试期间应做下列检查：

起动电动机运作是否顺畅。

离合器、制动机构、变速器、转向系、悬架、收音机、空调、灯光是否正常。

对车间维修完毕的车辆进行检查，包括故障修复情况和对照维修合同进行车辆内外饰、内外观、车内物品的检查，发现问题及时和车间联系。

经检查无误后，严格遵照"业务部结账要求"与客户联系，通知客户接车。

在客户认可后，根据计算机内资料准备结算单，并告知客户维修材料和工时的费用情况。

根据客户最后要求及中心财务规定，并对领料单、工时进行核对无误后打印出维修材料、工时清单（共四联），最后结清费用。

结账时做到明码实价，谢绝打折，作为优质服务的一项内容，业务可以做一些免费小修、调整、检查服务。

开具出门条，并可根据情况赠送纪念品，送客户离开中心。

整理结账后的资料、清单，留档保存，并将工时数计入主修人账户，月末一并结算。

在开业、周年之庆或逢节、假日及每隔一段时间应开展免费检测服务。利用本中心的仪器设备优势提供对外门诊服务，以提高企业的知名度。同时，时刻牢记，做好免费检测服务，是业务接待的一项十分重要的工作。

### 车间工作程序

1. 上班后，接受车间点名报到。

2. 到岗位后，做好维修前的准备工作。

3. 由专人将客户送修车辆移动到指定维修工位。

4. 由车间主管指派维修小组承修合同中所规定的维修项目。

5. 对于返修免费维修项目，由车间主管根据返修单指派人选进行维修。

6. 根据维修规范和维修项目对车辆进行必要的检查，判断故障原因和决定维修手段。

7. 对于维修人员不能单独判断的故障，应会同车间主管、技术部共同判断故障原因。

8. 对于较大部件的维修或零件更换，应由维修人员通知车间主管，再由车间主管及时通知业务人员。

9. 维修小组应管理好自己承修车内物品和拆卸下的零部件。

10. 对于需要更换的零部件，在能保留其完整外观的情况下，将旧件交到配件库房或车间主管手中，再根据车辆底盘号或发动机号等，到配件库房领取新件。

11. 在检阅维修胶片、维修资料、领取新件时，要保存好自己工位的所有物品。

12. 严格按照维修规范进行维修和配件安装，并在保证安全的前提下进行实验。

13. 有外出试车的要求时，须经车间主管批准，由专人负责。

14. 在维修合同上认真填写自己所进行的维修项目，并由主修人签字。

15. 将自己工序内容完成后，要及时通知车间主管，进行下一工序的工作。在几个单位共同进行时，各维修小组应相互协调配合。

16. 完成维修合同上所规定的维修项目后，由专人负责检查修复情况，并签字确认。

17. 将修复工作完成后的车辆进行卫生清理（具体内容由车间主管掌握），并按照维修合同上所写内容，由车间主管检查修复情况，车内外饰、车内外观、车内物品核对无误并签字后，由车间主管将钥匙交与业务保管。

18. 维修小组应及时清理自己工位的遗留物品，并进行必要的清扫，将不再使用的设备放回原处。

19. 在离岗前对自己工位进行清洁，切断电源，关闭用电设备。

20. 下班前集合点名。

### 7.2.4 汽车维修的质量责任制

建立质量责任制是企业建立经济责任制的首要环节。它要求明确规定企业每一个人在质量工作上的具体任务、责任和权力，以便做到质量工作事事有人管、人人有专责，办事有标准，工作有检查，把同质量直接有关的各项工作和广大职工的劳动积极性结合起来，形成严密的质量管理工作系统。一旦发现产品质量有问题，可以追溯责任，这有利于总结正反两方面的经验，更好地保证和提高产品质量。

实践证明，为了使所有影响质量的活动受到恰当而连续的控制，且能迅速查明实际的或潜在的质量问题，并及时采取纠正和预防措施，必须建立和实施相应的质量责任制度。只有实行严格的质量责任制，才能建立正常的生产技术工作程序，才能加强对设备、工装、原材料和技术工作的管理，才能统一工艺操作，才能从各个方面有力地保证产品质量的提高；实行严格的责任制，不仅提高了与产品质量直接联系的各项工作质量，而且提高了企业各项专业管理工作的质量，这就可以从各方面把隐患消灭在萌芽之中，杜绝产品质量缺陷的产生；实行严格的责任制；可使工人对于自己该做什么、怎么做、做好的标准是什么都心中有数。同时通过技术练兵使工人掌握操作的基本功，从而熟练地排除生产过程中出现的故障，取得生产的主动权。质量责任制要与考核奖惩相结合，只有这样，才能改变"质量只是质量部的事情"的看法，使每一个员工都能以主人翁的姿态进行工作，确保产品质量。这些都为提高产品质量提供了基本保障。

建立健全一套汽车维修质量责任制度，对全厂每个职工、每道工序都明确在质量管理工作上，做到事事有人管、办事有标准、工作有检查。

（1）厂长应主持全面质量管理工作，直接领导质检组，组织制订质量发展计划，确定质量总目标。

（2）技术副厂长对企业技术负全部责任，针对配件质量、维修质量薄弱环节，制订、改进计划，保证不断提高维修质量。

（3）质检员具体负责质量管理工作，严格执行国家标准、行业标准、企业标准，编制维修质量指标，并汇总执行情况。

（4）技师对本车间维修质量负直接责任，对不合格车辆配件出厂负完全责任，指导工人认真执行各种技术标准和技术操作规程。

（5）班长、质检员必须严格执行各种技术操作规程和技术标准，把好质量关，做到不合格零部件及未修好的车辆不准进入下一道工序，出厂认真做好质量检验原始记录，收集整理有关数据，为改进修车及配件质量提供可靠依据。

（6）生产工人必须严格执行技术标准和操作规程，加强自检、互检工作，遵守岗位制度，认真执行检验人员对修车质量意见，共同提高维修质量。

 案例

某汽车修理厂制定了质量方面的规定和相应的奖惩条例（见表7.2）。

**表7.2　车间工作质量考核表**

部门主管人：　　　　　　考核时间：　　　　月　　　　日

| 工作职责 | 完成情况 | 考核结果（优、良、及格、不及格） | 处理意见 |
| --- | --- | --- | --- |
| 负责派工单填写，并派工到作业组 | | | |
| 负责班组、工位的协调 | | | |
| 负责加班的安排 | | | |
| 负责追加项目及配件的受理，并及时反映给业务接待 | | | |
| 负责工期质量的监督，做好班组完工的签字，完善过程检验手续，做好工期延长、质量返工的记载，并做出处罚，及时上报有关部门 | | | |
| 做好工时的统计与核算工作 | | | |
| 负责车辆维修动态的填写工作 | | | |
| 做好车间的安全、卫生工作，并对安全质量事故做出处罚报告 | | | |
| 做好完工车的送技术部检验工作 | | | |
| 做好洗车的管理工作 | | | |
| 做好各种报表的上报工作（如：工期质量监控报表、工时统计报表、事故处罚报告表等） | | | |
| 考评人员签字 | | 领导签字 | |

考核、奖惩办法：

1. 每项具体工作，没有完成或完成不好的每项扣罚5元。

2. 发生一般工作质量事故扣罚 5～100 元。

3. 发生重大工作质量事故扣罚 200 元，情节严重的调离岗位，直至除名。

### 班长责任制和奖惩条例

为了保证班组生产正常进行，特制定本责任制和奖罚条例。

一、班长是全班的负责人，在车间主管的领导下进行工作，带头模范遵守厂部的各项规章制度，对全班工作负全面责任。

二、负责组织本班的生产、接受、分配、交割生产作业任务；参与本组生产，指导班组其他人员作业；对维修作业质量、进度、安全、卫生实施监督；做好本组作业过程中的自检工作，并代表本班接受厂部技术检验和上级检验。

三、负责贯彻、传达厂部各项行政指令，组织组员完成厂部下达的临时性任务。有权向上级提议对本班员工的表扬、奖励和处分意见，有权在本职工作范围内进行工作的改进。

四、负责组织本班生产环境的文明建设，组织全班进行规范作业，开展质量、安全竞赛，搞好本班车间、工位的卫生。

五、负责管理好本班的生产工具、设备和在本组工位上维修的车辆。

六、班长要认真履行职责，工资分配在本班应是最高的。

七、凡能认真履行上述职责的班长，厂部应给予奖励。凡不能认真履行上述职责的班长均应受 5～200 元的经济处罚和行政处分。

## 7.2.5 依靠质量管理整合企业

目前，获得 ISO 9000 质量保证体系认证的汽车维修企业越来越多，但获认证后，企业下一步该如何开展质量保证体系工作，以便不断改进工作，使之成为有效实现企业经营目标的手段呢？

**1. 质量管理体系在企业里的作用**

按照现代质量管理理论，质量的概念包括产品质量、服务质量、业务质量。企业中任何部门、任何人的工作都不能说与质量无关，任何工作质量从理论上讲都是可以量化衡量的。由于新版质量体系标准融进了现代管理的思想和内容，它不仅仅用于产品制造环节，而且已可以覆盖公司销、供、产各个营运环节。目前，对企业质量管理体系的第三方评审已经涉及企业的所有业务。因此，以质量管理体系为平台，以质量体系标准作基础，评估其他业务管理体系运行状态是完全合乎逻辑和适宜的。

与传统质量管理相比，现代管理强调体系和流程对企业业务的影响，其覆盖面和实际面不断扩展，已远远超出质量职能部门和产品质量的范畴。质量管理日益成为企业贯穿于产品开发、工程设计、产品制造、工艺控制、供应商质量、物流控制、营销、售后服务、用户满意度等业务流程中，并有效实现企业经营目标的整合手段。

"以质量管理整合企业"是指以质量管理为核心，以质量体系标准为基础，充分融合其他各种业务管理体系，形成系统的、透明的、易于识别的、从市场开发到售后服务的一体化管理系统，有效地为实现企业的经营目标服务。对于外包的业务环节，供应商应该做到与主机厂业务流程的衔接和质量体系的一致。

以质量管理整合企业管理体系包括三个要素：一是最高领导者充分重视和管理层具备现代质量意识，这是实施整合的先决条件；二是成立跨部门多功能小组，这是整合活动的行为主体；三是实现业务管理的过程化控制和管理体系的一体化运行，这是整合的着眼点。最终通过管理体系有效性评审，验证整合取得的实际成效，明确体系和体系的操作者下一步改进的方向。

**2. 如何以质量管理整合企业**

（1）企业最高领导者充分重视、直接参与。实现企业管理体系的有效整合完全取决于最高领导者对质量体系的重视与认知程度。它需要强有力的整体协调才能推进到所有业务职能部门。也就是说，企业最高领导者不仅要参与质量方针、质量目标的确定，而且要掌握质量管理的执行情况。

按照体系标准规定，企业每年都要进行管理评审，评审记录将作为判断符合项的依据。这种最基本的规定就是要企业最高领导者参与到质量管理中去，而不是做旁观者。其实仅仅有定期的管理评审是不够的。最高领导者尽管已授权给管理者代表，但必须要把自己的管理理念和对体系设定的目标要求推广下去，经常参加管理评审会，听取评审结果的第一手汇报，适时地予以促进。

一套健全的管理系统能很好地保证领导者的经营计划得以贯彻实施，很少出现运行结果与经营计划之间的偏差，即使出现偏差也能做到自我调整，从而能使领导者花最少的时间用于监控企业的内部运作。因此，企业最高领导者直接参与管理体系评审，可以达到事半功倍的效果。

（2）企业管理层必须更新质量意识。在开始整合行动前，统一管理层的思想至关重要。

质量概念不仅包括产品质量，还包括服务质量和业务质量，可以定义为满足用户需求和期望的程度。用户被定义为接受产品或服务的组织或个人，可以是企业内部的或外部的。

维修质量和服务质量的评判由用户说了算。维修后的汽车运用特性达到技术规范、维修服务达到要求都不意味着高质量，因为用户的期望和要求是不断变化的。只有以用户为中心，不断满足用户的需求、超越用户的期望，才能保持维修的高质量。同样，在企业内部，下道工序是上道工序的用户，下道工序或业务的变化或改进一定要拉动上道工序或业务作相应的变化或改进；如果上游做不到同步改进，便形成企业运作的内在阻力。业务流程越长，形成阻力的概率越大。企业管理层努力缩短业务流程，提高上游对下游的反应速度，是非常重要的。

一般在大型企业内，业务流程较长，职能部门较多。如果能按业务流程链建立用户链，创造以用户为中心，关注用户的期望和需求的企业质量文化，应是克服各自为政、提高工作效率的有效途径。

（3）跨部门多功能小组是高效的推进组织。质量管理特别强调团队在质量改进和体系建设中的作用。实践表明，成立跨部门多功能小组（与 QC 小组为一体），能有效地实施对各个业务活动的监控，推进业务活动和体系的不断改进。

该小组由管理者代表牵头并与各相关职能部门经理组成，建立定期例会制度，支持和督促有关人员按计划改进工作流程，提高工作业绩。如，维修质量改进的跨部门多功能小组应由售后服务、维修组织工程、质量保证、质量工程、供应商质量、维修车间制造等部门组成。小组定期评审汽车的修后质量反馈信息，组织相关工程人员，研究解决产生用户抱怨和质量问题的措施。相关部门经理的共同参与，使解决问题的措施得到全面的评审，增强了可行性和可操作性，缩短了决策的周期。

（4）实现业务管理的过程化控制。过程方法是 ISO 9000 标准中的八大原则之一。业务管理的流程化是指将企业任何一种业务活动都用一个或若干个过程来定义，同时把每个过程中的环节有序地确定下来，并用程序文件加以描述。维修组织制造如此，售后服务、物流管理、财务管理等同样如此。业务的过程模式包括四个基本要素：管理职责、资源管理、业务事项、监控与改进。

业务管理的流程化是实现业务管理规范化的前提和基础。没有业务管理的标准化流程难以达到用户的高满意率。

（5）管理系统一体化运行。一个企业的功能，简单地说，就是把用户需求或期望的所维修的车辆和服务转化为现实的用户满意的维修和服务的过程。管理体系一体化运行的出发点是保证企业以最小化的资源输入，使高质量的汽车维修作业和服务以最快的速度传递给用户。这意味着企业所有业务管理都必须高效率运行。

过程化控制是针对各个业务管理而言的，一体化运行则是针对企业的整个管理体系而言的。它指将企业维修组织技术开发、工艺工程、零部件配套、财务支持、人力资源、物流管理、售后服务等各个业务传递链，组成一个互为支持的管理体系。在这一体系中，以质量管理为核心，以质量管理模式为基础，建立合理的业务传递链，形成以用户满意度作为各个部门业绩评估的主要依据的管理机制则是关键。

（6）管理体系的有效评审。管理体系符合性评审是对照标准的评审，是对过程和方法的评审；而管理体系有效性评审是对体系运行输出结果的评审。对于投资者来说，真正关心的是管理体系的有效性，即输入资源是否增值及增值大小。

管理体系有效性包括两个方面：一是体系本身有效与否，即体系能否与业务很好配合，支撑业务的变化和扩展，体现在流程是否合理，环节是否衔接，责任是否清晰，信息是否通畅；二是体系运行是否有效，即执行者的操作能否保证体系的稳定可靠运行，并根据用户需求的变化，对体系不断改进，提高体系的适应性。

# 7.3 汽车维修全面质量管理保证体系与 ISO 9000 认证

现在已经有很多汽车维修企业通过了 ISO 9000 认证。ISO（International Standards Organization）是国际标准化组织。而 ISO 9000 则是由国际标准化组织发布的第 9000 号文件，是一份关于质量管理体系的一系列标准，它是在 2000 年 12 月由国际标准化组织/质量管理与质量保证技术委员会颁布的。

ISO 9000 质量管理体系——基本原理和术语；

ISO 9001 质量管理体系——要求；

ISO 9004 质量管理体系——业绩改进指南。

**1. 质量管理体系的建立过程**

可以将 ISO 9000 的实施工作总结为：依据标准、结合实际，写我们所做，做我们所写，记我们所做。

"依据标准"是指企业所建立的文件化质量体系必须满足 ISO 9001 标准的要求，并能覆盖标准的各项要素，这就需要编写文件的人员必须学会并领会标准的各项要求。

"结合实际"是指编写文件的人员必须对企业的运作程序与各个环节进行全面的了解，将标准的要求与企业的实际任务结合起来，设计出质量体系文件的总体架构。每一个企业又都有各自独特而又具体的情况，对此，一定要注意，绝不能过分地去模仿那些已经通过认证的汽车维修企业的模式，更不能过分地依赖于咨询机构提供的范本来"照猫画虎"。因为这样做往往会使质量文件脱离本企业的实际情况，使文件内容空洞而概念化，这样不仅很难体现出企业的质量方针和质量目标的特点，而且更难以被全体员工所理解和贯彻执行。可以说，一个难以实现或不知是否能实现的目标，是根本起不到激励员工之积极作用的，这就等于没有目标，这样贯彻 ISO 9000 系列质量保证标准就没有意义了。

"写我们所做"是指质量体系文件的编写，要将我们的工作程序与方法用文件来进行规范和描述。

"做我们所写"是指质量体系建立后，一切质量活动就要按照文件的规定进行，文件怎么写的，大家就要怎样做。

"记我们所做"是指质量体系在运行过程中产生的各种记录要按照规定予以保存，记录下来的作用主要有两条：一是当出现问题或质量事故时便于追溯，以便查清原因，分清责任，该我们负责的要负责任，不属于我们责任的可以减少不必要的赔偿或损失；二是在认证机构或是顾客进行认证审核或我们自己进行内部质量审核时作为实际行动是否符合文件规定的证据。

**2. ISO 质量管理的八项原则**

（1）原则一：以顾客为中心。组织依存于他们的顾客，因而组织应理解顾客当前和未来的需求，满足顾客需求并争取超过顾客的期望。

（2）原则二：领导作用。领导者建立组织相互统一的宗旨、方向和内部环境。所创造的环境能使员工充分参与实现组织目标的活动。

（3）原则三：全员参与。各级人员都是组织的根本，只有他们的充分参与才能使他们的才干为组织带来收益。

（4）原则四：过程方法。将相关的资源和活动作为过程来进行管理，可以更高效地达到预期的目的。

（5）原则五：系统管理。针对制定的目标，识别、理解并管理一个由相互联系的过程所组成的体系，有助于提高组织的有效性和效率。

（6）原则六：持续改进。持续改进是一个组织永恒的目标。

（7）原则七：以事实为决策依据。有效的决策是建立在对数据和信息进行合乎逻辑和直观的分析基础上的。

（8）原则八：互利的供方关系。组织和供方之间保持互利关系，可增进两个组织创造价值的能力。

**3. ISO 9000 认证办法**

（1）第一条：建立一个质量体系的程序应符合 ISO 9000 系列标准所规定的要素。例如：企业的性质、公司的规模、现行质量控制的状况、产品的市场诉求情况等。

（2）第二条：组织实施质量控制的步骤以及实施 ISO 9000 体系时应被作为主要计划来采纳、实行的一些步骤。

① 最高管理部门做出的质量评估应作为企业必需的要素。

② 要树立起一种观念，即建立一个符合 ISO 9000 标准的质量体系是使公司发展和获得长远利益的基础。

③ 由管理部门来对公司采用相应的 ISO 9000 标准进行审议，并提出一个适当的实施对策。

④ 与上级管理人员讨论采用 ISO 9000 的方案并选择适当的质量体系保证模式（ISO 9001、ISO 9002 或 ISO 9003）以便实施。

⑤ 与工会或工人代表协商，向他们阐明原则、概念以及实施 ISO 9000 标准对公司及公司的雇员的利益。这是必须的，因为要成功地实施 ISO 9000 标准，需要公司内所有人员的积极协作。

⑥ 设立一个在主要执行人员领导下的控制委员会，以便在规定时间内的计划程序能全面有效地实行。

⑦ 对员工进行 ISO 9000 和其实施方法等知识和技巧等诸多方面的培训。

⑧ 调查现行的质量控制体系识别缺陷的能力或质量全过程与 ISO 9000 标准要求比较后的偏差。

⑨ 提出规范活动的鉴定要求并系统地阐述对计划中各工作要素的解释；对不同部门和人

员责任的规定；预计活动完成的时间。

⑩ 制定工作指南，根据 ISO 9000 标准条款的要求，认可本公司的工作程序的过程。

⑪ 质量手册包括：公司的质量方针、组织结构、体系过程概要。这个概要应包括描写过程的更为详细的文件出处，为各部门、职能小组提供的工作指南。

⑫ 为掌握标准方法对全体职员和工人的培训及培训程序文件。

⑬ 公司应保证让全体职员清楚地了解其质量方针和为实施 ISO 9000 标准而制定的目标。有关的目标和程序应被翻译成通俗的语言，以便那些文化程度较低的工人们容易接受和理解。

⑭ 确定采用新体系的日期并公布为实施新体系所要执行的指南。在相对较大的公司里，新体系应被逐步协调地采用，它可首先作为指导计划在一个或两个部门或产品工厂实行，根据获得的经验再逐步推广到其他部门、小组直到公司的所有运行部门。

⑮ 让新体系试运行几个月并保证内部的审核是依照 ISO 9000 标准进行的。

⑯ 对审核发现的不合格项采取纠正措施。

⑰ 经过适当的时期之后，再进一步实施审核并采取纠正措施直至质量体系充分地运行起来。

⑱ 安排一个外部的机构进行初步的审核。

⑲ 根据外部审核小组的检查意见采取纠正措施。

⑳ 安排一个经认可的认证人员进行日常的评估。

 **案例**

### 汽车维修企业质量认证工作的基本过程
**（某汽车修理厂在贯彻 ISO 9000 标准并进行质量体系认证时的基本过程）**

汽车维修企业质量认证工作的基本过程可分为以下几个阶段。

（1）组织策划，须完成以下六项任务：

① 调研与决策。企业领导通过调研，做出本企业贯彻 ISO 9000 族标准、进行企业质量认证的有关决策。

② 培训。组织企业领导、中层干部、业务骨干及全员，分层次进行关于 ISO 9000 族标准有关内容的培训；选派内部审核员送本地区质量认证机构组织的专业培训，取得内审员资格。

③ 确定咨询机构和人员为质量手册的母本。

④ 建立企业质量认证工作领导班子，确定、任命质量管理者代表。领导小组由企业最高管理者任组长，成员包括管理者代表及有关（生产、经营、技术等）中层领导。由管理者代表全权负责质量认证的具体工作。

⑤ 建立质量认证工作班子。质量认证工作班子通常称之为"贯标办公室"或"ISO 9000 办公室"，由主要业务部门选调精兵强将组成。其职责是协助管理者代表进行贯标、认证的管理工作，主要任务有：编制贯标、认证工作计划，对各部门实施情况进行监督检查与考核；组织对本厂原有体系状况的调查，找出与标准要求的差距所在，为立足于本厂的实际情况，

建立有效的质量体系打好基础；协助各部门解决贯标中出现的接口问题；与认证机构进行联络，组织准备现场审核的有关工作。

⑥ 编制贯标与认证工作计划。

（2）质量体系总体设计，质量体系总体设计阶段需完成以下五项任务：

① 拟订企业质量方针、目标。

② 选择合适的质量保证模式。在 ISO 9000 族标准中，规定了以下三种标准质量保证模式：ISO 9001《质量体系设计、开发、生产、安装和服务的质量保证模式》；ISO 9002《质量体系生产、安装和服务的质量保证模式》；ISO 9003《质量体系最终检验和试验的质量保证模式》。对于汽车维修企业，为证实对自身服务质量的过程控制能力，一般应选用 ISO 9002 标准。

③ 调整组织机构设置。有些企业如原先未单独设置质量管理部门，则应在贯标中进行调整，增设质量管理部门。

④ 确定各部门的职能及相互关系，编制职能分配表（见表 7.3）。

表 7.3　部门职能分配表

| 质量保证体系要素 | 企业主管 | 管理者代表 | 服务经理 | 技术总监 | 配件经理 | 销售经理 | 车间主任 | 办公室 | 财务经理 |
|---|---|---|---|---|---|---|---|---|---|
| 管理职责 | ※ | | △ | △ | △ | △ | △ | | △ |
| 质量体系 | | ※ | △ | △ | △ | △ | | △ | △ |
| 合同主审 | | | ※ | | △ | △ | | | |
| 文件和资料控制 | | | △ | △ | △ | △ | △ | ※ | |
| 采购、工艺外协 | | | | | ※ | △ | | | |
| 顾客提供产品的控制 | | | ※ | △ | | | | | |
| 产品标识和可追溯性 | | | △ | ※ | △ | △ | | | |
| 过程控制 | | | | △ | | | △ | | △ |
| 检验和试验 | | | △ | ※ | △ | △ | | | |
| 检验、测量和试验设备的控制 | | | △ | ※ | | | | | |
| 检验和试验状态 | | | △ | ※ | | △ | | | |
| 不合格品的控制 | | | ※ | △ | | | | | |
| 纠正和预防措施 | | | ※ | △ | △ | △ | | | |
| 配件、材料搬运、贮存、包装、防护、交付 | | | △ | △ | ※ | △ | | | |
| 质量记录审核 | | ※ | △ | △ | △ | △ | | | |
| 培训 | | | △ | ※ | | | | △ | |
| 服务 | | | ※ | | | | △ | | |
| 统计技术 | | ※ | △ | △ | △ | △ | △ | | |
| 内部质量审核 | | ※ | △ | △ | △ | △ | △ | △ | |

注：※——主要负责，△——次要负责。

⑤ 识别资源需求，提出配置计划。应对照实施 ISO 9000 标准的要求，保证汽车维修质量，对企业资源配置的现状进行调查摸底，看还短缺什么资源（如人员、厂房、设备等），在

此基础上，按轻重缓急制订配置计划。

（3）编制质量体系文件，此阶段须完成的主要任务如下：

① 质量体系文件编制策划。首先应对企业现有管理文件进行彻底清理，提出有哪些文件与 ISO 9000 标准要求不符合，应予废除或修订，还缺少哪些文件，还要看现有质量记录表式有哪些可以继续使用，哪些需修改，哪些需按标准要求增补。在此基础上，对质量体系文件结构、层次的安排，所需文件及编制要求和编制规划等确定方案。

② 编写质量手册。

③ 编写质量体系的程序文件，即控制质量体系各要素活动的文件。

④ 编写作业文件，即支撑质量体系程序的具体控制质量活动过程或作业过程的详细文件。

⑤ 拟定相应的质量记录表式。

⑥ 质量体系文件的审批及发布实施。

（4）质量体系运行及改进，质量体系运行阶段需完成的主要任务如下：

① 运行准备。进行质量体系文件宣传贯彻培训，使企业各级人员明确质量体系文件要求，知道自己该做什么，该怎么做；同时，检查资源配置到位情况，进一步落实资源配置。

② 各部门按质量体系文件的要求实施管理，并记录实施过程（填写质量记录表）。

③ 进行内部质量审核。认证前，一般需进行 2~3 次内部质量审核。通过内部质量审核，发现体系运行现状与所选质量保证模式标准和本企业的质量体系文件不符合的项目，提出纠正和预防措施。内部质量审核会议由管理者代表负责主持。

④ 实施纠正和预防措施。针对维修质量和过程控制中的问题及内部质量审核中发现的不符合项，实施纠正和预防措施，将所发现的问题加以解决。

⑤ 进行管理评审。按标准要求、企业质量方针目标符合性及运行的有效性对质量体系进行全面评价，找出薄弱环节并加以改进。管理评审会议由最高管理者主持。

（5）实施质量体系认证，实施质量体系认证阶段，须进行以下工作：

① 安排预访问。请认证机构审核组对本企业质量认证工作进行预访问，通过预访问对企业来说可以收到以下效果：进一步明确认证机构对标准要求掌握的尺度；发现体系运行状态与认证要求之间现存的主要差距；熟悉审核人员，锻炼部门代表发言人，以避免在正式现场认证审核时，可能出现的过于紧张的心理状态。

② 预访问后的整改。对在预访问中暴露出的问题，企业应及时提出纠正、预防措施并将其纳入管理，抓紧时间认真进行整改和验证，确保措施有效。此后，便可适时安排正式现场认证审核。

③ 现场审核（亦称外部审核，简称外审）的迎检准备。各部门发言人要做好充分准备，但不必像迎接上级检查那样作一番系统工作汇报，而要立足于彻底搞清本部门的质量体系运行现状（有何职能，各要素活动的职责，所覆盖的应纳入管理的要素活动依据什么文件来开展，保存了哪些记录，本部门质量体系运行效果如何）及当场能够提供的有效证据。应该特

别指出，现场能提供证据非常重要，因为按照审核的一般规则，当场不能提供证据可视为没有证据而判为不符合项。

现场审核检查的要点有：

● 由管理者代表主持首次外审会议。会上由最高管理者发言，主要内容是向审核认证机构审核师介绍本企业从质量体系立项→培训→建立质量认证组织机构→到认证体系在企业的具体运行情况及最高管理者对本企业是否能达标的结论等。

● 审核机构审核组长发言：把本次审核的具体内容、分组审核及审核要求、时间、地点等交代清楚。

● 其他审核人员不需要发言。

● 由管理者代表指派联络员及各审核小组组长，陪同外审员协调审核工作。

● 外审的程序与特点：问询与查看相关资料，将重点放在对资料的查看上，是否有记录，记录是否完全，有无缺漏；实地查看生产现场和管理现场，检查是否有与质量手册不相符的地方或临时发生的问题。

● 外审员与最高管理者及管理者代表交换意见：外审员就在审查中检查出来的问题与认证企业的最高管理者和管理者代表交流意见，并听取解释。

● 末次会议：在全部内容审核完毕后，经外审员整理审核情况后，召开外审末次会议；在末次会议上，外审组长就审核情况向与会人员通报，并对重大不合格项、一般不合格项及次要不合格项等审核不合格项进行公布，宣布整改时间；最后，外审组长做出对企业此次认证审核是否合格，并向质量认证机构推荐审核合格或审核不合格的决定。

上述企业贯标进行质量认证的基本过程，意在提示一般的过程，至于具体阶段的划分和过程的跨越，完全可以从本企业的实际情况出发决定。其目的只有一个，即在尽可能短的时间内建立起一个符合本企业实际的优化而有效的质量体系。总之，贯标与认证的周期到底需要多长，完全取决于企业的决心，人力、物力等资源的投入和管理者的推动力度以及适当的咨询。

## 7.4 职业健康保障体系（OHS）

**1. 职业安全健康及关注**

（1）职业安全健康。职业安全健康（Occupational Health Safety，OHS）是国际上通用的词语。其定义为：影响工作场所内员工（包括临时工、合同工）、外来人员和其他人员安全与健康的条件和因素。

我国习惯上将 OHS 称为安全生产，通常指消除和控制生产经营全过程中的危险与危害因素，保障职工在职业活动中的安全与健康。《宪法》中将保护劳动者的安全与健康称为"劳动保护"，而在《中华人民共和国劳动法》中又称之为"劳动安全卫生"。

（2）产生背景和发展趋势。职业健康安全管理体系是 20 世纪 80 年代后期在国际上兴起的现代安全生产管理模式，它与 ISO 9000 和 ISO 14000 等一样被称为后工业化时代的管理方法，其产生的一个主要原因是企业自身发展的要求。随着企业的发展壮大，企业必须采取更为现代化的管理模式，将包括质量管理、职业健康安全管理等管理在内的所有生产经营活动科学化、标准化和法律化。国际上的一些著名的大企业在大力加强质量管理工作的同时，已经建立了自律性的和比较完善的职业健康安全管理体系，从而较好地提升了自身的社会形象，同时也大大地控制和减少了职业伤害给企业所带来的损失。职业健康安全管理体系产生的另一个重要原因是国际一体化进程的加速进行而引起的，由于与生产过程密切相关的职业健康安全问题正日益受到国际社会的关注和重视，与此相关的立法更加严格，相关的经济政策和措施也不断出台和完善。在 20 世纪后期，一些发达国家率先研究和实施职业健康安全管理体系活动，其中，英国在 1996 年颁布了 BS 8800《职业安全卫生管理体系指南》，此后，美国、澳大利亚、日本、挪威等国家的一些组织也制定了相关的指导性文件，1999 年英国标准协会、挪威船级社等 13 个组织提出了职业健康安全评价系列（Occupational Health and Safety Assesment Series，OHSAS）标准，即 OHSAS 18001《职业健康安全管理体系——规范》、OHSAS 18002《职业健康安全管理体系——OHSAS 18001 实施指南》，尽管 ISO 决定暂不颁布这类标准，但许多国家和国际组织继续进行相关的研究和实践，并使之成为继 ISO 9000、ISO 14000 之后又一个国际关注的标准。

目前，我国的职业健康安全现状不容乐观，例如，我国在接触职业病危害人数、职业病患者累计数量、死亡数量和新发病人数，均居世界首位。尽管我国经济高速增长，但是，职业健康安全工作远远滞后，特别是加入 WTO 后，这种状况如果再不能很好解决，势必会成为技术壁垒的因素存在，从而影响到我国的竞争力，甚至可能影响我国的经济管理体系运行。因此，我国政府正大力加强这方面的工作，力求通过工作环境的改善，员工安全与健康意识的提高，风险的降低及其持续改进、不断完善的特点，给组织的相关方带来极大的信心和信任，也使那些经常以此为借口而形成的贸易壁垒不攻自破，从而为我国企业的产品进入国际市场提供有力的后盾，同时也使我国充分利用加入 WTO 的历史机遇，进一步增强整体竞争实力。

**2. 实施职业健康安全管理体系的作用**

（1）为企业提供科学有效的职业健康安全管理体系规范和指南。

（2）安全技术可靠性和人的可靠性不足以完全杜绝事故，管理不当是事故发生与否的最深层原因。可帮助企业实现系统化，以预防为主，全员、全过程、全方位地安全管理。

（3）推动职业健康安全法规和制度的贯彻执行。

（4）使组织职业健康安全管理转变为主动自愿性行为，提高职业健康安全管理水平，形成自我监督、自我发现和自我完善的机制。

（5）有助于提高全民安全意识。

（6）改善作业条件，提高劳动者身心健康和安全卫生技能，大幅减少成本投入和提高工作效率，产生直接和间接的经济效益。

（7）改进人力资源的质量。根据人力资本理论，人的工作效率与工作环境的安全卫生状况密不可分，其良好状况能提高生产率，增强企业凝聚力和发展动力。

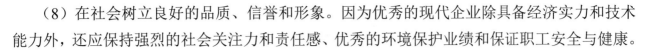

（8）在社会树立良好的品质、信誉和形象。因为优秀的现代企业除具备经济实力和技术能力外，还应保持强烈的社会关注力和责任感、优秀的环境保护业绩和保证职工安全与健康。

**3. OHS 体系的特点**

OHS 管理体系的内容由五大功能块组成：即方针、计划、实施与运行、检查与纠正措施和管理评审，而每一功能块又是由若干要素组成。这些要素之间不是孤立的，而是相互联系的。只有当一个体系或一个系统的所有要素组成一个有机的整体，使其相互依存、相互作用时，才能使所建立的体系完成一个特定的功能，这就是通过实施 OHSMS 标准的基本要求来建立 OHS 管理体系的基本思路。

一个有效的职业安全卫生管理体系必然要涉及与职业安全卫生管理有关的企业组织机构及其职责和职能分配，也必须涉及按照管理程序所实施的管理过程控制，更会涉及实施管理所需的资源（包括人员、资金、装备、材料、技术和软件等）支持等。可以说一个职业安全管理体系的有效实施，就意味着一个企业的职业安全卫生管理机制在资源支持下的基本形成。随着体系逐步完善，该企业的职业安全卫生管理机制将得到逐步健全。

OHSMS 标准提供的是组织职业安全卫生管理标准。要求组织制定职业安全卫生方针，并为实现这一方针建立和实施职业安全卫生管理体系，从而使组织的 OHS 管理按照认可的体系要求运作，并且按照体系规定的手册、程序、作业文件进行操作和维护，从而保证操作和维护规范化，满足强制性国际、国内规定和规则的要求，并尽量符合建议性的要求。它没有对安全技术标准做出任何规定，而是通过要求组织建立并实施职业安全卫生管理体系，来保证其生产活动符合强制性国际公约、规则和国内法规、规章所规定的安全技术和操作标准。

（1）系统性。OHSMS 强调结构化、程序化、文件化管理手段。

首先，它强调组织机构方面的系统性——要求在组织的职业安全卫生管理中，不仅要有从基层岗位到组织最高管理层之间的运作系统，同时还要有一个监控系统。组织最高管理层依靠这两个系统，来确保职业安全卫生管理体系的有效运行。

第二，它要求组织实行程序化管理，从而实现对管理过程的全面的系统控制。这与我国的传统管理方法过分地依赖于管理执行者平时的主观能动性有着根本区别。这样既可以避免管理行为的随意性，也可以避免部门之间、岗位之间推卸责任。

第三，文件化的管理依据本身，就是一个系统。按照 OHSMS 标准的规定要求，组织不仅要制定和执行职业安全卫生方针，还要有一系列的管理程序，以使该方针在管理活动中得到落实，以保证管理、操作和维护按照已制定的手册、程序、作业文件进行，从而符合强制性规定和规则。这些方针、手册、程序和作业文件及其记录构成了一个层次分明、相互联系的文件系统。同时，OHSMS 标准又对这些文件的控制提出要求，从而使这一文件系统更加科学化。

（2）先进性。按 OHSMS 标准所建立的 OHS 管理体系是改善组织的 OHS 管理的一种先进、有效的管理手段。先进性体现在把组织活动中的职业安全卫生当作一个系统工程问题，来研究确定影响 OHS 所包含的要素，将管理过程和控制措施建立在科学的危险辨识、风险评价基础上。为了保障安全和健康，对每个要素规定了具体要求，并建立和保持一套以文件支持的程序。对于一个已建有管理体系的组织，必须严格按程序文件所规定的执行，坚持"文件写到的，要做到"的原则，才有可能确保体系的有效性。

（3）持续改进。OHSMS 标准中明确规定，要求组织的最高管理者在组织所制定的 OHS 方针中应包含对持续改进的承诺，对遵守有关法律、法规和其他要求的承诺，并制定切实可行的目标、指标和管理方案，配备相应的各种资源。这些内容是实施 OHS 管理体系的依据，也是基本保证。同时在 OHSMS 标准中的管理评审要素中又规定，组织的最高管理者应定期对 OHS 管理体系进行评审，以确保体系的持续适用性、充分性和有效性，通过评审使体系完善、改进，使组织的职业安全卫生管理进入一个新水平。

按 PDCA 运行模式所建立的 OHS 管理体系就是在 OHS 方针的指导下，周而复始地进行体系所要求的"计划、实施与运行、检查与纠正措施和管理评审"活动。体系在运行过程中，也会随着科学技术水平的提高，职业安全卫生法律、法规及各项技术标准的完善，组织管理者及全体员工的安全意识的提高，不断地、自觉地加大职业安全卫生的力度，强化体系的功能，达到持续改进的目的。

（4）预防性。危害辨识、风险评价与控制是 OHS 管理体系的精髓所在，它充分体现了"预防为主"的方针。实施有效的风险辨识评价与控制，可实现对事故的预防和生产作业的全过程控制。对各种作业和生产过程实行评价，并在此基础上进行 OHSMS 策划，形成 OHSMS 作业文件，对各种预知的风险因素做到事前控制，实现预防为主的目的，并对各种潜在的事故制定应急程序，力图使损失最小化。组织要通过 OHSMS 标准的认证，就必须遵守法律、法规和其他要求。这样可以把"三同时"和"职业安全卫生预评价制度"作为组织建立和实施 OHSMS 标准的前提。因而通过实施 OHSMS 标准，将促进组织从过去被动地执行法律、法规的要求，转变为主动地去遵守法律、法规，并不断地、主动地去发现和评估自身存在的职业安全卫生问题，制定目标并不断改进。这将完全区别于过去那种被动的管理模式，通过建立 OHSMS，使组织的职业安全卫生真正有效地走上预防为主的轨道。

（5）全过程控制。OHSMS 标准要求实施全过程控制，如图 7.5 所示。职业安全卫生管理体系的建立，引进了系统和过程的概念，即把职业安全卫生管理作为一项系统工程，以系统分析的理论和方法来解决职业安全卫生问题。从分析可能造成事故的危险因素入手，根据不同情况采取相应的解决办法。在研究组织的活动、产品和服务对职业安全卫生的影响时，通常把可能造成事故的危险因素分为两大类：一类危险因素是和组织的管理有关，这可通过建立管理体系，加强内部审核、管理评审和人的行为评价来解决；另一类就是针对原材料、工艺过程、设备、设施、产品，研究整个生产过程的危险因素，从管理上和工程技术上采取措施，消除或减少危险因素。为了有效地控制整个生产活动过程的危险因素，必须对生产的全过程进行控制，采用先进的技术、先进的工艺、先进的设备及全员参与，才能确保组织的职业安全卫生水平得到改善。

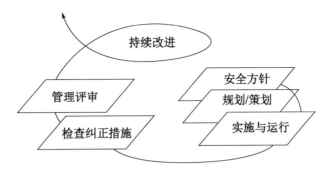

图 7.5　职业安全卫生管理体系运行过程

**4. 如何建立体系**

（1）明确基本要求。主要包括建立该体系的组织要有合法的法律地位和遵守国家有关的法律、法规。

（2）进行人员技术培训。对有关人员进行技术培训时，要有针对性，对管理层的培训着重是职业健康安全管理方针、高层意识；对特殊层培训的要求是了解岗位基本职业健康安全处理技术；对员工层培训的要求是具有一定基础职业健康安全意识。

（3）进行初始评审。包括对组织现有管理制度、各种职业健康安全影响确定和遵守有关法律、法规的情况等进行评审。

（4）方针。制定职业健康安全管理体系方针，指出职业健康安全管理体系的建立和保持总的目标和承诺。

（5）策划。策划主要包括危险源识别、风险评估和风险控制策划，法律、法规和其他要求，目标、管理方案。进行策划时，要求具有组织管理特色和反映企业文化。

（6）实施和运行。根据策划结果实施风险控制的活动，实施职业健康安全管理方案并保留各种运行证据。

（7）检查和纠正措施。包括检查日常运行情况、实施内审和管理评审以及纠正预防不合格行为。

劳动保护是指保护劳动者在生产过程中的安全与健康。个人防护是防止危害因素伤及人体的最后一道防线。由于生产环境的限制及工作岗位的特殊性，因此劳动保护用品的作用绝对不可忽视。

# 习题 7

**一、填空题**

1. 汽车维修企业建立健全质量管理体系的目的，是将企业有关部门的_____活动组成一个整体，以便互通情报，协调工作共同保证和提高维修质量。

2. 全面质量管理是指全员参与质量管理、_____管理、_____的管理。

3．质量的概念包括产品质量、_____质量、业务质量。

4．职业安全健康是国际上通用的词语。其定义为：影响工作场所内员工（包括临时工、合同工）、外来人员和其他人员安全与健康的_____和_____。

## 二、简答题

1．什么是全面质量管理？它包括哪几方面的内容？

2．全面质量管理的特点是什么？

3．试述 ISO 9000 族标准的构成与特点。

4．试述质量审核的过程及认证监督的要求。

5．结合你平常生活、学习或工作中的某件事，谈一谈你对 PDCA 循环的理解。

6．你怎样理解 PDCA 循环的大环套小环的特性？

7．怎样才能让顾客满意？如何让员工满意？

8．如果你是一个企业的负责人，你怎样参与企业的质量管理，有什么措施？

9．质量管理机构的职责有哪些？

# 第8章

## 汽车维修企业必备法律常识

📖 学习任务

通过学习本章，了解在汽车维修过程中常用的政策及相关的法律、法规常识；在出现汽车维修纠纷时，能及时、合理地运用相关调解方法，圆满解决纠纷。在实际生产、工作中不可避免地会发生各种纠纷，这就要求汽车维修业负责人掌握汽车维修纠纷调解的相关政策、法律、法规和方法，以便更好地为广大车主服务，同时运用法律知识保护自己的合法权益。

💡 知识要点

1. 行政调节是由行政机关主持的，必须遵循合法、自愿、事实清楚、分清是非、保护当事人合法权益等原则。

2. 汽车维修过程中的相关法律、法规。

3. 汽车维修合同是规范市场经营行为，保护承、托修双方合法权益的法律措施，是道路运政管理部门处理汽车维修质量和价格纠纷的依据。为了规范汽车维修合同的管理和使用，国家工商行政管理局（已更名为国家市场监督管理总局）和交通运输部联合发布了专门通知，在全国范围内统一了汽车维修合同示范文本。

## 8.1 调解

### 8.1.1 调解及调解主体

调解是解决当事人之间民事纠纷的一种常用方式，是当事人自愿将争议提交给第三方，在查清事实的基础上，分清是非，明确责任，对所发生的争议依据国家的法律、法规进行调解，使当事人和解的方式。

根据现行法律规定，主要由法院调解、行政调解、仲裁调解和人民调解构成一个完整的调解体系。法院调解的主体是人民法院，属于国家的审判机关；人民调解的主体是人民调解委员会，属于群众性自治组织；行政调解的主体是行政机关，具有行政管理的性质；仲裁调解的主体是仲裁委员会，此机构属于民间组织。

### 8.1.2　行政调解——由行政机关主持的调解

行政调解的受理者一般是该行业的专业管理者，熟悉该专业的业务技术，受理程序简便，因而常是当事人解决争议的首选调解方式。

"行政调解的主体是行政机关，具有行政管理的性质"。这说明行政调解不仅是一种服务，也是一种管理，而管理是要求服从的。这对于那些以自愿为借口、拒绝公正合理调解的承修方是有力的制约。

### 8.1.3　调解的基本原则

**1.　合法原则**

调解协议的内容不得违反法律、法规和政策，不得损害公共利益和他人利益。调解必须按照以事实为基础、以法律为准绳的原则依法进行。调解不可违背这一最重要和最基本的原则。调解的结果——调解协议代表调解的形成，而调解协议是由一个或几个人作出的，维修行业管理部门对协议必须进行认真审查，审查协议是否违背事实、是否违背法律、是否用强迫和变相强迫的手段形成协议以致损害了当事人的合法权益。若有违反，则应纠正，这是防止行业管理的行政调解权被当事人寻租的规定程序和必要的监督手段。只有坚持合法原则，才能保证调解质量。

**2.　自愿原则**

自愿原则是指当事人对调解的协议是自愿的，不能强加于人。调解不成的，当事人和另一方均有权向仲裁机构申请仲裁，也可以直接向人民法院起诉。

**3.　事实清楚，分清是非原则**

这是正确进行调解的前提，只有查明事实，分清是非，才能掌握纠纷的实质，做到心中有数，正确向当事人讲解法律、政策，合理地解决纠纷。一般当事人双方都是在协商不成的情况下要求行政调解的，总有一方当事人要讨个说法，因此，调解不能是和稀泥，不是"可这样，也可那样"。质量纠纷必须有驳不倒的鉴定或技术分析；价格纠纷不但要核实配件购入价，还必须弄清实际的维修作业项目，准确地引用工时和收费额定。

**4.　保护当事人合法权益的原则**

不因为经营者资金雄厚，而让其承担超越法律规定不合理的责任；不因为用户、消费者知识缺乏，而让其蒙受不该其承受的经济损失。由于汽车维修行政调解人同时管理维修行业户，就形成了调解人熟悉承修方而不熟悉托修方的情况，加之承修方因专业知识的优势比托修方有更强的辩驳能力，要保护当事人的合法权益就要求调解人立场公正和具有原则性，调解人不应支持或默许当事人看似合理而实质上不符合机械原理、不符合法律、法规及规章规定的说辞；另一方面，私家车主也常有吃大户的心态，强调个人支付能力差、承修方是公家的或大企业而要求其多承担经济损失，调解人同样不能支持这种不合理的要求。

**5. 行政高效和便民原则**

当事人之所以要求行政调解，是因为行政调解比民事诉讼和仲裁时间短、费用低。行政调解应该方便当事人，提高行政调解工作效率，不能对纠纷争议久拖不调或久调不决，否则行政调解就会失去其优越性。行政调解工作的高效和便民常常反映出调解机关人员的勤政和廉政情况。

 **案例**

在诸多维修投诉处理事件中反映出：配件品质和维修操作的疏忽是造成事故的最大隐患。

A 市的一辆汽车其发动机型号为 6G72，在 B 市某维修公司进行发动机大修并更换发动机第 2 缸活塞后，出厂后行驶 1300km 时发动机出现异响。经该维修公司同意，该车就近在 A 市进行检查，拆检发动机发现第 2 缸活塞顶部呈不规则脱块性损坏，该维修公司从 B 市一套活塞重新组装修复发动机。该车出厂后行驶了 1000km 左右又出现类似异响声，车主直接将该车从 A 市拖回 B 市到该维修公司拆检，又是第 2 缸活塞顶部呈不规则脱块性损坏。为此，车主很不满意，承修方则认为是配件品质问题，双方争执不下，找到当地运管部门。为了准确查明原因，纠纷调解人员将该车活塞等送汽车产品质量监督站鉴定，检验结果如下：

（1）发动机无明显缺油、缺水和高温现象。

（2）该活塞的硬度为 HB80，不符合相关标准中的要求（HB90～HB140）。显微组织 a-固溶体、Si 相和 Fe 相也不符合相关标准中的要求，活塞为不合格品。

（3）第 2 缸进气门由于原发动机活塞碎块砸伤变形，第一次返工修理时未更换已变形的进气门，在该活塞最薄弱处发生运动干涉。

该纠纷处理如下：

通过 A 市和 B 市车辆运管部门召集车主和两家维修企业进行调解，根据检验结果，确认相关责任人：A 市维修企业负次要责任，承担第二次维修的材料费和工时费；B 市的维修企业负主要责任，承担第一次维修的材料费和工时费，以及产品鉴定费和车主的误工费，负责帮车主把该车修好并承担全部费用。

### 8.1.4 仲裁与调解的异同

在现实生活中，很多人都把调解等同于仲裁，这很容易造成误解。虽然调解与仲裁都是基于当事人的意愿而选择的解决争议的方式，其适用的法律依据也基本相同，但两者之间又有明显的不同。在调解过程中，任何一方当事人不愿意继续调解，都可以随时终止，调解人不能强迫当事人继续进行调解。而在仲裁程序中，除非当事人双方达成和解协议或申请人要求撤回仲裁申请，否则当事人单方不得随意改变或终止仲裁程序。调解不成的，仲裁庭将依法作出裁决，而且实行的是一裁终局制。与仲裁相比，调解具有很大的灵活性，调解中只要双方当事人互谅互让、协商一致即可达成调解协议，这就使双方既解决了纠纷又能保持友谊，也不会伤和气。仲裁需要按其规则进行，正式性、程序化的意味更浓。调解协议因为是在双方当事人同意下作出的，所以发生事后反悔的可能性较小。而仲裁裁决由仲裁庭依法独立作出，无论当事人是否接受。另外，各地仲裁委员会都单独设立，并不依附于某一行政管理部门，因此，行政管理部门只具有调解职能，而不在内部设立仲裁庭，这对于汽车维修行政管理部门来说也是如此。从上述对仲裁与调解的对比分析来看，两者的区别还是很大的。因此，我们没有理由把调解等同于仲裁。通俗地讲，仲裁是依法公断，调解则具有较多合理的调和成分。

### 8.1.5 正确理解调解"应坚持自愿的原则"

在现实生活中，除少数维修纠纷是双方当事人自愿共同请求行业主管部门给予调解的之外，大多数汽车维修质量和价格纠纷实际上是车主对承修方的维修质量存在较严重问题的投诉，他们一般是与承修方协商不成才找管理部门讨要公道的，调解人无理由拒绝投诉。被诉的承修方如果以"自愿"为理由对投诉不予回答，那么行业主管部门如何行使管理职能呢？"坚持自愿的原则"应该是当一方当事人提出使另一方当事人难以接受的要求以致无法调解和（或者）调解显失公平时，另一方当事人有退出调解的自由。但是，调解人提出合理的调解意见后，加害方不愿服从，甚至在受害方作出让步后还态度强硬，调解人有必要声明将向受害方提供业务技术上的支持，以便让受害方通过诉讼解决纠纷。这对维持公正是很重要的，这种做法也往往能够促成调解协议的达成。

### 8.1.6 调解协议

在调解的过程中，当事人总要争个是非曲直，一旦达成协议，他们重视的就是要履行的内容了，所以在书写调解协议时，对案情和责任分析要简约，只写梗概，防止因协议措辞再起争议。对达成的赔偿承担应行文准确、无歧义。履行赔付的金额时，最好将履行地定在调解机关。汽车维修质量纠纷调解申请书见表8.1。

表 8.1　汽车维修质量纠纷调解申请书

| 申请单位（人） | | | | | | |
|---|---|---|---|---|---|---|
| 地址 | | | 电话 | | | |
| 另一方当事单位（人） | | | | | | |
| 地址 | | | 电话 | | | |
| 维修车型信息 | | 送修人 | | | 接车人 | |
| 进厂日期 | | | 出厂日期 | | | |
| 出厂行驶里程或时间 | | | | | | |
| 维修类别及主要项目 | | | | | | |
| 修理费 | | | 车辆进出厂有关手续 | | | |
| 工时费 | 材料费 | 其他费用 | 汽车维修合同编号 | 竣工出厂合格证编号 | 质保期限 | |
| | | | | | | |
| 申请调解纠纷主要问题及有关证明材料 | | | | | | |
| | | | | | | |

申请单位（人）签字

年　月　日

注：1. 此表由投诉方填写；

2. 此表一式三份，其中一份由道路运政机构负责在 10 个工作日内送达另一方当事单位（人）。

## 8.1.7　《汽车维修质量纠纷调解办法》

《汽车维修质量纠纷调解办法》由原交通部组织制定，于 1998 年 9 月 1 日开始实施。其主要内容如下。

**1. 总则**

（1）质量调解的责任部门。

① 由县级以上地方人民政府交通行政主管部门的道路运政管理机构负责调解。

② 纠纷双方不在同一行政区域的，由承修方所在地的道路运政管理机构负责调解。

（2）纠纷调解范围。

① 限于质保期内或合同约定期内。

② 限于维修竣工出厂汽车的维修质量纠纷。

③ 双方自愿申请调解。

（3）纠纷调解原则。

① 坚持自愿、公平原则。

② 依据事实、查明原因、分清责任、公开调解以及公平负担。

**2. 纠纷调解申请的受理**

纠纷调解的受理应先填写《汽车维修质量纠纷调解申请书》，保护当事汽车的原始状态；提供有关的维修资料（如维修合同、维修竣工出厂合格证、修理人工费和配件费结算凭证以及其他维修记录等）。道路运政管理机构在收到调解申请后，五个工作日内应作出是否受理的答复。

**3. 技术分析鉴定**

由道路运政管理机构组织有关人员或委托有质量检测资格的汽车综合性能检测站进行技术分析和鉴定。技术分析和鉴定的费用按照国家有关规定执行。

**4. 质量事故的责任认定**

（1）承修方的责任。

① 未按有关规定和标准操作或维修操作不规范。

② 使用有质量问题的配件、油料或装配前未经鉴定。

③ 不按使用说明规定选用配件、油料所引起的质量责任由承修方负责。

④ 承修方因装配使用有质量问题的配件、油料或装配使用托修方自带配件、油料且未在维修合同中明确责任的，所引起的质量责任由承修方负责。

⑤ 承修方在进行总成大修、小修和二级维护作业时，未对所装（拆）配件进行鉴定或虽发现相关配件质量不符合技术要求但未与托修方签订责任协议，在质量保证期内确因该配件质量引起的质量事故由承修方负责。

汽车维修合同中另有约定的按合同规定的责任确定。

（2）托修方的责任。

托修方的责任主要是使用了有质量问题的燃料、润滑油、防冻液和蓄电池液，或违反驾驶操作规程和汽车维护规程而发生的质量责任。

# 8.2 调解适用的法律和规定

为了有依据和尽量周密地做好调解工作，除了学好《汽车维修纠纷调解办法》等行业规定外，还应该多学习一些与之相关的法律知识。

## 8.2.1 《中华人民共和国合同法》（简称《合同法》）

（1）"第七条　当事人订立、履行合同，应当遵守法律、行政法规……"当维修价格纠纷发生后，承修方常会以"托修方修车时对此价格是同意的，是有合同的，或是托修人签了字的"为理由反驳托修方，对车主说："你们有约定还来告什么状"吗？这就需要在调解前首先审查其约定的合法性。有一辆小货车整修货箱，承、托修双方在合同上约定修理费为3600元，交款后车主来申诉，经审查，其合同违背《汽车维修工时定额和收费标准》，所以其合同因违反行业规章而无效，核定收费为400元。

（2）"第三十九条第二款　采用格式条款订立合同是当事人为了重复使用而预先拟订，并在订立合同时未与对方协商的条款。""第四十条第二款……提供格式条款一方免除其责任、加重对方责任、排除对方主要权利的，该条款无效。"有些修理厂采用了格式条款承诺质量保证期，有的条款中却有如"发动机大修保修5万千米，不在本厂进行走合保养，不使用本厂提供的机油不予保修"这样的自行规定，既剥夺了托修方今后选择服务的权利又排除了己方责任而加重了对方的责任。《中华人民共和国消费者权益保护法》第九条规定："消费者有自主选择商品或者服务的权利。消费者有权自主选择提供商品或者服务的经营者，自主决定购买或者不购买任何一种商品，接受或者不接受任何一项服务。"因此，上述格式条款违法，应当无效。

（3）"第四十一条　对格式条款的理解发生争议的，应当按照通常理解予以解释。对格式条款有两种以上解释的，应当作出不利于提供格式条款一方的解释。"一辆客车在发动机大修后5个月时捣缸，承修方拿出格式合同条款，上书"大修发动机保修一年，托修方在3个月内不结清修理费的，承修方在3个月后不保修，发生重大质量事故的，双方承担责任，承修方酌情赔偿。"对这起维修责任事故，承修方认为"双方承担责任就是承、托修双方各承担事故损失的一半"，托修方理解为"我没有按时交款，我付你欠款利息；你修坏了车，你就得负责赔偿，这才是双方承担责任。"按上述法律规定，显然应支持托修方对条款的解释。

（4）"第一百一十九条第一款　当事人一方违约后，对方应当采取适当措施防止损失的扩大；没有采取适当措施致使损失扩大的，不得就扩大的损失要求赔偿。"一辆车在保修期内出现曲轴报废，虽然不能精确地确定瓦响时曲轴是否已经报废，但司机没有停驶修理，属违章驾驶，就难以免除责任，应当酌情让托修方就扩大了的损失承担责任。

（5）"第二百五十三条　承揽人将其承揽的主要工作（第二百五十四条或辅助工作）交由第三人完成的，应当就第三人完成的工作成果向定作人负责。"汽车维修属加工承揽范畴，承修方即承揽人，托修方即定作人。一台发动机大修后镗缸脱落造成捣缸，调解中承修方说下套镗缸是在外加工的，让托修方去找镗缸者，这就违反了上述法律规定。正确的做法应是，承修方先承担捣缸责任，向托修方赔偿后再向镗缸者追偿。

## 8.2.2　《中华人民共和国消费者权益保护法》（简称《消费者权益保护法》）

**1. "消费者"及"消费者权益"的含义**

所谓消费者，就是为了满足个人生活消费的需要而购买、使用商品或者接受服务的居民。

消费者权益，是指消费者依法享有的权利及该权利受到保护时给消费者带来的应得的利益。其核心是消费者的权利。

**2.《消费者权益保护法》的基本原则**

（1）经营者应当依法提供商品或者服务的原则；

（2）经营者与消费者进行交易应当遵循自愿、平等、公平、诚实信用的原则；

（3）国家保护消费者的合法权益不受侵犯的原则；

（4）一切组织和个人对损害消费者合法权益的行为进行社会监督的原则。

**3. 消费者的权利**

用法律保护消费者的权益，就必须在法律上赋予消费者一定的权利。消费者的权利主要有以下内容：

（1）保障安全权；

（2）知悉真情权；

（3）自主选择权；

（4）公平交易权；

（5）依法求偿权；

（6）依法结社权；

（7）求救获知权；

（8）维护尊严权；

（9）监督批评权。

**4. 经营者的义务**

（1）依法定或约定履行义务；

（2）听取意见和接受监督；

（3）保障人身和财产安全；

（4）不作虚假宣传；

（5）经营者应当标明其真实名称和标记；

（6）出具相应的凭证和单据；

（7）提供符合要求的商品或服务；

（8）不得从事不公平、不合理的交易；

（9）不得侵犯消费者的人身权。

**5. 经营者侵犯消费者权益应承担法律责任的条件**

（1）商品存在缺陷的；

（2）不具备商品应当具备的使用性能而出售时未作说明的；

（3）不符合在商品或者其包装上注明采用的商品标准的；

（4）不符合商品说明、实物样品等方式表明的质量状况的；

（5）生产国家明令淘汰的商品或者销售失效、变质的商品的；

（6）销售的商品数量不足的；

（7）服务的内容和费用违反约定的；

（8）对消费者提出的修理、重作、更换、退货、补足商品数量、退还货款和服务费用或者赔偿损失的要求，故意拖延或者无理拒绝的；

（9）法律、法规规定的其他损害消费者权益的情形。

**6. 经营者承担法律责任的形式**

根据经营者侵犯消费者权益的情节轻重，应分别承担如下责任：

（1）造成消费者伤害的，应支付医疗费、治疗期间的护理费、误工费、生活费、残疾赔偿金等费用。

（2）造成消费者死亡的，应支付丧葬费、死亡赔偿金以及由死者生前扶养的人所必需的生活费用等。

（3）侵犯消费者人格尊严或侵犯消费者人身自由的，应当停止侵害、恢复名誉、消除影响、赔礼道歉，并赔偿损失。

（4）造成消费者财产损害的，应予以修理、重作、更换、退货、补足商品数量、退还货款和服务费用。

（5）对于严重违反《中华人民共和国产品质量法》规定的经营者，应根据情节单处或者并处警告、没收违法所得、罚款、责令停业整顿、吊销营业执照。

（6）经营者侵害消费者的权益的行为已构成犯罪的，由司法部门追究刑事责任。

**7. 国家与社会对消费者合法权益的保护**

（1）国家对消费者合法权益的保护。

国家对消费者权益的保护主要通过制定法律、法规和政策来进行。

（2）社会对消费者合法权益的保护。

消费者协会必须依法履行其职能，各级人民政府对消费者协会履行职能应当予以支持。消费者协会应履行下列职能：

① 向消费者提供消费信息和咨询服务；

② 参与有关行政部门对商品和服务质量的监督、检查；

③ 就有关消费者合法权益的问题，向有关部门反映、查询、提出建议；

④ 受理消费者的投诉，对投诉事项进行调查、调解；

⑤ 对投诉的商品质量和服务质量问题，提请鉴定部门鉴定；

⑥ 支持消费者就其受到的侵权提起诉讼；

⑦ 对损害消费者合法权益的行为，通过大众传播媒介予以揭露、批评。

**8. 两条重要规定**

（1）"第八条　消费者享有知悉其购买、使用商品或者接受服务的真实情况的权利。"汽车维修价格纠纷常见的是承修方只笼统地列出配件及维修工时清单，托修方因而对维修范围和使用的配件真伪及价格产生怀疑。处理这类纠纷时，除了要核实作业范围、要求承修方列出详细的作业项目及所用工时外，还应责令承修方提供所换配件的产地、规格、性能、产品合格证的证明，特别要提供所涉配件进货价格的原始凭证。承修方在提供修理服务时没有给托修方以知情权，含糊其词地对待该问题是错误的。当前有些修理厂借口技术保密，不让托修者进入维修作业车间，这就剥夺了托修者的知情权。汽车维修技术是共用技术，没有人用它来申请专利，因而不应该向车主隐瞒修理方法。

（2）"第四十七条　经营者提供商品或者服务有欺诈行为的，应当按照消费者的要求增加赔偿其受到的损失，增加赔偿的金额为消费者购买商品的价格或接受服务的费用的一倍。"有一家修理厂用一台拼装 Audi A6 发动机冒充进口原装发动机，车主为此付款 9 万元，经鉴定证实后，车主即以上述法律条文要求修理厂按原收费价的 2 倍赔偿，但我们的调解人和广大维修行业户应该明白，车主这种要求是有法律依据的。这里"按照消费者的要求"是前置条件，即托修者不要求 2 倍赔偿，调解人不提醒也不违法。

### 8.2.3　《中华人民共和国民事诉讼法》（简称《民事诉讼法》）

（1）"侵害赔偿范围：财产损害赔偿。包括财产的直接损失和间接损失。直接损失是指现有财产的减少，间接损失是指可得到的利益没有得到。无论基于合同关系所能获得的利益或是基于本人对财产的利用可能获得的利益都应属于间接损失，都应由侵害人赔偿。"质保期内维修责任造成的机械事故，承修方即对托修方的财产形成侵害，其直接损失即重新修理费用和车辆救援费（如拖车费）以及调解过程中发生的拆检、技术分析和鉴定费等；间接损失即车辆因事故停驶造成的减少营运收入的合理部分。间接损失的数额如何确定，实践中比较困难，一般以合理为标准，具体情况具体确定。有些修理厂在发生了责任质量事故后，说"我赔你直接损失就不错了，哪有赔间接损失的。"这是一种不懂法的表现，达成的协调协议如果没有包括间接损失，并不是说不应该，在民事诉讼中解决的汽车维修质量纠纷，法院对停止运营所形成的损失的车主诉求都不同程度地予以了支持。

（2）"赔偿损失要坚持完全赔偿的原则，凡属由侵害人赔偿的损失侵害人都应赔偿，同时又要兼顾公平原则，考虑当事人的经济状况，酌情具体决定赔偿数额。"例如工商局进行了一例维修质量纠纷仲裁，一辆 8t 的油罐车因承修方换后轮轮胎螺栓时漏掉螺栓内螺母的紧固工序，造成跑轮翻车。仲裁裁定为：承修方赔偿车辆救援费和修车费，并赔偿因该事故停驶 40 天的通常营运应得利润 1 万元。有人提出公平原则应该是赔偿不应超过原修理费所得，这显然违反上述法律条文。须知维修质量侵害不像普通商品——例如买一双劣质鞋而形成的损害，它还会造成其他零部件甚至总成的损坏，其后果常常是严重的。例如在一个路边店花 20 元买了个劣质机油滤清器，冒充价值 90 元的优质品给一辆切诺基换上，造成发动机严重损坏，承修方要求按 90 元的 2 倍赔偿车主，这能符合公平原则吗？只有全部赔偿该机因此造成的损失才公平，而按照承修方维修所得金额赔偿车主反而是极不公平的。这里的"考虑当事人的经济状况，酌情具体决定赔偿数目"与"坚持完全赔偿的原则"并不矛盾，它是在被侵害人明白自己的权利后，通过调解，对侵害人的赔偿能力较差给予谅解，从而放弃部分权利而达成协议，并不是侵害人经济状况差就自然有了减少赔偿的权利。

## 8.2.4 《最新产品质量法解析与适用》

（1）"产品存在缺陷的损害赔偿，也应该实行先行赔偿的原则，即受害人要求是销售者赔偿，无论是否属于自己的责任都要先行赔偿，然后再向生产者或供货者追偿。"汽车维修属于《产品质量法》明确规定的约束范围，在《消费者权益保护法》和《产品质量法》都有规定的情况下，应该优先引用《产品质量法》。在一起维修责任质量纠纷中，曲轴断裂，承修方以曲轴质量有问题，提出供货商赔偿了承修方后他们才能赔偿车主，这就违反了"先行赔偿的原则"，是不被允许的。《消费者权益保护法》中规定，产品出了质量问题时，消费者可以向服务者也可以向生产者索赔，这个规定与《产品质量法》并不矛盾。这是考虑产品质量问题造成的损害巨大、服务方无力先行赔偿时，给消费者提供了一种索赔选择，当车主选择修理厂赔偿时，修理厂无权拒绝。汽车维修质量纠纷索赔额一般较少，直接向第一服务者承修方索赔更为便捷。

（2）"产品质量诉讼实行举证倒置原则……"。"谁主张谁举证"是一条诉讼原则，但在产品质量纠纷中，由于消费者的知识相对于生产者来说比较缺乏，而产品质量问题常常较复杂，为了切实保护消费者的合法权益，产品质量法提出"举证责任倒置"的规定。在汽车维修质量纠纷中，实施举证倒置应该是：承、托修双方都有举证的责任，但在托修方无力举证时，承修方要提出自己无责任的证据，无法证明自己无责任即是有责任。

（3）"产品存在缺陷造成受害人财产损失的，侵害人应当恢复原状或者折价赔偿。"这是赔偿应考虑折旧的依据。例如，维修责任造成发动机报废，若赔偿新机或更换价值较高的缸体、曲轴件时，应该根据原发动机寿命期的剩余里程或年限，进行折旧后赔偿，即赔偿的价值应为新件减去原件已被利用的价值。（提高了的价值不应该由承修方负担。）

## 8.2.5 《中华人民共和国民法通则》（简称《民法通则》）

"第一百三十一条 受害人对于损害的发生也有过错的，可以减轻侵害人的民事责任。"如一台发动机大修后走合期间拉缸，经检验，主要原因为活塞与缸壁间隙过小；但是，承修方证明了车主在走合期内严重超载，即车主对于损害的发生也有过错，在这种情况下，可以酌情减少承修方的赔偿数额。

最高人民法院对《民法通则》的司法解释第 66 条，"承认的约定应符合：① 约定不违反法律规定；② 约定意思表示真实。"在汽车维修合同或格式合同条款中，承、托修双方约定"发动机大修质保期 5 万千米"，但发生了维修质量责任事故后，承修方又要求执行"保修 1 万千米"的行业规定。约定 5 万千米质保期超出行业规定，但不是违背行业规定；企业不得实行低于行规的质保期，但可以实行高于行规的质保期。根据上述司法解释，5 万千米质保期符合承诺约定的条件，因而应该认定该承诺有效。实际上延长了的质保期是一种价值，托修方付了修理费即意味着购买了这种价值，因而事后反悔是不正确的。

### 8.2.6 《中华人民共和国刑法》(简称《刑法》)

"第一百四十条 生产者、销售者在产品中掺杂、掺假、以假充真、以次充好或者以不合格产品冒充合格产品，销售金额五万元以上不满二十万元的，处二年以下有期徒刑或者拘役，并处或单处销售金额百分之五十以上二倍以下罚金"。列出上述法律条文是为了在调解中教育当事人，使相关当事人认识到应承担责任的严重性。无须讳言，汽车维修行业中确有少数厂家在使用假冒伪劣配件上已经严重违法，虽然少有被判刑的，但并不等于违法事实就不存在，给他们提出警告是必要的。如果司法部门能够依法介入对假冒伪劣汽车配件产销的打击工作，必将大大净化维修市场。

## 8.3 汽车维修合同

### 8.3.1 汽车维修合同的特征和作用

**1. 汽车维修合同的性质**

汽车维修合同是承、托修双方当事人之间设立、变更、终止民事法律关系的协议。它属于承揽合同，承揽合同是承揽方按照定做方提出的要求完成一定工作、定做方接受承揽方完成工作成果并给予约定报酬的书面协议。

**2. 汽车维修合同的特征**

汽车维修合同是一种法律文书，其目的在于明确承、托修双方设定、变更和终止权利义务的一种法律关系。通过合同条款来确定当事人之间的权利义务，而所发生的法律后果，是当事人所要求的。同时鉴定汽车维修合同是承、托修双方意思表示一致的法律行为。"意思表示一致"是合同成立的条件，意思表示不一致，合同不能成立。在合同关系中，承、托修双方当事人的地位是独立的、平等的、有偿的、互利的。

**3. 汽车维修合同的作用**

（1）维护汽车维修市场秩序。合同明确了承、托修双方的权利义务，可以保障当事人的权益。因为依法订立的合同受法律保护，使当事人维修活动行为纳入法治轨道，使合法的维修活动受法律的保护，并防止或制裁不法维修活动，从而维护汽车维修市场的正常秩序。

（2）促使汽车维修企业向专业化、联合化方向发展。实行合同制，使各部门、各环节、各单位通过合同明确相互的权利义务和责任，便于相互监督、相互协作，从而有利于企业发挥各自的优势，实行专业化，促进横向经济联合。

（3）有利于汽车维修企业改进经营管理。实行合同制，企业要按照合同要求来组织生产经营活动，企业的生产经营状况要与合同的订立和履行情况紧密联系在一起。企业只有改进经营管理，努力提高维修质量，才能保证履行合同。只有这样企业才能有信用，也才能有市场，不断改善经营条件，才能获得更好的经济效益和社会效益。

## 8.3.2 汽车维修合同的主要内容

按照原交通部七号令《机动车维修管理规定》的规范，汽车修理有了质量保证期，质保期内若有质量问题也可"退换"。其中，和有车族关系最密切的是，汽车和危险货物运输车辆完成整车修理、总成修理后将享受到行驶 2 万千米或 100 日的质量保证期，并于 2005 年 8 月 1 日开始执行。

依据《合同法》和《机动车维修管理规定》，我们拟定了汽车维修合同主要内容如下：

（1）承、托修双方名称；

（2）签订合同日期及地点；

（3）合同编号；

（4）送修车辆的车种车型、牌照号、发动机号、底盘号；

（5）送修日期、地点、方式；

（6）交车日期、地点、方式；

（7）维修类别及项目；

（8）预计维修费用；

（9）托修方所提供材料的规格、数量、质量及费用结算原则；

（10）质量保证期；

（11）验收标准和方式；

（12）结算方式及期限；

（13）违约责任和金额；

（14）解决合同纠纷的方式；

（15）双方商定的其他条款。

## 8.3.3 汽车维修合同的签订

**1. 合同签订的原则**

汽车维修合同必须按照平等互利、协商一致、等价有偿的原则依法签订，承、托修双方签章后生效。

**2. 汽车维修合同签订的范围**

凡办理以下维修业务的单位，承、托修双方必须签订维修合同。

（1）机动车整车修理；

（2）机动车总成修理；

（3）机动车零部件修理；

（4）维护预算费用在一千元以上的汽车维护作业。

**3. 汽车维修合同签订的形式**

汽车维修合同的签订形式分两种。第一种是长期合同，即最长在一年之内使用的合同；

第二种是即时合同，即一次使用的合同。承、托修双方根据需要可以签订单车或成批车辆的维修合同，也可签订一定期限的包修合同。如果是代签合同，必须要有委托单位证明，根据授权范围，以委托单位的名义签订，对委托单位直接产生权利和义务。

### 8.3.4 汽车维修合同的履行

汽车维修合同的履行是指承、托修双方按照合同的规定内容，全面完成各自承担的义务，实现合同规定的权利。

汽车维修合同的履行是双方的法律行为。但是若双方当事人中有一方没有履行自己的义务在前，另一方有权拒绝履行其义务。

汽车维修合同签订后，承、托修双方应严格按合同履行各自的义务。

**1. 托修方的义务**

（1）按合同规定的时间送修车辆和接收竣工车辆；

（2）提供送修车辆的有关情况（包括送修车辆基础技术资料、技术档案）；

（3）如果提供原材料，必须是质量合格的原材料；

（4）按合同规定的方式和期限交纳维修费用。

**2. 承修方的义务**

（1）按合同规定的时间交付竣工车辆；

（2）按照有关汽车修理技术标准（条件）修理车辆，保证维修质量，向托修方提供竣工出厂合格证，在保证期内应尽保修义务；

（3）建立承修车辆维修技术档案，并向托修方提供维修车辆的有关资料及使用的注意事项；

（4）按规定收取维修费用，并向托修方提供票据及维修工时、材料明细表。

### 8.3.5 汽车维修合同的变更和解除

**1. 汽车维修合同的变更和解除的含义**

（1）变更：是指合同未履行或未完全履行之前，由双方当事人依照法律规定的条件和程序，对原合同条款进行修改或补充。

（2）解除：是指合同在没有履行或没有完全履行之前，由双方当事人依照法律规定的条件和程序，解除合同确定的权利义务关系，终止合同的法律效力。

**2. 维修合同变更、解除的条件**

（1）双方协定变更、解除的条件。

① 必须双方当事人协商同意；

② 必须不因此损害国家或集体利益，或影响国家指令性计划的执行。

（2）单方协定变更、解除维修合同的条件。

① 发生不可抗力；

② 企业关闭、停业、转产、破产。

（3）双方严重违约。

除双方协商和单方具备变更、解除合同的约定条件及相关法定条件之外，任何一方不得擅自变更或解除合同。若发生承办人或法定代表人的变动，当事人一方发生合并或分立，违约方已承担违约责任情况，均不得变更或解除维修合同。

**3. 变更、解除维修合同的程序及法律后果**

汽车维修合同签订后，当事人一方要求变更或解除合同时应及时以书面形式通知对方，提出变更或解除合同的建议，并取得对方的答复，同时协商签订变更或解除合同的协议。例如：承修方在维修过程中发现其他故障需增加维修项目及延长维修期限时，应征得托修方同意后，达成协议方可承修。

因一方未按程序变更或解除合同，使另一方遭受损失的，除对方可以免除责任外，责任方还应负责赔偿损失。

## 8.3.6 汽车维修合同的担保

汽车维修合同的担保是合同双方当事人为保证合同切实履行，经协商一致采取的具有法律效力的保证措施。其担保的目的在于保障当事人在未受损失之前即可保障其权利的实现。汽车维修合同一般采取的是定金担保形式。它是一方当事人在合同未履行前，先行支付给对方一定数额的货币，这种形式是在没有第三方参与的情况下，由合同双方当事人采取的保证合同履行的措施。定金是合同成立的证明。托修方预付定金违约后，无权要求返还定金；接受定金的承修方违约应加倍返还定金。定金的制裁作用，可以补偿因不履行合同而造成的损失，促使双方为避免制裁而认真履行合同。

汽车维修合同的担保也可以另立担保书作为维修合同的副本。内容包括抵押担保、名义担保和留置担保等。

不履行或不完全履行合同义务的结果是承担违约责任。承、托修双方中的任一方不履行或不完全履行义务时就发生了违约责任问题，对违约责任的处理方式一般为支付违约金和赔偿金两种。

## 8.3.7 汽车维修合同的示范文本与规范填写

### 1. 汽车维修合同的示范文本

汽车维修合同是规范市场经营行为，保护承、托修双方合法权益的法律措施，是道路运政管理部门处理汽车维修质量和价格纠纷的依据。为了规范汽车维修合同的管理和使用，原国家工商行政管理总局和原交通部联合发布了专门通知，在全国范围内统一了汽车维修合同示范文本（GF-1992-0304）。明确该文本由省工商行政管理部门监制，省交通厅（局）统一印制发放、管理，汽车维修企业和经营户必须使用。汽车维修合同示范文本见表8.2。

表8.2　汽车维修合同示范文本

## 汽车维修合同

托修方＿＿＿＿＿＿　签订时间＿＿＿＿＿＿＿　合同编号＿＿＿＿＿＿＿＿＿＿

承修方＿＿＿＿＿＿　签订地点＿＿＿＿＿＿＿

一、车辆型号

| 车种 | | 牌照号 | | 发动机 | 型号 | |
|---|---|---|---|---|---|---|
| 车型 | | 底盘号 | | | 编号 | |

二、车辆交接期限（事宜）：

| 送　修 | | | | 接　车 | | |
|---|---|---|---|---|---|---|
| 日期 | | 方式 | | 日期 | | 方式 | |
| 地点 | | | | 地点 | | |

三、维修类别及项目：

　　预计维修费总金额（大写）＿＿＿＿＿＿＿＿＿＿　（其中工时费　　　　）

四、材料提供方式

五、质量保证期

维修车辆自出厂之日起,在正常使用情况下,＿＿＿＿＿＿天或行驶＿＿＿＿km以内出现维修质量问题承修方负责。

六、验收标准及方式＿＿＿＿＿＿＿＿＿＿＿＿＿＿＿＿＿＿

七、结算方式及期限

现金＿＿＿＿　转账＿＿＿＿　银行汇款＿＿＿＿　期限＿＿＿＿

八、违约责任及金额＿＿＿＿＿＿＿＿＿＿＿＿＿＿＿

九、如需提供担保,另立合同担保书,作为合同附本

十、解决合同纠纷的方式：经济合同仲裁＿＿＿＿＿＿法院起诉＿＿＿＿＿

十一、双方商定的其他条款＿＿＿＿＿＿＿＿＿＿＿＿＿＿＿＿

| 托修方单位名称（章）： | 承修方单位名称（章）： |
|---|---|
| 单位地址： | 单位地址： |
| 法人代表： | 法人代表： |
| 代表人： | 代表人： |
| 电话（传真）： | 电话（传真）： |
| 开户银行：　　　账号： | 开户银行：　　　账号： |
| 邮政编码： | 邮政编码： |

说明：

1．承、托修方签订书面合同的范围：汽车大修、主要总成大修、二级维护及维修费在1000元以上的。

2．本合同正本一式二份,经承、托修方签章生效。

3．本合同维修费是概算费用。结算时凭维修工时费、材料明细表,按实际发生金额计算。

4．承修方在维修过程中,发现其他故障需增加维修项目及延长维修期限时,承修方应及时以书面形式（包括文书、电报、传真）通知托修方,托修方必须在接到通知后＿＿天内给予书面答复,否则视为同意。

5．承、托修双方签订本合同时,应以《汽车维修合同实施细则》的规定为依据。

**汽车维修合同填写规范**

根据《道路运政管理规范》的规定，应按以下要求填写汽车维修合同：

（1）"托修方"栏填写送修车辆单位（个人）的全称。

（2）"签订时间"栏填写托修方与承修方强调汽车维修合同的具体时间（年 月 日）。

（3）"合同编号"由省级道路运政管理机构和地级道路运政管理机构核定，前两位数字为地域代号，后六位数字为自然序号。

（4）"承修方"栏填写汽车维修企业的全称和企业类别。

（5）"签订地点"栏填写承、托修双方实际签订合同文本的地点。

（6）"车种"栏按货车（重、中、轻）、客车（大、中、轻、微）填写。

（7）"车型"栏填写车辆型号，如"东风1090""桑塔纳2000"等。

（8）"牌照号"栏按交警部门发放的车辆牌照填写。

（9）"底盘号"栏按生产厂家编号填写。

（10）"发动机编号"栏按汽、柴油及生产厂家编号填写。

（11）"送修日期、方式、地点"栏填写送修车辆时间、车辆独立行驶或拖拉进厂及托修车辆的交接点。

（12）"接车日期、方式、地点"栏填写托修方报修项目及附加修理项目。

（13）"维修类别及项目"栏填写托修方报修项目及附加修理项目。

（14）"预计维修费总金额"栏填写承修方初步估算的维修费（包括工时费、材料费等）总金额。

（15）"工时费"栏填写工时单价。

（16）"材料提供方式"栏按"托修方自带配件、承修方提供需要更换的配件"等填写。

（17）"质量保证期"用大写数字填写质量保证的天数和行驶里程数。

（18）"验收标准及方式"栏填写所采用的标准编号和双方认可的内容、项目及使用设备等。

（19）"结算期限"栏在双方认可的一栏中打钩。

（20）"结算方式"栏在双方认可的一栏中打钩。

（21）"违约责任及金额"栏填写双方认同的各自责任和应承担的金额数。

（22）"解决合同纠纷的方式"栏在双方认可的一栏中打钩。

（23）"双方商定的其他条款"栏填写双方未尽事宜。

（24）"托修方单位名称（章）"栏盖单位的印章，没有印章的填写单位全称或个人姓名及身份证号。

（25）"单位地址"栏填写单位或个人所在地详细地址。

（26）"法人代表"栏填写承修方或托修方法人代表姓名。

（27）"代表人"栏填写承修或托修方法人代表指定的代表人姓名。

（28）"承修方单位名称（章）"栏盖承修方单位的印章。

# 习题 8

### 一、填空题

1．调解是解决当事人之间民事纠纷的一种常用方式，是当事人_____将争议提交给第三方，在查清事实的基础上，分清是非、明确责任，对所发生的争议依据国家法律、法规调解，使当事人_____的方式。

2．调解的基本原则是_____原则、_____原则、_____原则和_____的原则，以及行政高效和便民的原则。

3．国家对消费者权益的保护主要通过制定_____和_____来进行。

4．汽车维修合同的签订形式分两种。第一种是长期合同，即最长在_____之内使用的合同；第二种是即时合同，即_____使用的合同。

5．汽车维修合同的担保也可以另立担保书作为_____的副本。内容包括_____担保、名义担保和_____担保等。

6．在解决汽车维修纠纷时实施举证倒置，即承、托修双方都有举证的责任，但在_____方无力举证时，_____方要提出自己无责任的证据，无法证明自己无责任即是有责任。

7．签订汽车维修合同是承、托修双方意思表示_____的法律行为。在合同关系中，承、托修双方当事人的地位是_____、_____、_____、_____。

### 二、判断题

1．行政调解的受理者一般都是该行业的专业管理者，具有熟悉该专业的业务技术，受理程序简便，因而常是当事人解决争议的首选。　　　　　　　　　　　　　（　　）

2．在调解过程中，任何一方当事人不愿意继续调解，不可以随时中止，调解人应强制继续进行调解。　　　　　　　　　　　　　　　　　　　　　　　　　　　（　　）

3．在仲裁程序中，除非双方当事人达成和解协议或申请人要求撤回申请，否则当事人单方不得随便改变或终止仲裁程序，调解不成的，仲裁庭将依法作出裁决，而且实行的是一裁终局制。　　　　　　　　　　　　　　　　　　　　　　　　　　　　　　　（　　）

4．客户将汽车送到修理厂维修，这个客户不算消费者。　　　　　　　　　（　　）

5．求救获知权不属于消费者的权利。　　　　　　　　　　　　　　　　　（　　）

6．汽车维修合同是承、托修双方当事人之间设立、变更、终止民事法律关系的协议。它属于承揽合同。　　　　　　　　　　　　　　　　　　　　　　　　　　　　（　　）

7．汽车维修合同范本在全国范围内都是统一的。　　　　　　　　　　　　（　　）

8．承修方在维修过程中发现其他故障需增加维修项目及延长维修期限时，应征得托修方同意后，达成协议方可承修。　　　　　　　　　　　　　　　　　　　　　　（　　）

9．汽车维修合同有利于汽车维修企业改进经营管理的作用。　　　　　　　（　　）

10."意思表示一致"是合同成立的条件，意思表示不一致，合同不能成立。　（　　　）

### 三、简答题

1．消费者权益主要有哪些内容？

2．汽车维修合同变更、解除的条件是什么？

3．汽车维修时为什么要签订汽车维修合同？

# 第9章

## 计算机管理在汽车维修企业中的应用

**学习任务**

通过本章的学习，了解计算机管理系统对汽车维修企业现代化的意义，掌握科学地运用和处理系统快速地获取大量信息的技巧，掌握计算机管理软件基本功能，掌握汽车维修企业计算机管理系统的应用要点；通过学习，明确计算机管理是汽车维修行业朝着科学、规范、高效管理的有效手段。

**知识要点**

1. 计算机管理系统对企业现代化的意义。
2. 计算机管理系统的选型。
3. 计算机管理要领。
4. 计算机管理软件基本功能介绍。
5. 计算机管理系统的应用要点。

计算机管理在汽车维修行业中的应用，其实就是对信息资源的充分利用，是现代汽车维修行业管理必不可少的一种手段。信息资源是指信息的生产、分配、交流（流通）、消费过程。它除信息内容本身外，还包括与其紧密相联的信息设备、信息人员、信息系统、信息网络等。以往我国只把物质、能源当作资源，把信息当作一般的"消息"，自邓小平同志"开发信息资源，服务四化建设"的题词公开发表后，人们对"信息"的认识发生了质的飞跃，认为信息也是一种宝贵的战略资源，它与物质、能源一起成为当今社会发展的三大战略资源。

## 9.1 计算机管理系统对企业现代化的意义

先进的管理，往往体现在无形的方面：例如企业的凝聚力、制度的执行力、客户的满意度等等，但是有一点是共同的——高效率。

服务型企业的领导班子，应该有 80% 的精力是投入"外务"方面，"内务"占 20% 就够了。采购管理、仓库管理、应收应付款管理、提成管理、客户投诉管理……这些长期困扰企业的内务难题，通常都可以借助计算机来轻松对付。

计算机管理，是企业现代化的重要标志之一。

那么计算机管理系统对汽修企业有何意义呢？

有人说，这个问题太简单了，计算机可以打印接待单（又名施工单、托修单、委托书等等）、派工单、领料单、结算单、还可以查库存，打印报表，对吗？

没错，这些都是计算机管理软件的基本功能。

但是计算机管理系统的作用远远不是这样简单。

计算机管理系统包含四个方面的内容：计算机硬件系统、计算机软件系统、计算机管理软件的使用者以及与计算机管理软件相匹配的制度。

对于成功实施计算机管理的企业来说，计算机管理系统不仅是一个打印工具或者查询手段，而且是企业管理体系的有机组成部分。作为业务管理制度的有形载体和表现手段，它至少应该有如下三方面的意义：

### 1. 更好地维护企业所有者权益

企业所有者的权益通常以资产（有形或者无形）的方式体现。企业管理体系的重要作用之一，就是保护企业所有者的资产。

以成本控制问题为例来说明。

汽修企业可变成本中的很大一部分是汽车配件，但是由于汽车配件作为商品，有一定的特殊性——价格变动频繁；质量参差不齐；既有唯一性，又有通用性；供货方式千差万别、车主要求也令人眼花缭乱。

如果借助于计算机，管理采购、库存、销售、维修领用、退货等业务就容易多了，而且查询和统计都会很方便。

而寄希望于财务软件行不行呢？

一般来说，汽修汽配企业实行计算机财务管理也是常见的。但是财务软件也未必能够完全解答管理者的问题。因为，财务软件的着眼点是专业的财务问题，与业务管理软件大不相同。例如从财务角度来说，我们会很关心损益表、现金流量表等。

但是从业务管理的角度看，我们可能更加关心的是：每天修理汽车多少辆次？每辆次毛利润是多少？员工派工是否合理？客户是否满意？

解答这些问题，并为管理者的决策提供数学依据，就是保护所有者权益。

### 2. 固化部门之间的工作关系并使之衔接流畅

在汽修厂内部，各个部门之间，在一定的工作项目上，都是有一定的关系的，这种关系通常表现为既互相支持，又互相制约。例如，前台、车间、仓库、财务在维修领料的事务上面，就表现为这样一种关系。

在维修领料的管理上，首先应该确认的是：本汽修厂的定料权属于哪个部门？也就是说，修理工去仓库领取何种配件，领取多少，这个权力属于哪个部门？是属于前台呢？还是属于车间？或者属于仓库？属于前台的，可以视之为销售型定料管理；属于车间的，可以视之为生产型定料管理；属于仓库的，可以视之为内向型定料管理。

还有的汽修厂，这个三个部门或者其中的两个都有权力参与定料（当然也要承担相应的责任），属于综合性定料管理。

至于采取哪一种定料管理模式，则应参考企业的具体情况来确定。

在使用计算机软件进行管理之前，我们对系统进行相应的设置，就意味着借助技术手段把领料制度固化了，相关部门既不能越权，也不能推卸责任。

又如，总检是保证维修质量的一个有力措施。但是在很多厂里，由于执行不严格，在一次又一次"下不为例"的通融声音中，总检制度形同虚设。

如果对计算机软件进行设定，没有经过总检的车辆将不能进行结算出厂，计算机可不会对"下不为例"进行通融，也就维持了总检制度的严肃性。

这就是"固化"工作流程和部门之间关系的两个例子。在固化的同时，部门之间的责任和权力划分也就很清晰了，也就有利于部门之间的工作衔接。

**3. 提高基层管理人员的工作效率**

计算机管理系统可以提高基层管理人员的工作效率，相信这是大家的共识。

由于有了计算机，前台接待员可以很方便地调用车主的档案；仓库管理员可以很方便地知道各种配件的库存和进出情况；财务结算员可以方便地查询配件成本，以便确定合理的成交价格。

这里想强调的是作为企业领导，只有及时掌握真实的信息，才能做出正确的决断。所以应该亲自使用计算机。但是，在已经实行了计算机管理的汽修厂里，我们很遗憾地发现，只有不到三分之一的企业领导亲自使用计算机。

这类企业领导往往对计算机管理系统的意义不清楚，他们基本上认为"计算机软件就是用来打印单子的"；用计算机是基层人员的事情，哪能让企业领导亲自去操作呢？

管理出效益，管理也是生产力，计算机管理软件也是公司的生财工具，而且是重要的工具。

对于一个维护自己利益的管理体系，老板是否应该亲自过问一下呢？

如果我们自己不用计算机，又怎么知道计算机管理是否发挥了作用？我们的管理还有没有漏洞呢？

如果我们对异常的库存视而不见，积压商品还是会只增不减；

如果我们对客户的抱怨听而不闻，服务质量还是不会提高；

如果我们对欠款大户从来不追款，那只能任由呆账不停增多。

……

计算机管理能不能自动使企业获得效益，取决于使用软件的人。

## 9.2 科学地掌握信息并利用信息

那么，是不是采用了计算机管理之后，一切问题都迎刃而解了？当然不是。有趣的是，有时候我们发现，在解决原来的问题的同时，可能又有了新的烦恼。在没有计算机的时候，烦恼是：信息太少，找不到信息，或者信息反馈不及时。当采用了计算机管理以后，新的烦恼出现了：信息太多，怎么办？

以上网来作类比。在使用计算机以前，我们主要靠报纸、电视、书籍获取日常信息。获取信息的时间、手段、内容范围，基本上由我们的主观意志决定，例如在看电视时，我们可以自行决定什么时候看，看什么频道，还可选取要看的节目。

但是上互联网可不一样，我们会吃惊地发现：那么多信息扑面而来！

企业管理也是一样，也会有信息爆炸的问题，信息太多也会让人无所适从。采用传统手段管理时，我们可能担心信息太少。采用计算机管理系统后，又该看什么呢？人事档案、工具借用、询价记录、进货单据、库存现状、配件流动、应收账款、应付账款、销售业绩、修车工时、保险理赔、索赔单据、营业报表、客户回访、客户预约、投诉记录……管理信息也爆炸啦！

所以作为一个管理者，要学会聪明地使用计算机。

## 9.2.1  信息分类处理

信息分类的方法有很多种。

可以按照信息的用途来分类，分为技术信息、财务信息、营业信息等。

可以按照信息的时间来分类，分为过去的信息、当前信息、对未来的预测等。

可以按照信息的内容来分类，分为配件信息、车辆信息、人员信息等。

那么，管理者应该怎样从自己的角度来给信息分类呢？管理者大都日理万机，不可能整天坐在计算机面前，所以要用最少的精力，获取最必要的管理信息。用最低的时间成本，发挥计算机的管理作用。

管理者要处理的信息主要分为四类：每天应该细看的信息、每天应该抽查的信息、经常应该细看的信息、经常应该抽查的信息。

## 9.2.2  每天应该细看的信息

什么是管理者每天应该细看的信息呢？就是那些每天都可能有重要变动，而且其中的数据能够反映企业经营状况重要内容的信息。这些信息是管理者每天必须细看的。例如：

- 异常配件库存，即高于上限的库存和低于下限的库存；
- 整车进销存汇总；
- 汽车维修业务报表；
- 汽配、汽修营业日报表。

**1. 营业日报表**

如果访问管理者们："您什么时间看企业营业日报表？"估计绝大多数管理者都会回答："下个月上旬看这个月的报表。"

如果在下个月上旬才发现上个月经营状况不好，应该怎么办呢？大概首先是开会，历数各个部门的过失，宣布扣发奖金或者降薪，然后提出一系列新的高标准和严要求。

这是惯常的做法，但是这种做法往往没有效果，原因就不用多说了。

让我们彻底改变这个习惯吧——管理者怎能最后才知道企业是否赚钱？

最好的办法是：每天细看营业日报表，第一时间了解当天或者前一天的营业情况。

营业日报表里，通常都有配件销售额、修车营业额，库存金额、当日成本、进货金额等重要数据。要知道某天的大致情况，有这些数据就基本足够了。如图9.1所示为营业日报表。

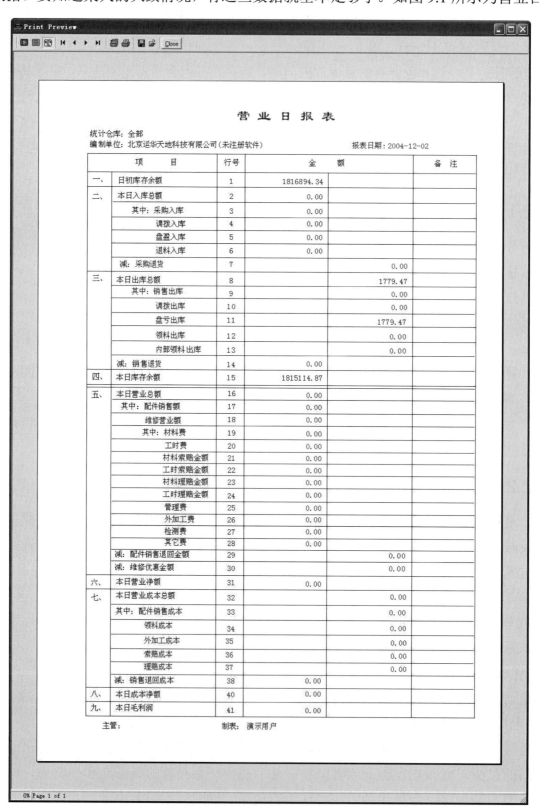

图9.1　营业日报表

**2. 异常配件库存：高于上限的库存和低于下限的库存**

库存管理的一个要点是：配件库存量要保持在合理的范围内。如果库存量高于上限，就容易造成积压，影响流动资金的使用，甚至造成浪费；如果库存太少，则可能影响正常的销售或者维修，造成对车主的服务不到位，也会影响公司的效益。

在计算机管理软件中，可以对每一种配件设定它的上限、下限，只要超出这个范围，就称之为异常库存。

而对异常库存的防范和处理，是仓库管理的重要工作内容之一。

一般情况下，绝大部分的商品库存量都在合理的范围之内。对于正常库存，老板一般不需要天天查看。老板要重点关注的，是那些异常库存。

就是说，我们要认真看看，到底是什么商品造成我们的流动资金周转障碍？到底又是什么商品，使我们在修车的时候经常面临缺少配件的尴尬？

当然，计算机只能告诉我们，哪些是异常库存，至于查找这些异常库存产生的原因和采取应对措施，就属于管理人员的工作范围了。

**3. 整车的进销存汇总**

领导还要关心整车的库存情况、进货和销售汇总报表（请注意，是汇总表，不是明细表、明细表经常抽查就可以了）。

**4. 汽车维修业务报表**

维修业务报表为什么要天天细看呢？

因为里面有我们需要的大量信息：全天的修车台数、修车营业额、配件成本、外加工成本、毛利润等信息，甚至于可以进一步细查每一笔业务的明细情况。

如果觉得维修业务报表里面有什么疑点，再回头查找相关信息。

总而言之，因为汽修是企业的主营业务，而这个报表里面包含着几乎所有与汽修业务有关的信息，所以当然应该好好看看。如图9.2所示为维修业务报表。

维修业务报表

打印日期： 年 月 日
第1页

| 单位： | | 地址： | | | | | | | | | | | |
| 业务单号 | 车牌号 | 工时费 | 耗材费 | 管理费 | 外加工费 | 检测费 | 其他费 | 营业额合计 | 优惠金额 | 材料成本 | 外加工成本 | 成本合计 | 毛利润 |
|---|---|---|---|---|---|---|---|---|---|---|---|---|---|
| | | | | | | | | | | | | | |
| | | | | | | | | | | | | | |
| | | | | | | | | | | | | | |
| | | | | | | | | | | | | | |
| 总计 | | | | | | | | | | | | | |

图9.2 维修业务报表

## 9.2.3 每天应该抽查的信息

作为领导，每天除了要细看的信息，还要看哪些信息呢？

有的数据没有必要细看，但是它们却很重要；有的数据很烦琐，难以逐一细看，但是又不能不管不问；有的数据虽然不容易出错，但是一旦出错，就影响很大；有的数据好像不重要，可是如果不提前管好，就有可能引发其他问题。

所以，每天除了要仔细查看一些信息以外，还要抽查一些信息：

- 整车进货和销售明细记录；
- 低于库存警戒线的配件库存；
- 汽车维修记录（重点是委托书、结算单、派工单）；
- 员工业绩（销售业绩和修车业绩）；
- 客户投诉的解决情况。

**1. 整车进货和销售记录**

领导每天要细看整车进销存的汇总表。

但是如果汽车贸易量比较大的话，很难逐一对每一辆车的进货和销售情况详查；不过如果不闻不问，就有可能出大问题。所以，我们建议：领导每天抽查少数整车进货和销售的记录，不论是对于财产安全，还是对于企业经营，都有好处。

**2. 低于库存警戒线的配件库存**

对于异常库存——高于上限或者低于下限的库存要严格管理。通常，库存量低于库存警戒线的配件就应该进行必要的补充，以保证其库存量不低于下限。

当然，补货工作是由采购部门，而不是由领导进行的。但是领导对补货单进行抽查则是必要的，没有这样的抽查，又怎能知道采购部门是否及时进行了采购呢？

**3. 汽车维修记录（重点是委托书、结算单、派工单）**

尽管汽车维修行业的许多领导热衷于亲自监督修车的情况，但由于精力有限，无法对每一辆车都进行细致的监督。因此，适当地抽查修车记录是一个比较好的选择。

至于哪一些维修记录应当是抽查的重点，则仁者见仁，智者见智了。

例如，可以抽查某些重点客户，也可以抽查某些重点车辆，或者抽查结算金额（利润）比较高的维修记录，还可以抽查结算金额（利润）偏低甚至亏损的维修记录。

抽查方式一：首先查看维修业务报表，在报表中可以根据客户、车辆、营业额、利润等选项进行筛选，然后根据筛选的结果找出相应的单据查看明细。如果有必要，还可以查找相应的派工单、领料单、接待单（修车委托书）、结算单来核查。

抽查方式二：在业务导航菜单里面按照需要的条件设定搜寻范围，可以查询到所有符合条件的汽修业务记录列表。然后再对想细看的记录查询其明细就可以了。

至于可疑的记录，需要如何处理，则是各个工厂本身的制度问题了。

例：查看 2004 年 12 月 2 日接待并且已经出厂的修车记录。

如图 9.3 所示，将"时间"选项调整到 2004 年 12 月 2 日，"维修状态"选择"已出厂"，点击"查询"按钮，结果就出来了。

图 9.3 查询修车记录

这时如果要查看其明细情况或者维修历史，点击右上角的"明细"和"历史"按钮就可以了。

### 4. 员工业绩（销售业绩和修车业绩）

一般来说，计算机软件里都有按照员工的销售业绩或者修车业绩查询统计的功能，例如，在"报表"栏目里找到子栏目"按照员工业绩统计销售"，然后输入选择的条件进行查询，就可以了。

### 5. 客户投诉的解决情况

汽车维修行业属于服务型企业，而服务型企业的根本标志就是以创造客户满意度为直接目标。

我们处理客户投诉的结果，是否会对业务产生影响？大部分人都会说，这个当然会有影响。

可是再问一下：企业的客户投诉解决制度是怎样的？完善吗？大部分领导都会说，凭感觉就是了。

目前，我国的消费者维权意识还不是很强，消费者到了进行投诉的地步，通常都是不得已而为之。这样的情况，领导居然还能不重视吗？所以企业应该有一套完善的客户投诉管理制度。

而借助计算机，客户投诉管理制度可以更加有效。每一次客户投诉，都可以查到相应的客户投诉内容、受理人、处理人、客户对解决方案是否满意等信息。

还可以对一定时间段内的客户投诉解决满意度进行查询、统计，进而对相关人员进行督促，尽量使客户的投诉都能够得到满意解决，如图9.4所示。

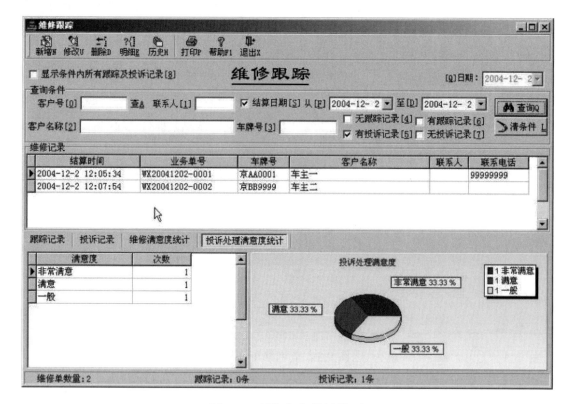

图 9.4 查询客户投诉情况

### 9.2.4 经常要细看的信息

还有的信息，它们每天的数据并不能明显地说明什么问题，但是一段时间积累的数据却很重要。有助于我们对某些人和事进行判断或者分析，例如：

- 重点员工的工作记录；
- 重点客户的修车记录汇总和明细；
- 应收应付款以及欠款大户的记录。

**1. 重点员工的工作记录**

每一个企业都有一些员工是领导应该关注的对象。通常是市场骨干和技术骨干。

对于市场骨干，领导首先要知道，他的业绩现状和发展趋势如何？

我们可以很简单地在"维修业务报表"中按照"业务员"选项进行查询和统计，可以立即知道所有业务人员的业绩，当然也包括重点关注对象的业绩。

对于技术骨干呢，我们则要重点关注他的修车业绩。这个在计算机软件中也是一个简单的常用功能，我们通常称之为"修车业绩查询统计"。

一般来说，这个功能可以帮助我们查询某员工的派工列表、工时差额、创造的价值（工时费）等信息，也可以直接计算他的业务提成。

**2. 重点客户的修车记录汇总和明细**

我们知道，企业的大部分利润，是由少数大客户创造的，而这些为数不多的大客户，正是企业的衣食父母。对他们进行足够的关注，是留住大客户的最起码的要求。

所以，我们每隔一段时间，就要对大客户的有关情况查看一下。

当然，大客户的有关业务记录一般来说都比较多，我们不可能一一细看，所以通常从汇总数据入手。如果发现异常，如业务突然减少、利润急剧变化等，我们可以继续查找异常的原因。通常来说，计算机管理系统能提供足够充分的数据来进行这些工作。

**3. 应收应付款以及欠款大户的记录**

对于采用计算机管理的汽修企业，可以很容易地知道应收应付款的总额、每一个客户的欠款金额、拖欠时间等信息，如图 9.5 所示。

其中，我们应该关注那些欠款大户。一般来说，欠款大户都是企业的重要客户，我们建议领导亲自关注这个问题。

很多企业对于欠款大户的处理办法就是：平时不闻不问，到了月底或者年底，就派遣财务人员不断打电话催款甚至上门索债。这样效果好吗？

企业最好在平时就关注这些大户——这些既是利润大户，又可能是欠款大户的对象。

我们是否在平时对这些大户进行过必要的关怀？是否了解这些大户本身的大致经营情况和支付能力？如果觉得对方到期一次性支付有难度，可否主动要求分期支付？

我们所说的关注，不仅仅是指发现超期应收款项并派员追索，还包括在对客户的热情服务中，保护本企业的利益。

而且，领导关注应收应付款项，对财务部门也是一种督促，还有保证公司流动资金合理流动的意义。如图 9.5 所示为应收款查询统计页面，通过此页面可以查询欠款情况。

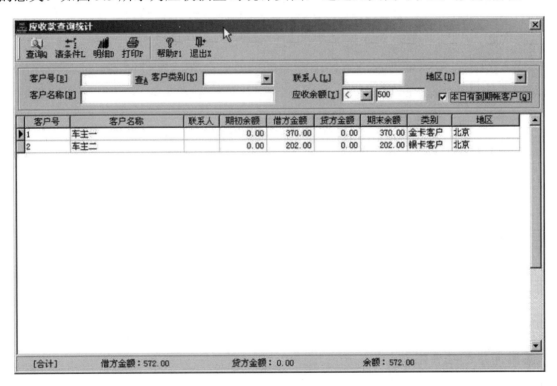

图 9.5　查询欠款情况

## 9.2.5 经常要抽查的信息

- 配件出入库汇总表
- 某时间段的经营汇总
- 配件询价和进货记录
- 配件报价和销售记录
- 客户满意度统计和查询
- 会员管理
- 返修情况
- 工具借用和使用情况
- 计算机操作日记

### 1. 配件出入库汇总表

前面已经讲到，领导应该每天关注异常库存并抽查低于警戒线的库存。那么，仓库管理是否就可以高枕无忧了？

还不完全是。

上述这些查询主要是获取某一个特定时刻的静态数据，除此之外，还需要进行动态的控制。也就是说，需要对一个时间段的汽车配件进销存状况进行汇总统计，了解各种配件的流动性如何。而"库存管理"模块中的"出入库汇总表"就是进行配件流动性管理的专用表格。

通过它可以知道某些配件的进出库数量，哪些配件最近没有销售，哪些配件最近没有进货，然后按照流动性的高低，对不同种类的配件使用不同的采购计划。

如图 9.6 所示，可以根据表格条件中的商品编号、车型、配件品牌、入库数量等条件选项，查询想要的结果。

**出入库汇总表**

统计时间从 2004-09-02 到 2004-12-02        第 1 页

| 商品编号 | 原厂图号 | 配件名称 | 车型代码 | 规格 | 配件品牌 | 单位 | 期初数量 | 期初金额 | 入库数量 | 入库金额 | 出库数量 | 出库金额 | 库存数量 | 库存金额 |
|---|---|---|---|---|---|---|---|---|---|---|---|---|---|---|
| 0001 | | 化油器清洗剂 | | | | 瓶 | 10.00 | 422.40 | 21.00 | 160.00 | 4.00 | 168.96 | 27.00 | 413.44 |
| 0002 | | 砂纸 | | | 单鹰 | 张 | 10.00 | 10.00 | 0.00 | 0.00 | 1.00 | 1.00 | 9.00 | 9.00 |
| 0003 | | 免拆药罐 | | | | 瓶 | 10.00 | 100.00 | | | | | 10.00 | 10.000 |
| 0004 | | 焊丝 | | | | 盘 | 10.00 | 100.00 | | | | | 10.00 | 10.000 |
| 0005 | | 胶蒂 | | | | 箱 | 10.00 | 200.00 | | | | | 10.00 | 200.00 |
| 总计 | | | | | | | | 832.40 | | 160.00 | | 169.96 | | 822.44 |

北京运华天地科技有限公司（未注册软件）        共 1 页

图 9.6　查询出入库汇总表

### 2. 某时间段的经营汇总

前面介绍过，领导最好每天看一下营业日报表，过一段时间，也最好能查看某些时段的数据汇总。例如，本月中旬某厂更换了业务经理，可能需要统计前半个月以及后半个月的经营情况，以便了解人事变更的效果。

**3. 配件询价和进货记录**

如果要管好采购，"货比三家"的规章制度是不可缺少的。

但是光有表面上的制度还不够，如果"货比三家"的过程没有记录在案，又怎么知道采购员是否真的"货比三家"了呢？所以，应该要求采购员把所有的订货询价记录输入计算机，而老板则最好经常查看这些输入的记录。

把"询价""订货"等模块中的记录与进货记录对比着查看，更有助于把采购环节管理好。

**4. 配件报价和销售记录（略）**

**5. 客户满意度统计和查询**

企业对于客户的投诉要认真对待。那么，如果客户没有主动投诉呢？是不是不用管了？当然不是，我们还是要主动去关心客户。

客户回访制度是客户关怀机制的基础之一，而借助计算机，企业可以很容易地建立完善的客户回访制度，并实行以客户满意度为基础的客户关怀体制。

通常，企业可以规定，每一辆车维修出厂一定的时间后，负责人员就进行电话回访，并把回访的记录（包括客户的意见，处理的结果，处理人员，客户满意度等）输入计算机。对于不满意的客户，还可以预约其来厂解决，直至满意为止。

对客户满意度的管理，既有助于公正评价员工的劳动，又有助于不断改善服务。

**6. 会员管理**

如果是重视客户关系管理的汽修企业，通常都有会员制度。会员可以享受许多好处。如会员的车辆可以优先获得服务，可以享受优惠，可以获得积分，可以获得生日祝贺、保险提醒等。

会员还可能有级别，例如金卡会员、银卡会员等，可以获得不同程度的优惠。由于会员通常都是重要客户，所以我们建议领导还是经常花一点时间过问一下。

**7. 返修情况**

每个汽修企业都会遇到车辆返修的情况。通常，计算机软件里，对于返修都有特别的记录，我们可以根据这些记录查找返修的原因，找到降低返修率的对策。

**8. 工具借用和使用情况**

汽车维修工具管理如果欠妥，是令人经常头疼的：汽修厂管理软件一般都带有工具管理模块。这个模块的使用一般也比较简单，方便领导经常查看工具的采购、使用、损耗情况。

**9. 计算机操作日记**

使用计算机管理的企业，其软件一般都带有自动记录操作的功能。计算机忠实地记录每一次操作的时间、人员、项目，是为了如果发生问题，有案可查。

通常这个功能不引人注意；但是为了安全考虑，经常看看还是有好处的。

## 9.2.6 每天花费的时间

看到这里，有人可就要问了：这么多信息，那么每天花费多少时间在计算机前呀？

我们进行了一个粗略的估计，对于一个中等规模的二类汽修企业来说，企业领导大概每天平均要花费的时间如下：

- 每天应该细看的项目——10分钟；
- 每天应该抽查的项目——5分钟；
- 经常应该细看的项目——10分钟；
- 经常应该抽查的项目——5分钟。

合计：30分钟。

也就是说，管理者每天用半个小时来查询信息，基本就足够了。如果企业规模较大，由于信息量大，可能花费的时间也多一些，一般不会超过一个小时。

# 9.3 计算机管理软件的选型

## 9.3.1 汽车维修计算机管理软件的选型

### 计算机管理软件选型的陷阱

现在我们来讲解如何选择计算机管理系统。有不少的汽修企业负责人在选择计算机管理软件时，最先问的两个问题往往是：这个软件有多少功能？这个软件的价格是多少？

一般来说，先问这两个问题是无可厚非的，但是如果过于执着于这两个问题，则很难选择到真正的好软件。为什么呢？

我们先来看第一个问题——这个软件有多少功能？

这个问题好像没有错呀，我们买软件，难道不关心它的功能吗？

关心功能是对的。但是这样的问题，并不能问到关键。因为所有的软件商都会说，他所推荐的软件能够管理配件进货、配件库存、配件销售；可以打印前台接待单、派工单、领料单、结算单；可以查询维修记录、统计维修报表、管理应收应付款，等等。这些功能，所有的专业软件，无论质量优劣，都应该具备。

这就如同我们去买西装，难道还会去问售货员：你卖的西装是否有领子、袖子、扣子吗？因为销售员的回答都千篇一律——有！从这方面根本无法断定产品的优劣，至少我们知道，扣子的多少，与西装的价值没有必然关系。所以第一个问题，问了等于白问。

既然他们的回答都千篇一律，那么需方通常怎么应对呢？

问完第一个问题之后，接下来通常有两种可能：一是需方尽量想象出一些特殊的功能来"拷问"供方；二是双方只能把注意力转移到第二个问题上面。

我们先看第一种可能，由于每一个用户的思维千差万别，可以说人的思想是没有界限的，对软件功能上的随意性需求也几乎是无限的。而软件产品的功能却是有限的，这样"较量"的结果往往是双方要么为了细微问题争论不休，要么需方不断要求供方临时修改软件以增加功能——很可能这些功能用处根本就不大。这样的结果就往往是需方最后也搞不清楚哪个软件产品更好。

第二个问题——这个软件的价格是多少？

一般来说，注意力一旦转移到价格问题上，其他的都会被忽略。

软件产品的价格差异很大，汽修厂网络版管理软件，每套从不足一千元到几万元都有。如果是进口软件，还有数十万元一套的。

这就像衣服，从几元钱的地摊货到几万元的高档名牌，它们的差别根本不能用简单的价格比较来衡量。

过早地进入讨价还价阶段，将使供需双方没有足够的时间和心绪来洽谈应该洽谈的问题，需方最终买到的可能是一个便宜的产品，却未必是一个质量与服务过硬的产品。

所以，价格应该是成交前最后才讨论的，而不是最先要问的问题。

我们把这两个问题称之为"陷阱"。很遗憾的是，这两个陷阱往往是需方为自己挖好的。

### 9.3.2　选型时首先要问的两个问题

应该怎样选择好的管理软件呢？我们建议需方首先问如下这两个问题：

1. 供方推荐的管理软件专业化程度如何？

2. 该软件的设计核心思想是什么？

首先，我们来讨论第一个问题——供方推荐的管理软件专业化程度如何？

管理软件的专业化程度通常有两方面的含义：管理思想和技术水平，我们重点讨论前一个方面。

通常，可以把汽车维修企业分为快修美容店、小型汽修厂（通常是三类）、中型汽修厂（通常是二类）、大型汽修厂（通常是一类）、特约维修站、4S服务站等。

就算是最缺乏管理经验的人都知道，大型汽修厂和快修美容店不可能采用类似的管理模式，那么他们当然应该采用不同的管理软件。

我们来看一个汽修企业中的汽车修理业务流程简图，如图9.7所示。

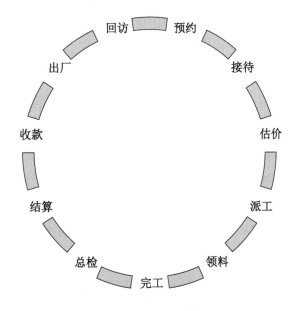

图9.7　汽车修理业务流程简图

而其中，车间管理又可以进一步细化，如图 9.8 所示。这些流程在不同规模的汽修厂都是大同小异的。但是，管理控制节点并不是一样的。

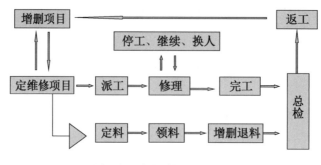

图 9.8　车间管理分解图

图 9.7 中汽车维修流程分为 11 个环节，是不是管理也要分为 11 个控制节点呢？当然不是。

例如，我们可以把接待、回访、预约等事务都交给前台计算机操作员处理，也可以把车间的派工、完工、总检等交给一个计算机操作员处理，这样管理节点就减少了。

对于中型汽修厂，可以这样设计其管理节点，如图 9.9 所示。

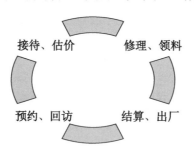

图 9.9　中型汽修厂管理节点

我们可以估计：大型汽修厂，管理汽修的全流程通常需要 6～9 个节点；中型汽修厂，管理汽修的全流程通常需要 3～6 个节点；小型汽修厂，管理汽修的全流程通常需要 1～3 个节点；美容快修店，管理汽修的全流程通常需要 1～2 个节点；

这样就可以知道要买什么样的软件了。

也就是说，需方要问供方：您的软件适合于什么规模的汽修厂，适用于多少个管理节点的模式？

如果软件销售者告诉您，他推销的某一种软件适合于所有的大中小型汽修厂，只要更改电脑数量就可以，那您可就要仔细斟酌了。

假设：一个只有一台计算机的快修店，采用计算机管理之后，却发现完成一辆汽车的修理管理，在软件里需要切换五六个工作界面，那么岂不是大大降低了工作效率？

而一些旧式的软件或者仿制的软件就往往有这个问题，因为仿制者并没有认真研究过汽修企业的计算机管理，只知道软件应该能够打印接待单、领料单等单据，所以他们的软件，不是按照管理节点，而是按照"单据名称"来分解管理模块，基本上都是分为"接待单""派工单""领料单""结算单""收款单""出厂单"等模块。而且这些模块之间并不具备企业管理所需的有机关系。

那么，怎样去挑选适合自己的软件呢？

如果供方的产品系列齐全，通常都包含有快修店、小型汽修厂、中型汽修厂、大型汽修厂、4S 服务站等的至少五个专用品种，而且每个品种的管理模式是适合实际情况的，那就基本可以放心了，在系列里面挑选一个产品再进行下一步洽谈吧。

现在来看第二个问题：该软件的设计核心思想是什么？

计算机软件作为一个管理体系的物理载体，它不能是表格、单据的简单叠加，也不仅仅是记录日常业务的工具，应该是有思想、有灵魂的一个系统。

一个没有设计思想的软件，其能够起到的作用不过是打印表单而已，根本不可能在它的基础上，建立并运行一套严谨、科学的管理制度。

我们认为，一套好的企业管理软件应该有内务、外务两方面的核心。

企业管理的内务主线是什么呢？是财务成本。所以，管理软件的内务管理设计也应该以财务为主线。一套管理软件的质量好不好，首先要从财务角度来考察。怎样评价一套软件的财务水平呢？

第一，要看财务主线是否清晰，各个功能模块之间是否用财务纽带相联系；

第二，要看与财务有关的模块（例如账务管理、报表系统）是否符合财务规范和财务的工作习惯；

第三，要看其成本核算和成本控制功能是否与现有财务制度一致，而且能为财务部门起到好的辅助作用。

那么，另一个核心——外务核心是什么呢？软件的外务核心当然应该是客户关系管理。又应怎样评价一套软件的客户关系管理模块的水平呢？

第一，要看其每一个功能模块是否都贯穿着客户服务观念，这也是最主要的。

第二，要看其客户档案的项目和条目结构是否合理；

第三，要看其有关客户管理的查询统计是否合理全面；

第四，如果有必要，要考察其客户管理的高级功能，例如图表分析功能。

### 9.3.3　挑选好软件的其他指标

如果前面两个问题，都能得到满意的回答，那么就可以正式了解产品并洽谈了。

**1. 软件的安全性和稳定性**

软件作为管理系统的重要组成部分，其安全性毫无疑问是第一位的。如，数据的账套管理、自动备份、数据恢复等功能的水平就决定其安全性的水平。而稳定性呢，则主要看其数据库技术和数据传输技术（如果是网络版的话）。

如果某软件现在仍然采用过时的 FoxBASE、FoxPro、SQL 7.0 数据库或者网络版软件采用适合于单机使用的 Access 数据库，至少说明开发商技术不够先进。

而如果一个中小型企业版的软件，却使用了适合于大型网络版使用的 Oracle 或者更加复杂的大型数据库，则说明其技术选型欠考虑，为使用者增添了很多麻烦。

**2. 该软件是否既有强大的功能，又具有简单的操作**

前文说过，一开始就关注"功能"往往容易陷入误区。但是我们购买软件，不可能不问功能吧？关于功能，最好要把功能的全面性与软件操作的流畅性结合起来考虑。

有的软件，功能看似很全面，光报表就有几百种，让人看得眼花缭乱，那么就显然缺乏对操作的考虑。尤其是汽修厂的管理人员，绝大多数都不是计算机专业人士，却又要经常查看报表，所以功能强大而又使用简单才是最佳的选择。甚至有时为了操作的流畅，放弃一些不必要的功能都是值得的。

一般来说，操作简单包含两个方面的含义：一是软件流程顺畅，具有很强的穿透性和易理解性；二是软件采用了一些方便使用的编程技巧（如全键盘操作、全鼠标操作、模糊查询、拼音缩写查询等）。

**3. 技术的先进性**

有一些资产几百万甚至上千万元的大中型汽车修理厂，效益不错，却还在用着 DOS 版本的管理软件，问他们为何不更新管理系统，答曰：用惯了；或者是：我们觉得 DOS 版本的软件更加稳定。

关于 DOS 与 Windows 系统哪个更加稳定的问题，我们不想从技术层面来解说，因为这需要很复杂的讲解，如果我们仅从社会与科学发展的规律来说，Windows 肯定远远优于 DOS。

这些问题本来不成为问题，但是很多用户被一些盗版软件和一些不思进取的"软件个体编写者"误导，还停留在落后的思想氛围中。

同样 Windows XP 与 Windows 2003 的稳定性、易操作性肯定远远超过 Windows 98/95。SQL Server 2000/2005 的稳定性、易操作性肯定远远超过也远远超过 dEBASE、FoxBASE、FoxPro、SQL Server 7.0 等过时产品。

作为投资者，当然不能一味地追求最先进的技术，因为还需要考虑投资成本，但是如果购买技术明显过时的产品，产品质量肯定不会太好，售后服务、版本升级等都会成问题。也就是说，要把技术的先进性与产品的性能价格比联系起来考虑。

当然，系统平台也不是越前卫越好。

**4. 专业化程度**

之所以要选取适合于本行业的计算机管理系统，而不是去购买市面上通用型的进销存管理软件或者企业管理软件，就是因为汽车维修行业有其自身的特殊性。

从商品特性来说，汽车和汽车配件就是比较特殊的商品。例如，汽车是贵重商品，在财务的成本计算上必须使用个别计价法；汽车的 VIN 码和车牌号都具有唯一性，等等。汽车配件除了与其他商品类似的属性以外，还有一些特殊属性。

在查看汽修管理流程时，要注意其流程是否合理，用语是否专业；是否具有专业的特殊业务项目，如三包索赔、保险理赔等。如果前面两个问题都能得到满意的回答，那么就可以正式了解产品并洽谈了。

## 9.4 汽车维修企业计算机管理系统的应用要点

（1）汽车维修企业计算机管理软件应采用国内外先进的现代化企业管理理论（如：JIT、BPR、ERP、CRM、TQC 等）和管理方法；并充分考虑到国内企业实际情况和具体条件，既具先进性，又有实用性。软件可以帮助企业管理人员对企业中大量动态的、错综复杂的数据和信息进行及时、准确的分析和处理，对企业的各项生产经营活动进行事先计划、事中控制和事后反馈，从而达到合理利用企业资源、降低库存、减少资金占用、增强企业应变能力、提高企业市场竞争力和经济效益的目的，使企业管理真正由经验管理进入到科学管理，使企业的管理手段和管理水平产生质的飞跃，跟上信息时代的步伐。

（2）汽车维修企业计算机管理软件首先是一个信息系统，它包括业务接待、维修过程、结算、配件进销存、应收应付款、财务账务和客户档案等方面的信息，并保证信息的完整、准确、及时，能够为企业领导的决策提供翔实、充分的数据。

（3）汽车维修企业计算机管理软件还应是一个业务处理系统，能使企业从业务接待、派工、领料、修理、完工结算到应收应付账务管理等业务流程程序化、固定化，使业务处理标准化，降低业务差错率，提高工作效率。

（4）汽车维修企业计算机管理软件更应是一个管理系统，它融入了先进科学的管理思想，有助于企业业务流程和管理环节的优化，有助于企业经营管理者对企业经营进行精确的考核评价、正确的指挥和有效的控制。业务过程清晰流畅，管理控制点设置合理。

（5）汽车维修企业计算机管理软件也是一个通信系统，它能保证汽车维修企业内部，及其与汽车生产厂家、零部件供应商和客户间准确、及时的交流和远程信息交换。

（6）汽车维修企业计算机管理软件也应是采用先进的开发平台和数据库开发的管理软件，不仅能保证软件系统数据安全运行、高速可靠，还必须使软件的用户界面友好、操作使用简便。另外，随着汽车维修企业的业务发展和同业竞争的加剧，一些规模较大的汽车维修企业纷纷从单纯经营汽车维修向汽车销售、维护修理、零配件供应和业务技术培训综合经营的方向发展，因而汽车维修企业计算机管理软件也应能满足企业进行"三位一体"甚至"四位一体"综合经营的需要。

（7）汽车维修企业计算机管理软件还应能够自动整理大量的业务数据，生成专家知识库，为新人所用。只要知道车型，系统就能告诉你最常见的故障；对于客户车辆出现的故障，系统能进一步告诉你可能的原因及解决方法，包括用什么维修项目、什么配件进行维修都能直接给出提示，是自动融合前人经验指导业务开展的专家系统。

（8）汽车维修企业计算机管理软件也必须符合维修行业管理部门的要求，能够做到企业和管理部门联网，在网上进行数据上报，管理部门也可以及时掌握各级各类车辆的维修情况，为宏观管理打下坚实的、科学的基础。

例如："跟踪服务"窗口如图 9.10 所示。每次启动程序都可以自动弹出"跟踪服务"窗口，提示通知检修到期的车主、年检到期的车主、保险到期的车主、应该要追踪欠款的客户，并告知需要检查或是需要例保的项目。

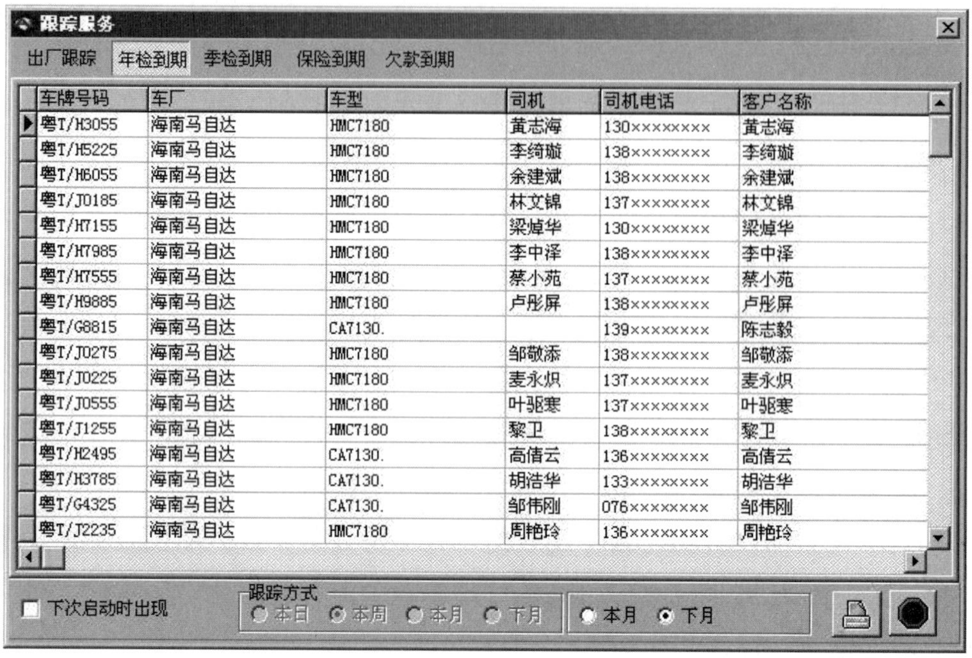

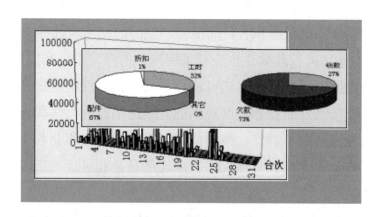

图 9.10 　"跟踪服务"窗口

决策分析图如图 9.11 所示。该功能以图形及报表形式统计维修情况的变化、工时配件的分配比例、欠款的分配情况，维修车种的生产台次和配件使用量。

图 9.11 　决策分析图

"检验报告"窗口如图 9.12 所示。该功能通过建立详细的车辆进厂故障现象、实际维修过程、出厂检验结果，形成完整的车辆"病历"，可以提供给所有技术人员共同学习，为再次检修服务提供历史资料，并能够通过计算机整理并打印出厂内"检验报告"。

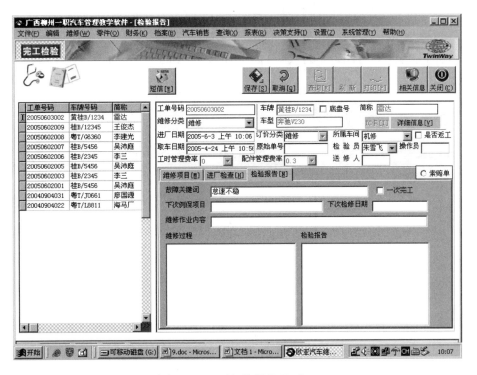

图 9.12 "检验报告"窗口

"自动订货、定价"窗口如图 9.13 所示。该功能可以通过车间的备料计划以及零部件的安全存量自动统计并生成零件订货单；避免手工订货中经常出现的漏订、少订的问题，自动计算出最适合的订货量与最低的订货价格；可根据不同的车型、不同的出库类别、不同的利润系数形成准确、完整的零件销售价格体系。

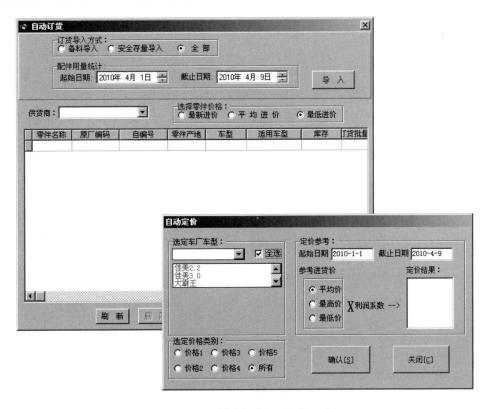

图 9.13 "自动订货、定价"窗口

"用户权限"窗口如图 9.14 所示。根据各厂家量身定制的用户权限设计，突破传统以岗定人的思想，灵活分配每个操作者的读、改、写以及功能使用、折扣的权限。

图 9.14　"用户权限"窗口

"多业务支持"图如图 9.15 所示。该功能提供一般维修、事故车维修、车辆保险、年检季检、公务车维修、检测站、连锁经营、零配件销售等多种业务，为企业经营的多元化提供相应的软件系统平台。

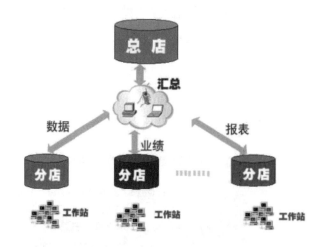

图 9.15　多业务支持图

"客户分析报表"窗口如图 9.16 所示。该功能可帮助了解客户欠款情况，分析客户信用额度，及时通知操作人员是否同意客户的欠款；分析客户地理分布情况，掌握拥有的客户在该区域的比例情况；分析经跟踪后进厂维修保养的客户比例，流失的客户比例以及原因。

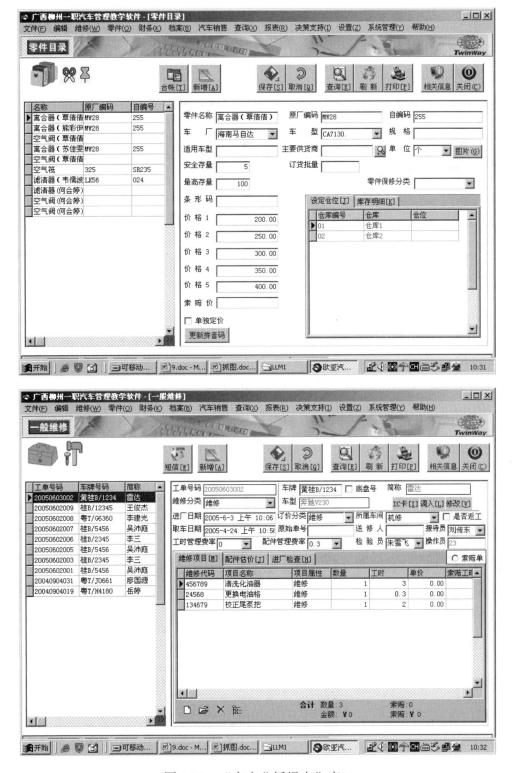

图 9.16　"客户分析报表"窗口

安全机制：系统内设数据自动备份和安全恢复功能，为企业数据提供最安全的保障；同时提供强大的售后维护，通过电话线路进行远程联网维护，不仅用得满意，还要用得放心。

维修登记：进厂车辆的登记，包括车辆的资料、客户的资料、车辆交接和车况车貌的登记，保修维修项目，预计领用的配件估价、划定维修类别等。

"出库清单"窗口如图 9.17 所示。它包括维修领料、门市销售零件、其他形式的出库操作。维修领料出库时可根据车间的备料计划直接领料。

图 9.17　"出库清单"窗口

"工单结算"窗口如图 9.18 所示。可以通过该功能处理客户或车主车辆维修结算事宜，包括结算打折、维修试算、打印维修结算明细单。

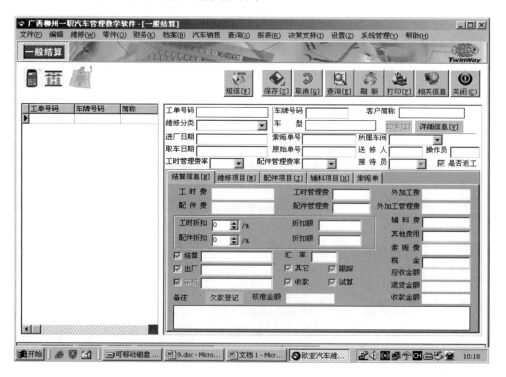

图 9.18　"工单结算"窗口

"收款登记"窗口如图 9.19 所示。可以通过该功能查询维修客户的交款情况，包括月结客户的每月尚欠金额、已付、未付以及车辆维修明细、零件采购的明细情况。

图 9.19　"收款登记"窗口

"供货商管理"窗口如图 9.20 所示。可以通过该功能管理供货商的地址、电话、联系人等信息，记录供货商的供货配件明细，包括型号、价格等。

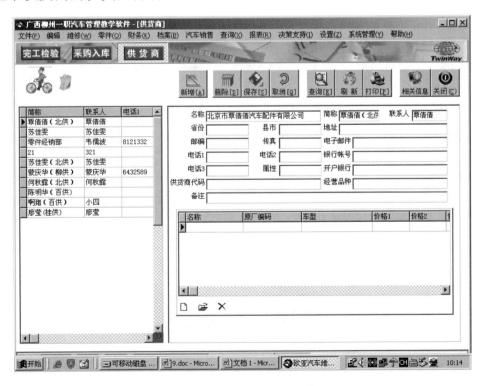

图 9.20　"供货商管理"窗口

"采购入库"窗口如图 9.21 所示。采购入库即零星采购的入库零件，订货入库即批量采购的入库零件，其他形式包括退货、盘盈等入库操作。

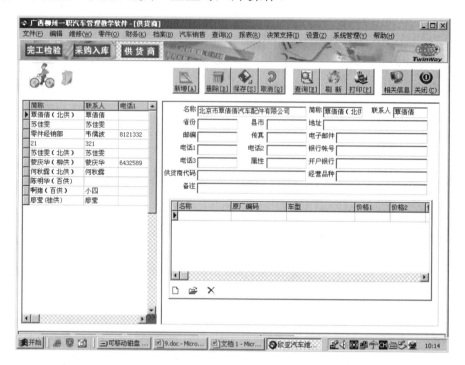

图 9.21　"采购入库"窗口

参数设置：系统启用前的初始化设置，包括公司名称、电话、利润系数、车身颜色、碰损部位、事故处理中队、数据备份路径、车牌字头等信息，便于系统调用。

"车辆客户档案管理"窗口如图 9.22 所示。该功能用于记录客户的联系信息，包括电话、地址、负责人等，同时记录对应的客户所拥有的车辆信息，包括车牌、车型、司机等。

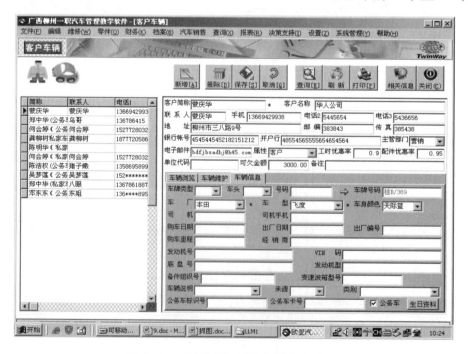

图 9.22　"车辆客户档案管理"窗口

"标准项目"窗口如图 9.23 所示。该功能可以将维修登记的维修项目标准化，根据项目的所属类别、车辆的维修难度设置维修项目的名称、价格、工时等，在报修的时候可直接调入，规范管理、统一价格。

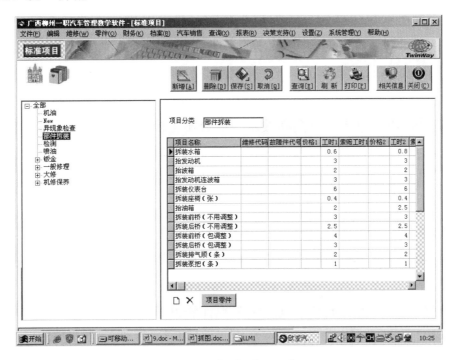

图 9.23 "标准项目"窗口

总之，对于汽车维修企业来讲，一个优秀的汽车维修企业计算机管理软件，不仅是一个信息系统、业务处理系统、管理系统、维修专家系统和通信系统的统一，它还应采用先进的开发平台，具有技术的先进性，并能满足企业经营未来发展的需要。此外，软件设计公司应该是专门从事汽车行业管理软件开发的专业公司，在紧跟计算机技术发展的同时，还应密切关注汽车行业发展的动向，并根据计算机技术的发展和汽车维修企业的变化不断推出新的版本，保证汽车维修企业管理软件的更新换代。

# 9.5 互联网的应用

### 1. 上网

互联网给我们提供一个更广阔的空间，能使我们足不出户，就可知道天下事，获取许多有用的信息。现在宽带已遍布工矿企事业单位，并进入了住宅小区单元，只要办理了有关手续，就可直接上网了。

对于汽车维修企业的职员而言，上网的目的不应是聊天、玩游戏，而是为了业务需要：了解汽车维修市场信息动态、查找维修资料、检测设备参数网上升级以及汽车配件等方面的信息。

### 2. 网站介绍

这里介绍一些主要的汽车网站，供大家查询。

（1）中国汽车交易网。中国汽车交易网是中国汽车行业最大的网上汽车交易平台、集汽车新闻资讯、汽车交易综合服务、企业搜索推广为一体。它立足于汽车行业市场，利用汽车资讯引导交易服务，强大的新闻发布系统每天以最快的速度全面、系统、深入捕捉国内外汽车行业信息予以宣传报道，汽车行业新闻、热点聚焦、厂商动态、新车速递、品牌资讯、降价信息、试车评车、各地车市、购车参谋等优秀栏目，已经成为国内外知名汽车企业向广大网民宣传企业和汽车品牌的网上窗口，同时也成为备受广大网民关注的汽车网络媒体。

（2）中车在线。由北京中车行高新技术有限公司主办，提供正版米切尔汽车维修资料，有大量汽车维修资料，兼有配件信息，内容丰富；以会员制的形式提供服务。

（3）欧亚·笛威在线网。由珠海市欧亚汽车技术有限公司主办，提供汽车维修资料和一些检测设备。

（4）汽车频道-搜狐网站。搜狐网站是中国互联网主流人群获取资讯和交流的最大网络平台，汽车频道包含了汽车最新新闻、评论、购车指南、维修配件、汽车交易等众多板块，具有信息量大的特点。

（5）黑马汽车网。提供各地汽车以及汽车配件的市场信息。

（6）搜车网。主要提供汽车销售、汽车维修市场行情和二手车交易的信息。

# 习题 9

## 一、填空题

1．计算机管理，是企业_____的重要标志之一。

2．软件的外务核心是_____管理。

3．汽车配件通常采用先进先出、加权平均等_____方式，而汽车作为贵重商品，通常采取个别计价方式。

4．汽车维修企业计算机管理软件必须符合维修行业管理部门的要求，能够做到_____和_____联网，在网上进行数据上报，管理部门也可以及时掌握各级各类车辆的维修情况，为宏观管理打下坚实的、科学的基础。

5．优秀的汽车维修企业计算机管理软件，不仅是一个信息系统、业务处理系统、管理系统、维修专家系统和通信系统的统一，它还应采用先进的_____平台，具有技术的先进性，并能满足企业经营未来发展的需要。

## 二、简答题

计算机管理系统对汽修企业有何意义？

## 第10章

# 现代汽车维修常见设备及功能

### 学习任务

随着汽车维修技术的发展，汽车维修的理念和设备也发生了很大的变化。"七分诊断三分修理""多保养少维修"等观点，都对现今汽车维修企业的设备、仪器和工具提出了新的要求。通过本章学习，了解汽车维修、养护过程中常用的工具、设备及检测仪器，掌握它们的功用和使用注意事项。

### 知识要点

常用主要设备的技术参数和功能。

## 10.1 汽车维修设备管理的概念

设备管理是对设备寿命周期全过程的管理，包括选择设备、正确使用设备、维护修理设备以及更新改造设备全过程的管理工作，以达到设备的良好投资效益。设备运动过程可分为两种状态，即设备的物资运动形态和资金运动形态。设备的物资运动形态，是指设备从研究、设计、制造或从选购进厂验收投入生产领域开始，经使用、维护、修理、更新、改造直至报废退出生产领域的全过程，对这个过程的管理称为设备的技术管理；设备的资金运动形态，包括设备的最初投资、运行费用、折旧、收益以及更新改造自己的措施和运用等，对这个过程的管理称为设备的经济管理。设备管理，既包括设备的技术管理，又包括设备的经济管理；设备的技术管理与经济管理是有机联系、相互统一的。

## 10.2 汽车维修设备的分类

（1）汽车检测诊断设备：常见的有汽车侧滑检测仪、汽车车轮定位检测仪、汽车行驶制动参数检测仪、汽车轴（轮）重及制动力检测仪、汽车制动力及车速表检测仪、汽车前灯检测仪、汽车排放气体检测仪、柴油车烟度计、汽车底盘性能检测仪、汽车转向器及悬架系统间隙检查仪、汽车密封性试验装置等。

（2）汽车发动机检测诊断设备：常见的有汽油机性能检测仪、发动机燃烧室容积检测仪、发动机转速量表、气缸压力量表、汽油机点火正时仪、发动机皮带张紧力量表、发动机内窥镜、柴油机燃油喷射压力量表、发动机进气歧管真空度表、进气歧管真空度及燃油压力量表、散热器盖密封性检测仪等。

（3）汽车发动机检修设备及工具：常见的有气缸量表、连杆校验器、曲轴平衡机、气门弹簧试验机、柴油机调速器试验台、发动机电控燃油喷射检测仪、柴油机燃油喷射泵试验台、柴油机喷油器检验器、发动机零件磁粉探伤机等。

（4）汽车发动机维修作业设备及工具：常见的有发动机维修作业台、发动机翻转架、活塞环拆装器、气门弹簧拆装钳、柴油机燃油喷射泵清洗机等。

（5）汽车发动机维修加工设备及工具：常见的有发动机气缸珩磨机、气缸镗磨机、气缸口可调铰刀、活塞销孔铰刀、连杆衬套铰压机、连杆衬套铰刀、活塞销孔及连杆衬套铰刀、曲轴磨床、凸轮轴磨机、气门座镗铰机、气门座铰刀等。

（6）汽车底盘检测诊断设备及工具：常见的有变速器试验台、传动轴检测校正机、汽车车轮平衡机、轮胎气压量表、轮胎磨损量表、制动防抱死装置检测仪等。

（7）汽车底盘维修作业设备及工具：常见的有离合器拆装作业台、汽车车轮拆装车、汽车车轮螺母拆装机、轮胎拆装机、轮胎充气装置、汽车制动装置维修成套工具等。

（8）汽车底盘维修加工设备及工具：常见的有半轴套管螺纹修正器、转向节主销衬套铰刀、制动鼓切削机、制动鼓及制动蹄摩擦片切削机、制动盘切削机等。

（9）汽车电气设备及车用辅助装置检修设备及工具：常见的有电气设备试验台发电机及起动机试验台、蓄电池检测仪、蓄电池电解液密度计、汽车点火模拟装置、分电器试验台、起动机故障检测仪、车用空调设备维修检查器、车用空调设备制冷剂泄漏检查器等。

（10）汽车电气设备及车用辅助装置维修作业设备及工具：常见的有蓄电池充电器、蓄电池放电叉、火花塞拆装扳手、车用空调制冷剂自动更换器、车用空调制冷剂回收再生装置等。

（11）汽车车身维修整形设备及工具：常见的有车身检测校正机、车身校正外形检测器、车身校正装置、车身钣件校正焊接拉器、车身钣件校正工具、车身钣件延伸工具、车身钣焊剪钳、车身点焊打孔器、车身整形焊斑切除器、车身整形敛缝胶充填枪等。

（12）汽车维修喷涂电镀设备及工具：常见的有车身维修涂装成套设备、汽车喷漆烤漆房、汽车静电涂装机、汽车喷漆红外线干燥装置、车身底部喷涂装置、汽车维修喷砂设备、汽车喷漆调色设备、汽车维修电刷镀机等。

（13）汽车清洗除尘设备及工具：常见的有汽车清洗机、汽车清洗刷、汽车打蜡机、汽车零件清洗机、发动机不解体燃烧室清洁器、油箱清洗机等。

（14）汽车举升吊运设备及工具：常见的有柱式汽车举升机、菱架式汽车举升机、汽车底盘检查升降台、汽车千斤顶、发动机拆装架、变速器拆装架、后桥差速器拆装架、钢板弹簧拆装架、发动机吊架、变速器吊架、汽车救援拖运装置等。

（15）汽车润滑加注设备及工具：常见的有汽车软管卷盘加注成套设备、汽车润滑油分配成套设备、汽车润滑脂加注器、汽车润滑脂加注器、汽车润滑油更换机等。

（16）汽车过盈配合件拆装设备及工具：常见的有汽车零件拆装压力机、汽车零件拆装成套拉器、转向横拉杆球头拆卸器、扭杆轴瓦拆装器、制动蹄支承销拉器、发电机轴承拉器、电机电枢轴承拉器等。

（17）汽车检测维修设备微机控制系统：常见的有汽车故障诊断仪、汽车电子检测设备、汽车维修设备微机控制系统、发动机检测设备微机控制系统、汽车喷涂设备微机控制系统等。

## 10.3 常见设备

### 10.3.1 喷漆/烤漆房

喷漆时工作原理：外部空气经过初级过滤网过滤后由风机送到房顶，再经过顶部过滤网二次过滤净化后进入房内，房内空气采用全降式，以风速 0.3m/s 的速度向下流动，使喷漆后的漆雾微粒不能在空气中停留，而直接进入底部出风口排出房外。房内新鲜空气转换次数为每小时循环 281 次，空气对换容量为 18000 立方米/小时，保证房内空气绝对清新，从而达到安全卫生的工作环境。喷漆/烤漆房工作原理图如图 10.1 所示。

表 10.1  喷漆/烤漆房

| 房体体积（m） | 外：7×5.4×3.5<br>内：6.9×4×2.8 | 照明光管 | 上排 32 支×40W<br>下排 16 支×20W |
|---|---|---|---|
| 房门面积（m） | 宽 3×高 2.7 | 耗油量（公升/台） | 每台车约 6 公升 |
| 风量（m） | 20000 立方米/高 | 工作温度 | 60℃～80℃ |
| 房内风速（m/s） | 0.3～0.5 | 功率（kW） | 10 |
| 换气次数（次/小时） | 260 | 要求电力 | 三相四线 380V |

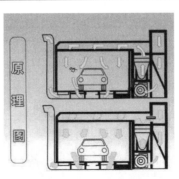

图 10.1  喷漆/烤漆房工作原理图

### 10.3.2 QJY230S 汽车举升机

QJY230S 汽车举升机如图 10.2 所示。

图 10.2　QJY230S 汽车举升机

**1. 主要特点：**

（1）全封闭式液压系统。

（2）双柱三级式保护装置，使用更安全可靠。

（3）采用链条传动，拉力特强，寿命更长。

**2. 技术参数（见表 10.2）**

表 10.2　QJY230S 汽车举升机技术参数表

| 型号 Type | QJY230S | QJY232 |
|---|---|---|
| 举升重量 Lift Weight（kg） | 3000 | 3200 |
| 举升高度 Lift Hight（mm） | 1800 | 1800 |
| 举升时间 Lift Time（s） | 60 | 60 |
| 电动功率 Power of Motor（kW） | 1.5kW（380/220V 50Hz） | — |
| 操纵方式 Method-Operation | 手动 Lever Type | — |
| 重量 Weight（kg） | 980 | — |

注：（1）混凝土地面厚度在 150mm 以上时，可直接用膨胀螺丝安装。

（2）采用埋入式安装时，建议底架最小高出地面 15mm。

### 10.3.3　车身钣金整修系统

本机用于将各种汽车举升至适当高度以进行维修工作，它为汽车修理极大地提高了修车质量和修车效率，是汽车修理行业取代地沟的现代设备，如图 10.3 所示。

其主要功能和特点如下：

（1）工作台面整体加工平面度高，台面宽广，工作台高度垂直自由可调，能充分满足较低的拉伸矫正操作、较高高度的测量和车辆底盘的维修。

（2）工作台举升由获得专利的平行四边形举升架控制，升降自如，举升架备有液压和机械自锁双重保险。

图 10.3　车身钣金整修系统

（3）双拉塔配置，拉塔直接安装在工作台上，拥有独家专利行走机构，可沿工作台导轨做 360°旋转，操作方便灵活，省时省力。

（4）拉塔油缸垂直安装，无任何方向的分力，确保牵引力 10 吨，拉力强劲。

（5）拉塔配备有吊臂，可方便地修理车顶等相关部位。

（6）测量系统为可移动式三维坐标激光测量系统，车辆拉伸矫正操作和测量可同步进行，实现准确的实时测量，操作简便精确度高，并配备各车系最新数据手册。

（7）车辆上下架只有两块桥板，不需配备其他动力源，简便省时。

（8）本机配有二次剪式举升架，最大举升高度为 408mm，可方便实现车辆上架后的固定操作。

（9）本机配有通用夹钳、大梁夹钳、辅助夹钳，夹钳三维可调，能迅速固定待修车辆。随机配有各种结构的夹具、辅具，可满足任意形状的变形矫正。

### 10.3.4　拆胎机

拆胎机如图 10.4 所示，表 10.3 列出了拆胎机相关技术参数。

图 10.4　拆胎机

表 10.3　拆胎机技术参数

| 技术参数 | | | |
|---|---|---|---|
| 工作压力 | 8～10bar | 转盘转数 | 7rpm |
| 工作温度 | 0～45℃ | 最大轮宽 | 320mm |
| 电机功率 | 1.1kW/0.75kW | 最大车轮直径 | 1000mm |
| 额定电压 | 220V/380V/110V 50Hz/60Hz | 夹钳外锁定尺寸 | 10"～18" |
| | | 夹钳内锁定尺寸 | 13"～22" |
| 外包装尺寸 | 980mm×1020mm×950mm | 重量 | 185kg |

## 10.3.5　轮胎动平衡机

轮胎动平衡机如图 10.5 所示。

图 10.5　轮胎动平衡机

**1. 主要特点**

带有微处理全自动轮胎平衡专用设备，能在 10s 内同时测出轮胎静态和动态不平衡量；传感器采用压电陶瓷片，使得测量更准确；数码显示轮胎内侧和外侧不平衡量，准确找出不平衡位置，操作更精确；可以选择六种不同形式的平衡方式，并有防护罩保护启动装置，单位可公制、英制转换，克与盎司转换，轮辋尺寸可英寸、毫米设置等多项功能；可针对特殊轮胎定制使用；意大利技术生产，使用寿命长，性能稳定。

**2. 技术参数（见表 10.4）**

表 10.4　轮胎动平衡机技术参数

| 轮圈直径 | 轮圈宽度 | 轮圈外悬尺寸 | 工作电压 | 最大吸收功率 | 测量精度 | 测量轮重 |
|---|---|---|---|---|---|---|
| 10"～24" | 1.5"～20" | 0～170mm | 220V 50Hz | 0.6kW | ±1g | 70kg |

## 10.3.6　四轮定位仪

在现代汽车中，为了使汽车直线行驶、转向轻便、受控力好，并减少轮胎及相关部件的磨损，在轮胎安装和前、后轮的悬挂系统均设置车轮定位角度（各汽车生产厂家根据不同车型，设置不同数据）。由于更换轮胎或减震器、机械的磨损、机件在剧烈颠簸中疲劳变形或车架和机件在碰撞后变形，都会导致四轮定位参数发生变化。所以一般新车在驾驶 3 个月后就应做四轮定位检测，以后每行驶 10000 千米或更换轮胎及减震器，以及发生碰撞后都应及时做"四轮定位"，检测其是否符合原车标准，并及时进行维修与调校。四轮定位仪如图 10.6 所示

图 10.6　四轮定位仪

**1. 四轮定位仪简介**

当前担当车轮定位检测的仪器大部分为"四轮定位仪"。检测时四轮定位仪先测量出汽车现时的四轮定位参数，然后由计算机自动与相应车型的存储值对比，对汽车四轮定位算出偏差值，维修人员按照定位仪的提示进行修正就可以恢复原状了。现代高档四轮定位仪由软件系统和硬件系统两部分组成。

软件系统主要包括：客户信息管理数据库；国内外各类汽车生产厂、年代以及型号的原始定位参数；车辆预检查及其定位故障诊断；标定调校程序等，程序运算、执行、数据存储和输出通过高档计算机、CD-ROM 及打印设备完成。

硬件系统除了计算机及外设，主要还包括：车轮倾角检测用的传感器和配套安装夹具，调整标定设备、光学传感器、遥控操作器等。

对于不同四轮定位设备，起关键作用的是测量传感器是否精确，软件功能是否完善，至于外观、体积以及是否有无线通信功能都不是关键所在，毕竟汽车驾驶者所需要的是汽车的安全与良好的运行状态。

下面我们重点针对汽车车轮各定位角度的定义及作用，以及主要选用的倾角产品进行介绍。

**2. 汽车车轮各倾角定义及作用**

现代轿车普遍都是采用前后独立悬挂，四轮定位仪检测的主要参数为车轮外倾角、主销后倾角、主销内倾角及前束等参数。

（1）车轮外倾角。车轮外倾角是指车轮中心平面与汽车垂直平面的夹角，如图 10.7 所示。当车轮顶部向汽车外部倾斜时角度为正，反之为负。其主要作用是使车轮与地面的动态承载

中心得到合理的分配，从而达到提高机械零件的使用寿命，减少轮胎的磨损等效果。若车轮外倾角不正确，轮胎会出现异常的磨损，汽车在行驶时也会发生偏驶的现象。

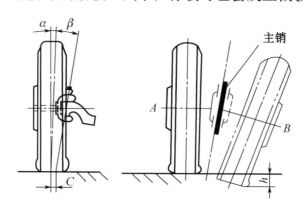

图 10.7　车轮外倾角

（2）主销后倾角。安装在前轴上的主销，其上端略向后倾斜，叫主销后倾。在汽车纵向铅垂面内，主销轴线与铅垂线的夹角叫主销后倾角（如图 10.8 所示）。上球头在铅垂线的后方为正，反之为负。其主要作用是当汽车行驶时转向轮形成可自动的回正力矩，使汽车保持直线行驶。因此主销后倾角会影响汽车转向稳定性和方向盘的自动回正作用。

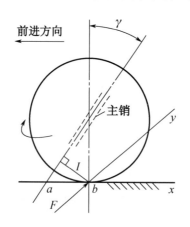

图 10.8　主销后倾角

主销后倾角一般的不能调整的，但对非独立悬挂的转向桥来说，可在前轴和钢板弹簧底座后部加装楔形垫块进行调整。

（3）主销内倾角。主销内倾角是指悬架上球头或支柱顶端与下球头的连线与铅垂线，且从汽车的正面观察的夹角。上球头向内为正，反之为负。合理的主销内倾角可使汽车转向行驶时转向轻便，减少路面通过转向轮传导到转向盘的冲击力，同时也具有一定的自动回正作用。主销内倾是指主销装在前轴略向内倾斜的角度，它的作用是使前轮自动回正。角度越大前轮自动回正的作用就越强烈，但转向时也越费力，轮胎磨损增大；反之，角度越小前轮自动回正的作用就越弱，因此这个主销内倾角都有一个范围，约 5°～8°之间。

（4）前束角。前束是汽车修理工非常熟悉的工作，汽车修理都要校对车轮前束。所谓前束，是指两轮之间的后距离数值与前距离数值之差，也指前轮中心线与纵向中心线的夹角（如

图 10.9 所示）。前轮前束的作用是保证汽车的行驶性能，减少轮胎的磨损。前轮在滚动时，其惯性力会自然将轮胎向内偏斜，如果前束适当，轮胎滚动时的偏斜方向就会抵消，轮胎内外侧磨损的现象会减少。不同的汽车前束调校值是不一样的。前轮前束可通过转向横拉杆长度来调整，汽车说明书都会有详细的说明。

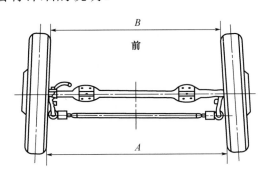

图 10.9　前轮前束

**3. 倾角传感器在四轮定位测量系统中的应用**

四轮定位仪对倾角传感器安装要求：

四轮定位测量系统对于以上几种倾角的测量，除前束角一般通过转盘或转角传感器实现，其他角度一般采用倾角传感器。倾角传感器固定在四轮定位仪安装底板上，再通过夹具安装在汽车的车轮上。

由于汽车结构的原因，汽车车轮定位角中的倾角测量分为直接测量和间接测量两种。从车轮倾角的定义中可知车轮外倾角测量可以直接利用倾角传感器测得其值，而主销内倾角和主销后倾角则不然，由于主销是安装在车轮的内侧，一般不能直接通过倾角传感器来测量。测量方法是通过以一定角度转动车轮，测得车轮绕主销摆动曲面的法线变化率来间接反映主销倾角值。因此测量主销倾角的过程是一个动态测量过程，对传感器也相应提出了动态响应的要求。一般来说，这个动态变化的速度取决于测量时操作者转动方向盘的角速度。据笔者统计，正常操作时此角速度在 5°/min，反映到主销倾角上约为 0.5°/min。除此之外，车轮倾角的测量范围应在以±15°左右。通过调查当今在用的车型，倾角的调整偏差值一般在 5′左右，如：上海大众 PASSAT B5 前轮外倾角值为-0°35′至±0°25′。因此可知传感器的测量分辨率应小于等于 5′。

## 10.3.7　轮胎充氮机

轮胎充氮机已有 20 多年的历史，刚开始主要用于充填那些需要承受巨大压力的轮胎，如飞机、F1 赛车及各类工程车等；只是最近几年才被广泛用于各种车辆。轮胎充氮机如图 10.10 所示。

氮气是一种稳定性高的惰性气体，且氮分子比氧分子大，故不易热胀冷缩，能保持稳定胎压，因此轮胎充填氮气后，能有非常紧密的贴地性，车辆行驶的舒适性、操控性、避震性及刹车性能均有显著的提升，加强行车安全，减少爆胎事故。

充氮气的好处：减少爆胎几率、减少轮胎磨损、减少车身震动、减少轮胎噪音、延长轮胎寿命、防止钢圈氧化腐蚀、降低车辆油耗、增加安全性和舒适性。

图 10.10　轮胎充氮机

### 10.3.8　空气压缩机

空气压缩机以电动机为动力，提供一定 Mpa 的压缩空气，广泛用于除尘、除湿、油道管路疏通、车身喷涂、清洁以及动力源等，如图 10.11 所示。空气压缩机的型号很多，规格则用每分钟压缩空气生产和输出压力来表示，要根据企业的规模和生产方式来选用。

图 10.11　空气压缩机

表 10.5　轮胎充氮机技术参数

| 型号 | DT3000 | 电源 | AC220V |
|---|---|---|---|
| 适用车辆 | 中、小型客货车 | 储氮桶 | 200L |
| 空气压力 | $8kg/cm^2 \sim 10kg/cm^2$ | $N_2$ 生产量 | 40～80NL/min |
| 氮气压力 | $7kg/cm^2 \sim 9kg/cm^2$ | 机体尺寸 | W700Mm×D450Mm×Hl500（mm） |
| 生产方式 | PSA | 机体重量 | 200kg |
| 氮气纯度 | 96%～99.8% | 过滤组合 | 双标高压精密油，水过滤器 |

*采用 PSA 气体分离方式

*采用大容量双塔交替吸附方式

*内置有 200L 氮气稳压桶

*内装双重空气过滤器，过滤空气中水、微粒、油，处理流量 800NL/min，过滤精度<0.01ppm

### 10.3.9 清洗美容设备

**1. 高压清洗机**

高压清洗机采用电动机为动力，将低压自来水的压力提升到3～10MPa，有的还可以将水温加热到60～100度（可调节），用于车辆的外表清洁，如图10.12所示。

高压清洗机的型号很多，可根据自己的需要来选用。

**2. 地毯脱水机**

许多轿车的座椅都备有座椅套，地板上附有地毯，这些织物体积大，吸水后变得非常重，用普通的洗衣机脱水时，会因超负荷运转而导致严重损坏，必须采用大功率、大容量的脱水机。如图10.13所示为专用的地毯脱水机，它具有大功率、大容量和高转速的优点，工作可靠，是汽车美容的重要设备。

图 10.12  高压清洗机　　　　　　　　　图 10.13  地毯脱水机

**3. 臭氧消毒机**

臭氧消毒机用于汽车美容养护行业清洁护理设计，如图10.14所示。本设备具有健康、环保、安全、高效等特点。适用于各类小型客车、货车驾驶室等消毒灭菌，能够迅速有效去除异味，营造健康、清新的环境。

**功能特点**：设备操作简单。能迅速杀灭室内细菌，彻底消除车内异味。成功营造健康的驾乘空间，比较蒸气消毒、化学消毒更为有效、更方便、更环保。

**使用方法**：将设备放置在汽车旁边1米左右的距离，避免与车门碰撞。接通电源，根据使用时间说明指导，将时间设置为与车型及车内环境对应的消毒时间。批示灯亮后，设备开始工作。将导气头放在车内的中部半空位置即可。达到设定的消毒时间后，设备自动停止工作。将时间形状归零。关上车门，待作用时间达到要求的消毒时间后，整个消毒过程完成。最后，请打开车门通风1～2分钟。

**4. 打蜡/抛光机**

谁都希望自己使用的汽车车身表面长期光亮如新，因而爱护有加。车蜡具有去除污垢，遮掩划痕以及还原本色的功能，如再作抛光处理，则会使漆面变得更加光亮和艳丽。因此，打蜡和抛光的应用已日益广泛，成为汽车美容的主要项目。打蜡/抛光机的类型和形式有很多种，有气动式、电动式，有直臂式和横臂式等，如图10.15所示。

电动式打蜡/抛光机的优点是使用方便，缺点是可靠性较差，又因作业场地常有积水，安全性也不太好。气动式打蜡/抛光机的安全性好，但要用空气压缩机配合使用，施工时噪声大。因此，在选购打蜡/抛光机时，一定要充分考虑实际情况和需要。

图 10.14　臭氧消毒机

图 10.15　打蜡/抛光机

### 5.　泡沫洗车机

高压洗车机只能冲洗汽车上的泥沙，对于黏附在车身表面的油污、尘垢则要用刷子和抹布进行人工洗刷。但是这样的清洗方法会对轿车的面漆产生极大的伤害，因此，通常采用泡沫洗车机来清洗。泡沫洗车机如图 10.16 所示。

泡沫洗车机是以压缩空气为动力，加入适量的泡沫清洁剂，在压缩空气的搅动下生成大量的泡沫，然后喷涂到车身表面，由于泡沫不会很快流失，能黏附较长的时间，可充分产生化学作用，溶解表面的油污和尘垢。经数分钟后便可以用普通高压洗车机冲去泡沫，不必再用洗刷即可达到清洁光亮的效果。

### 6.　风动废油抽取机

风动废油抽取机如图 10.17 所示。功能：配置全套清洗装置及大型油盆，可配合自动变速箱或引擎拆卸维修及清洗功能。抽油：气动泵抽油，超级速度，4L 热油最快只需 2 分钟。排油：低气压排油、安全快速。全空压设计：不产生火花、温度。注意事项：汽车引擎温度在 60℃以上，汽车须保持水平，再打开引擎盖拉起量油尺，放置于一边，选择适量吸油管，口径越大吸油越快，吸油管与量油尺须比量油尺深 1～5cm，插到底即可，请勿过深，以免弯曲。

图 10.16　泡沫洗车机

图 10.17　风动废油抽取机

### 10.3.10　发动机燃油系统免拆清洗机

主要用途：发动机燃油系统免拆清洗机适用于汽车燃油系统的免拆清洗，以及对汽车油路的测试分析，如图 10.18 所示。

主要技术参数如下：

外形尺寸：640mm（长）×560mm（宽）×1150mm（高）

电源：汽车 12V 电源

功率：65W

计时范围：0～60min

步长：1min

系统压力：0～3.5bar（可调）

图 10.18　发动机燃油系统免拆清洗机

### 10.3.11　多功能电喷嘴自动清洗测试仪

主要用途：自动测试分析电喷嘴的工作状况；对汽车发动机燃油系统进行免拆清洗，如图 10.19 所示。

测试功能如下：

● 检测电喷嘴的滴漏。

● 检测电喷嘴的喷油角度和喷油的雾化状态。

● 检测电喷嘴的喷油开启压力和关闭压力。

● 检测电喷嘴的喷油量。

● 对汽车油路测试分析。

● 对有阻塞和有故障的电喷嘴进行物理和化学清洗（超声波清洗、反冲清洗和免拆清洗）。

● 检测燃油压力。

图 10.19　多功能电喷嘴自动清洗测试仪

### 10.3.12　冷媒检测加注机

冷媒检测加注机是用于装配和维修大型空调机组（火车、冷藏车制冷系统）进行抽真空，加注和回收冷媒的专用设备，如图 10.20 所示，其特点是：设计合理，故障率低，操作简单，无须专业培训。

主要功能如下：

1. 回收空调内的冷媒 R12 或 R134a，净化冷媒回收使用。

2. 快速抽真空。

3. 定量加注冷媒。

图 10.20　冷媒检测加注机

4. 适用于汽车空调修理和使用 R12 或 R134a 的各种制冷设备的维修。

## 10.3.13 汽车故障诊断仪

汽车故障诊断仪如图 10.21 所示。

（1）基本功能：

● 自动读取系统故障代码；

● 自动清除系统故障代码；

● 全面自动读取静/动态数据流；

● 执行元件测试；

● 系统设定；

● 计算机编程；

● 匹配自适应；

● 读计算机版本。

图 10.21　汽车故障诊断仪

（2）示波器功能：

示波器功能菜单、单通道波形、双通道波形、点火波形、断路捕捉。

（3）高级功能：

专家分析、音响解码、电路图库。

（4）辅助功能：

光盘升级、网上升级、显示调整、人工读码。

## 10.3.14 高性能数字万用表

高性能数字万用表如图 10.22 所示，其特点如下：

● 0.025%的基本直流准确度。

● 50000 字高分辨力显示模式，并带有瞬时读数的详细分析，模拟指针，双层背景光。

● 100kHz 交流带宽、dBm/dBV 测量，及真有效值电压电流测量。

● 更宽的量程，高阻值测量达 500MΩ，电导量程达 500ns。

● 内部存储功能可记录和存储高达 1000 个测量数据并带有实时时间标记。

● 最新的 FlukeView Forms（FVF 1.5 版本）软件更加方便易用，还可以在线记录测量数据到计算机。

● 电容相对模式可以清除读数中的杂散电容。

图 10.22　高性能数字万用表

### 10.3.15　汽油机正时灯

汽油机正时灯可测试点火提前角、转速和闭合角，其
发光二极管显示、清楚、明亮、具有冲程选择功能。发动
机只有处于最佳点火正时值状态下工作，才能发挥出最大
的功率，同时燃油耗量也相对较小。发动机出厂时，点火
正时角均已调好。发动机拆装后，最佳的点火正时角可
能发生变动，因此必须进行检查和调校。点火正时灯的
作用就是检查运转中的发动机的点火正时值，如图 10.23
所示，其工作原理是利用高压线的点火电压为触发信号，
采用红外线或激光束的方式，向预先装有感应片的曲轴皮
带轮发出脉冲波，通过脉冲波频率的调整，当达到与曲轴

图 10.23　汽油机正时灯

转速同步时，在正时灯的显示屏上便能显示出实时的点火提前角，如果所示的角度与使用说
明书不符合，应予以调整。

### 10.3.16　充电机

汽车长期夜间行驶或频繁起动，会使蓄电池严重亏
电，即使有发电机的充电，由于充电电流太小，也无法
使蓄电池恢复到良好的状态，此时必须采用外部直流电
源对蓄电池进行充电。充电机的种类很多，其规格常用
额定充电电压和电流来表示；与蓄电池组的连接方法也
有串联和并联之分，选购时应根据车辆维修规模而定。
目前市场有很多充电/起动综合电源，如图 10.24 所示，
JQST 2200A 型充电/起动机，其特点如下：

图 10.24　充电机

- 输入电压 AC 380V；
- 二相起动电压 12V/24V；
- 起动电流 2200A，可充蓄电池 10～15V/20～30V；
- 充电电流 200A，适用范围 12V/24V。

**习题 10**

**一、填空题**

1．设备管理是对设备寿命周期_____的管理，包括选择设备、正确使用设备、维护修理设备以及更新改造设备全过程的管理工作，以达到设备的良好投资效益。

2．_____，既包括设备的技术管理，又包括设备的经济管理；两者是有机联系、相互统一的。

3．目前的四轮定位仪都是由_____系统和_____系统两部分组成。

**二、判断题**

1．多功能电喷嘴自动清洗测试仪可以检测电喷嘴的喷油角度和喷油的雾化状态，但不能检测燃油压力。　　　　　　　　　　　　　　　　（　　）

2．风动废油抽取机应选择适量吸油管，口径越大吸油越快。　　（　　）

3．泡沫洗车机是以压缩空气为动力，加入适量的泡沫清洁剂，在压缩空气的搅动下生成大量的泡沫，泡沫喷涂到车身表面后要马上冲洗掉。　　　　（　　）

**三、简答题**

1．汽车轮胎充氮气有何意义？

2．冷媒检测加注机有何特点及作用？